Gemütliche Genusstouren

Panoramawege für Senioren Schwäbische Alb

Aussichtsreiche Höhenwanderungen

J. BERG

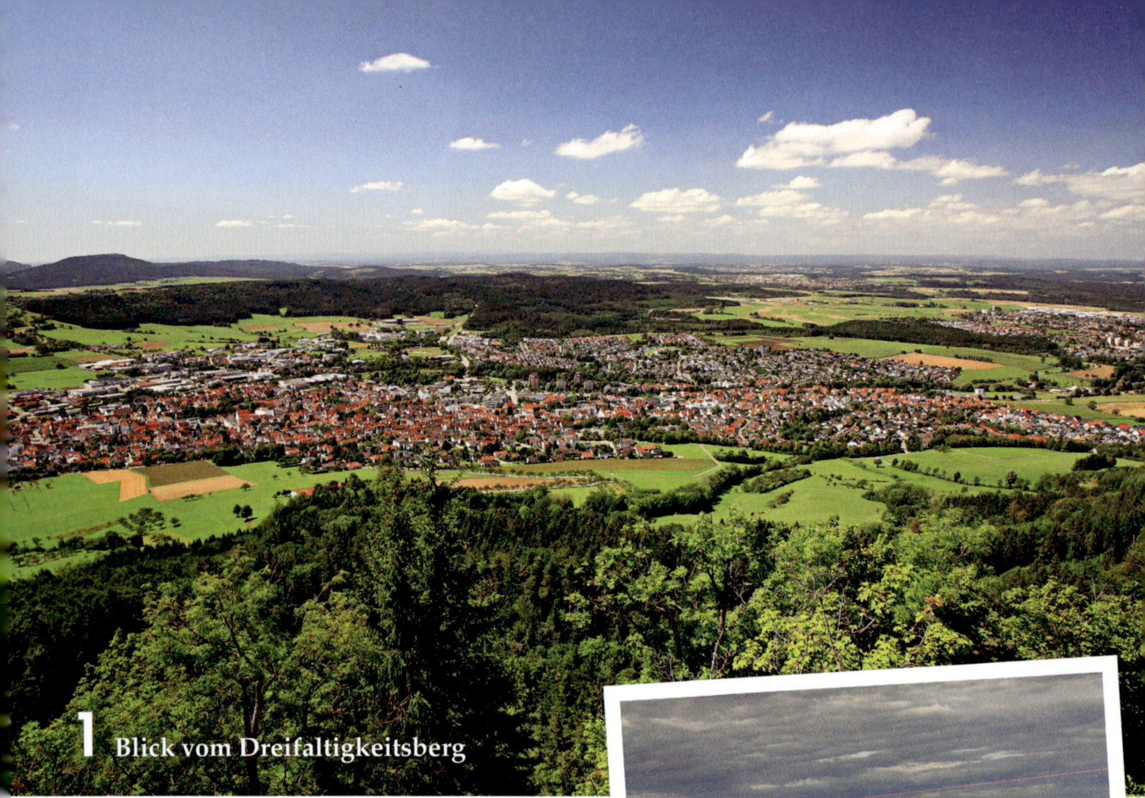

1 Blick vom Dreifaltigkeitsberg

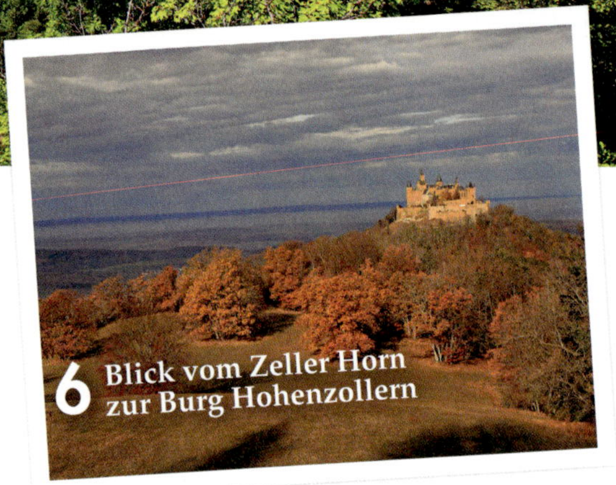

6 Blick vom Zeller Horn zur Burg Hohenzollern

Inhalt

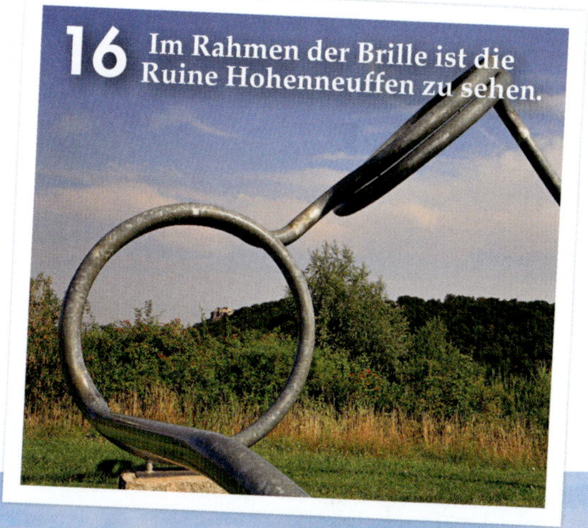

16 Im Rahmen der Brille ist die Ruine Hohenneuffen zu sehen.

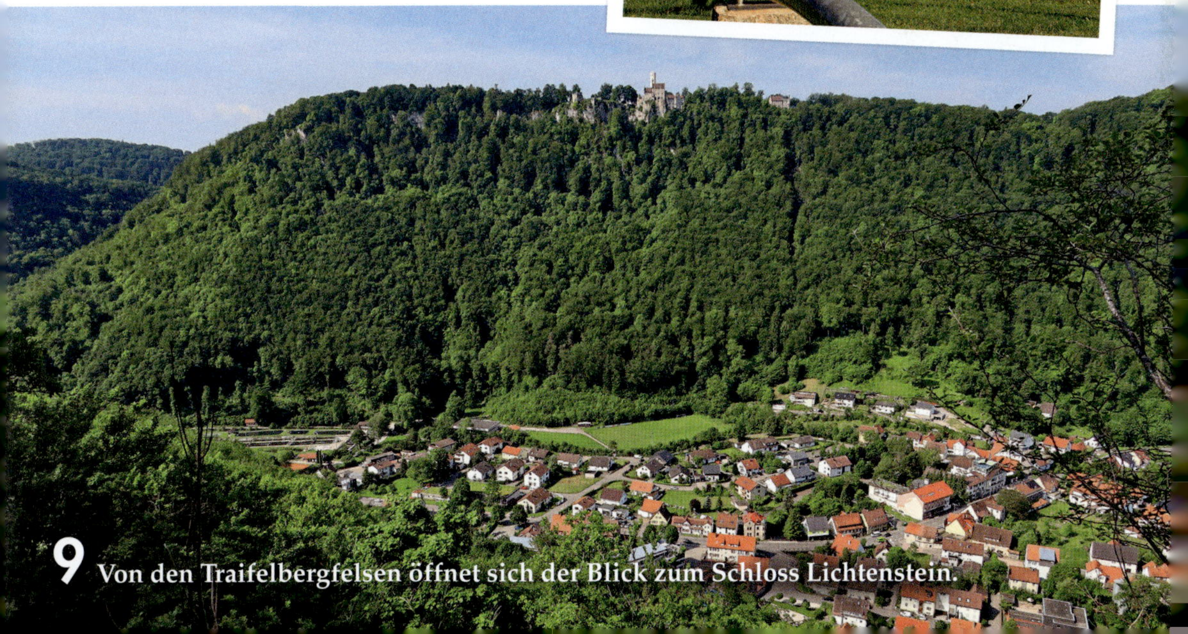

9 Von den Traifelbergfelsen öffnet sich der Blick zum Schloss Lichtenstein.

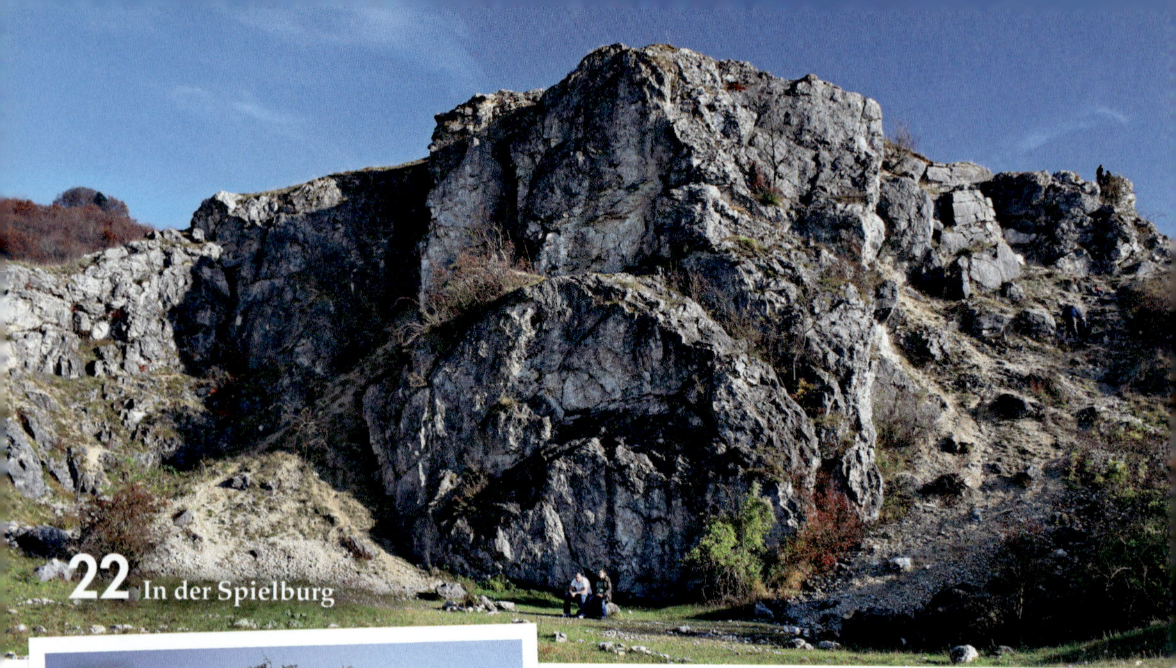
22 In der Spielburg

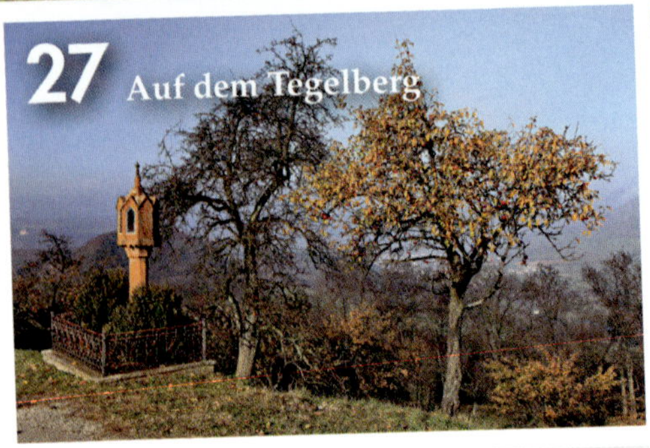
27 Auf dem Tegelberg

Tourenüberblick

Tour											
1	Auf dem Dreifaltigkeitsberg	2.30	160	8,5	•	•	•	•		•	
2	Blüten und Aussicht im Balinger Land	3/ 2.30	280/ 220	10,3/ 8,3	•	•		•	•		•
3	Durch die Hülenbuchwiesen	1.50	60	6,6	•	•			•		
4	Vom Böllat zum Heersberg	2.20	100	8,5	•	•	•		•		•
5	Am Fuß des Hohenzollern	1.40	130	5,9	•	•		•	•		•
6	Zeller Horn und Hangender Stein	1.30	120	4,9	•	•	•		•	•	•
7	Von der Salmendinger Kapelle zum Dreifürstenstein	2.40	60	10,2		•	•			•	
8	Um den Urselhochberg	1.10	40	4		•			•		
9	Über die Traifelbergfelsen	1.30	130	5		•				•	•
10	Blick vom Rossberg	2.30	180	8,7	•	•			•	•	•
11	Eppenzillfelsen und Rutschenfelsen	1.30/ 2.45	80/ 330	5,6/ 8,8		•				•	
12	Blick zum Albtrauf	2.10	90	8	•	•		•	•		•
13	Von Neuffen zum Hohenneuffen	1.10/ 1.55	160/ 320	3,5/ 5,9	•	•	•	•	•		•
14	Von Beuren auf den Philosophenweg	2.15	180	8	•	•		•	•		•
15	Rund um die Baßgeige	1.30	60	5,1	•	•				•	•
16	Viel Aussicht um den Hohenneuffen	3	200	10,9	•	•	•		•	•	•
17	Hinauf zur Teck	2.30	250	8	•	•	•			•	•
18	Über den Breitenstein	1.20	100	4,5	•	•		•	•		•
19	Um die Limburg	1.40	210	5,2	•	•			•		•
20	Über das Torfmoor zum Randecker Maar	1.45	100	6,7	•	•	•	•	•		•
21	Am Trauf des Bläsibergs entlang	2	70	7,2	•	•			•		
22	Spielburg und Ruine Hohenstaufen	1.20	180	3,8	•	•	•	•		•	•
23	Über das Kalte Feld	2	130	7,3	•	•		•	•	•	•
24	Tierstein, Badfels und mehr	1.30/ 3.15	70/ 100	5,6/ 11,4		•				•	
25	Rundweg um den Michelsberg	2.50	150	9,8	•	•			•	•	•
26	Über Geislingen an der Steige	2	140	7,4	•	•				•	
27	Filstalblick vom Tegelberg	2.40	120	9,8	•	•			•	•	
28	Blick vom Messelberg	2.10	90	8	•	•			•		
29	Um den Moldenberg bei Heidenheim	1.10	90	4,2	•	•			•	•	•
30	Zum Karkstein und auf den Ipf	3.15/ 1.20	280/ 80	11,4/ 4,7	•	•	•		•		•

Vorwort

Liebe Leserinnen, liebe Leser,

die Schwäbische Alb ist das zentrale und vielleicht wichtigste Wandergebiet im württembergischen Teil unseres Bundeslandes. Wanderfreunde werden zeit ihres Lebens viele Male dort gewandert sein.

Dies gibt man auch nicht auf, wenn man die Sache als Senior etwas gemächlicher angehen, nicht mehr die ganz großen und langen Touren machen und auch nicht unbedingt alpin anmutende Höhenunterschiede unter die Wanderstiefel nehmen will.

In diesem Buch geht es aber um Aussicht, und wie man weiß, ist diese doch meist mit Anstieg und Schweiß verbunden – allerdings nicht in den hier beschriebenen 30 Wanderungen. Obwohl natürlich Höhenunterschiede nie ganz zu vermeiden sind, habe ich mich darum bemüht, Ziele und Wanderwege mit schöner Aussicht zu finden, die auch mit moderaten Anstiegen zu erreichen sind. Holprige, verwurzelte und steinige Passagen wurden nach Möglichkeit aus-

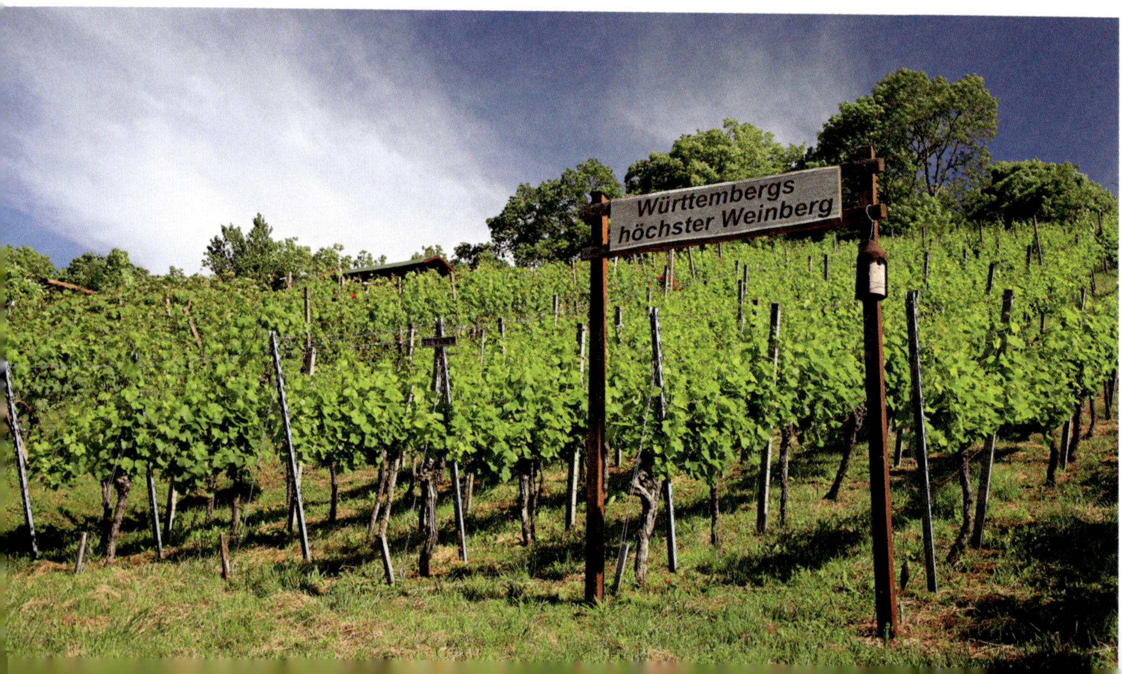

Am Abhang der Limburg liegen sogar Weinberge.

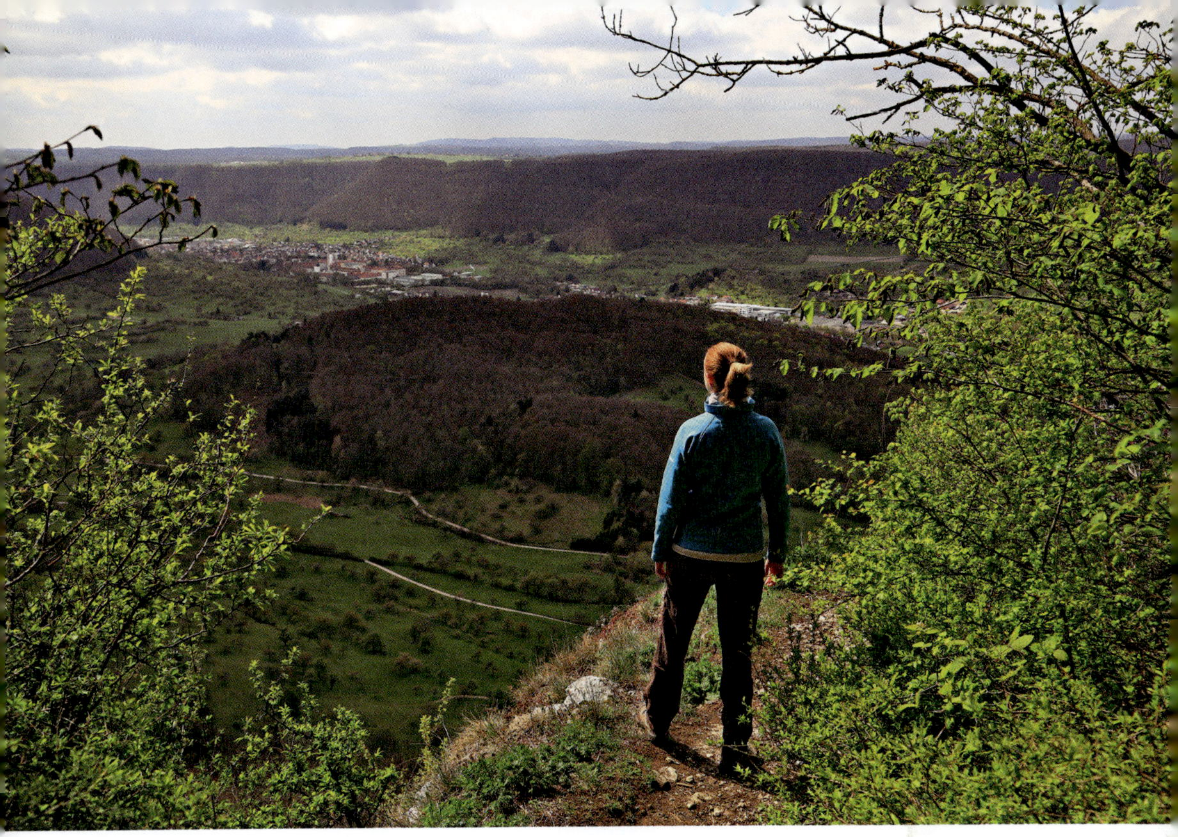

Vom Weg zur Ruine Teck hat man immer wieder einen schönen Blick ins Lenninger Tal.

gespart. Natürlich sind aber auch Wanderungen dabei, bei denen Teile der Strecken auf unbefestigten Wegen verlaufen. Dies lässt sich oft nicht vermeiden, wenn man in einer bergigen Gegend wie der Schwäbischen Alb unterwegs ist.

Alle der beschriebenen »Panoramawanderungen für Senioren« habe ich selbst ausprobiert, sodass ich sie mit gutem Gewissen empfehlen kann. Es sind kurze Spaziergänge ebenso wie Halbtageswanderungen dabei, nie aber Strecken, bei denen auch ein jüngerer, durchtrainierter Wanderer ins Schnaufen kommen würde. Auch die Weglängen der Touren entsprechen deshalb eher Genusswanderungen als anstrengenden und volle Kraft fordernden Unternehmungen.

Ich hoffe, Sie haben viel Freude bei Ihren aussichtsreichen Ausflügen, allzeit gutes Wetter und viele angenehme Begegnungen.

Ihr Dieter Buck

Unterwegs auf Wanderschaft

Die Wanderungen verlaufen, wie ja schon am Titel des Buches erkenntlich, auf der Schwäbischen Alb. Dieses Mittelgebirge steigt quasi mit einer »Steilwand« auf seiner Nordseite aus dem Vorland an, danach folgt eine Hochfläche, die nach Süden hin allmählich abflacht.

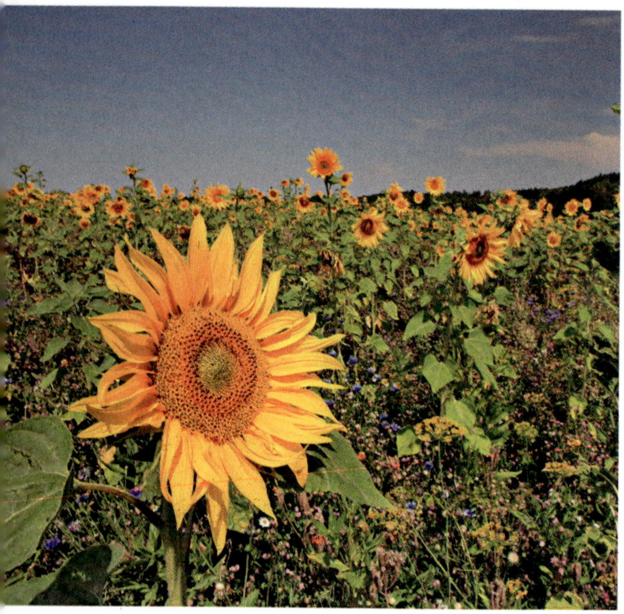

Immer wieder wandert man an Sonnenblumenfeldern vorbei.

Hat man dies vor Augen, dann kann man sich denken, dass sich auf der Nordseite – entlang der Kante, des sogenannten Albtraufs – die meisten Aussichtspunkte befinden. Hier gibt es auch Wegstrecken, die am Albtrauf entlangführen und auf denen Aussichtspunkt auf Aussichtspunkt folgt. Gute Beispiele sind der Dreifaltigkeitsberg oder der Raichberg.

Dahinter, auf der Hochfläche, findet man Aussichtspunkte vor allem auf Erhebungen aus der Fläche. Da wäre zum Beispiel der Kornbühl mit der Salmendinger Kapelle oder die Limburg, ein einzeln stehender Berg, der allerdings noch vor dem Albanstieg liegt. Etwas Besonderes ist der Ausblick in und über einen Vulkanschlot wie das Randecker Maar, ebenso faszinierend sind der Karkstein und der Ipf.

Orientierung und Karten

Die Wanderungen dieses Buches orientieren sich meist an den markierten Wanderwegen des Schwäbischen Albvereins. Die entsprechenden Wanderschilder und Wegweiser dieser Wandervereine sind genau aufgeführt. Wege, die sich nicht an den vom Albverein markierten Routen orientieren, sind mit ihren Verzweigungen genau beschrieben, sodass es eigentlich keine Probleme mit der Orientierung

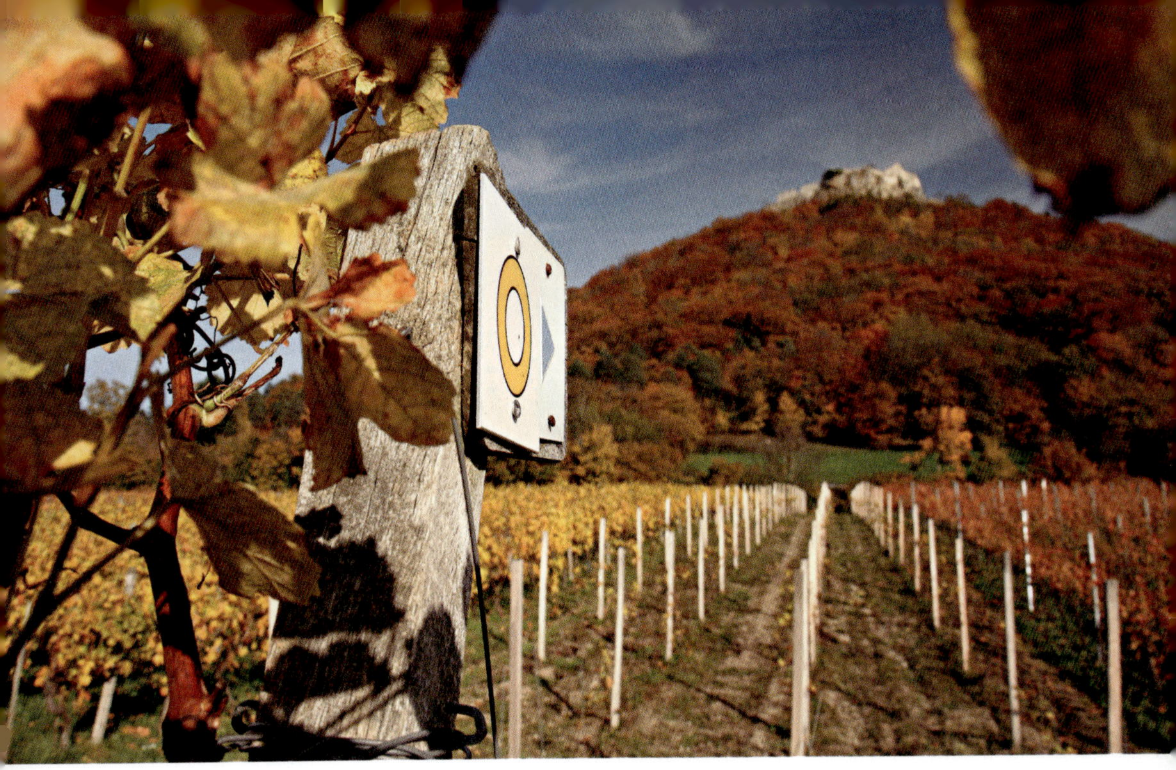

geben sollte. Zudem sind die Wegverläufe auf den Wanderkarten im Buch gut ersichtlich.

Unterhalb der Ruine Hohenneuffen wird Wein angebaut.

Sollte es trotzdem einmal Probleme mit der Wegfindung geben, sind die beiden Apps Maps.Me und Phonemaps für das Smartphone überaus nützlich. Sie sind beide kostenlos, benötigen unterwegs fast kein Netz – ich hatte eigentlich nie Probleme bei der Nutzung – und arbeiten auf GPS-Basis einwandfrei. Mit ihnen kann man sowohl seinen Standort als auch den Verlauf der Wanderwege selbst im dichten Wald bestens feststellen. Auch mit Komoot habe ich gute Erfahrungen gemacht. Wer sich die angebotenen Tracks zu den Wanderungen herunterlädt, hat eh keine Probleme mit der Orientierung.

Zumindest gedanklich berücksichtigen sollte man auch ungeplante Verzögerungen. Sei es, weil man eine Abzweigung verpasst hat oder aus anderen Gründen einen Umweg gegangen ist, oder weil ein Weg wegen Waldarbeiten gesperrt oder sonst wie unpassierbar ist. Aus diesem Grund ist die Mitnahme einer guten Wanderkarte sehr zu empfehlen.

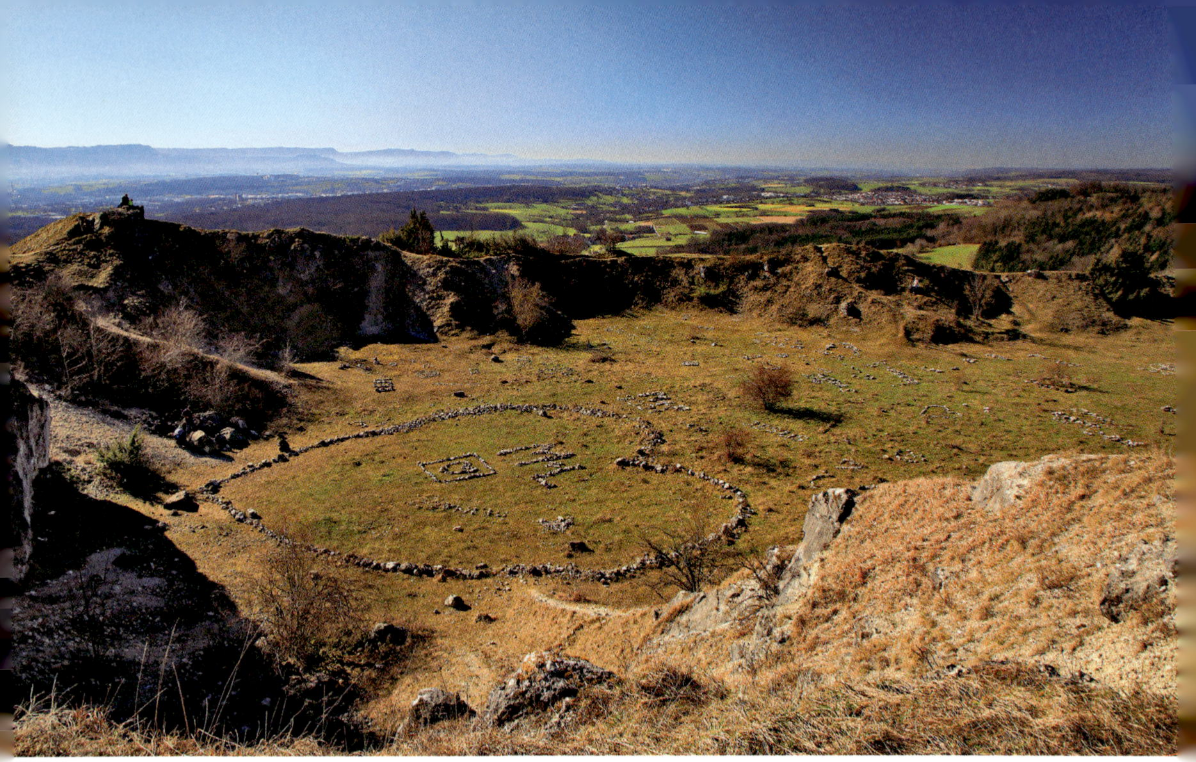

Blick von der Spielburg ins Albvorland

Deshalb ein paar Worte zum Thema Wanderkarten: Vor ein paar Jahren hat das Landesamt für Geoinformation und Landentwicklung Baden-Württemberg (LGL) mit der Herausgabe einer neuen Serie von Wanderkarten im Maßstab 1:25 000 begonnen, die im Laufe der nächsten Jahre die bisherigen im Maßstab 1:35 000 ersetzen werden. Für jene Gebiete, zu denen schon neue Karten erschienen sind, werden diese in dem vorliegenden Führer bei den Kartenempfehlungen angegeben. Sollten noch keine neuen Karten vorhanden sein, habe ich die Freizeitkarten im Maßstab 1:50 000 eingesetzt. Da sie für Wanderungen aber etwas unübersichtlich sind, sollte man sich für diese Touren bei seinem Buchhändler erkundigen, ob es für die entsprechende Region schon neue Karten gibt.

Zeiten und Höhen

Es gibt feste Formeln für die Errechnung von Gehzeiten, auch in Abhängigkeit der Höhenmeter. Dabei wird von vier Kilometern in der Stunde auf ebenen Strecken und Zuschlägen für Höhenunterschiede (400 Höhenmeter in der Stunde) ausgegangen. Danach sind auch die Angaben im

Buch ausgerichtet, wenngleich etwas nach oben gerundet. Entnommen wurden sie einer der gängigen Wandernavigationssoftwares. Pausen zum Ausruhen, Einkehren, um Infotafeln zu lesen oder zum Fotografieren sind dabei allerdings nicht eingerechnet.

Sie werden sicher langsamer und gemütlicher unterwegs sein – bei den doch recht kurzen Touren dieses Buches ist das ja auch kein Problem. Ich habe aber darauf verzichtet, generelle Zuschläge zu machen, da dies eine zu individuelle Sache ist. Sie wissen – spätestens nach den ersten beiden Touren – ja selbst am besten, wie Sie sich nach den angegebenen Zeiten einschätzen können. Deshalb empfehle ich Ihnen, nach Ihren ersten Erfahrungen Ihre »echte« Gehzeit selbst festzulegen. Seien Sie dabei ruhig großzügig mit dem Runden nach oben – es ist immer besser, früher als geplant anzukommen, als am Schluss hetzen zu müssen, um die angedachte Zeit vielleicht doch noch zu realisieren.

Der Hangende Stein auf dem Raichberg bietet einen weiten Blick ins Albvorland.

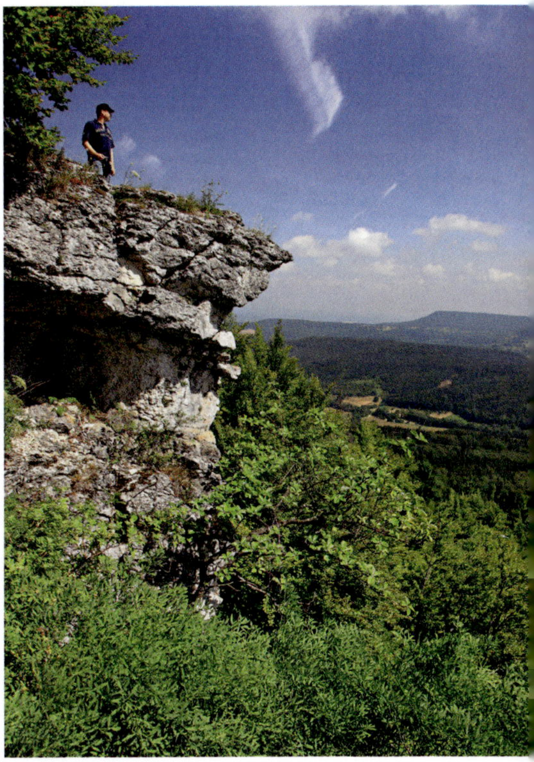

Die Entfernungen und Höhenunterschiede wurden GPS-basiert ermittelt. Je nach Gerät und Software gibt es aber Unterschiede in der Messung – hundertprozentig genaue Angaben wird man wohl nirgendwo finden. Trotzdem geben sie ganz gute Anhaltspunkte, an denen man sich orientieren kann.

Ausrüstung

Was braucht man zum Wandern? Eigentlich nichts Besonderes. Man zieht sich wandergeeignete Kleidung an: gut waschbar, bequem und je nach Wetter auch wind- und regendicht (oder zumindest regenabweisend), aber auch atmungsaktiv. Das gilt auch für einen Anorak. Jeans als Hosen sind, wenn es nicht absolut regensicher ist, weniger geeignet: Sind sie einmal nass, dauert es lange, bis sie wieder trocken sind. Da man auf Waldpfaden auch manchmal auf engen Wegen geht, in die vielleicht dornige und stachelige Zweige ragen, sollte der Stoff fest sein und nicht gleich kaputtgehen, wenn man mal von einer Brombeere »angegriffen« wird. Bei Wanderungen, die teilweise auf wenig begangenen Wegen verlaufen, ist dies besonders wichtig. Der Fachhandel hat ein großes Angebot an wandergeeigneter Kleidung auf Lager.

Wichtig sind aber vor allem die Schuhe. Hier sollte man nicht sparen. Gute Wanderschuhe – wasserdicht, sodass man auch einfach mal durch eine Pfütze gehen kann, knöchelhoch und mit einer Sohle, mit der man problemlos über Wurzeln und Steine steigen kann – sind sehr zu empfehlen. Wenn man Kinder dabeihat, sind für diese gute, passende Schuhe noch wichtiger. Hier würde man am falschen Platz sparen, es wäre geradezu ein Verbrechen am kindlichen Fuß, dem Nachwuchs nicht das passende Schuhwerk zu besorgen.

Aufstieg zur Spielburg unterhalb des Hohenstaufen

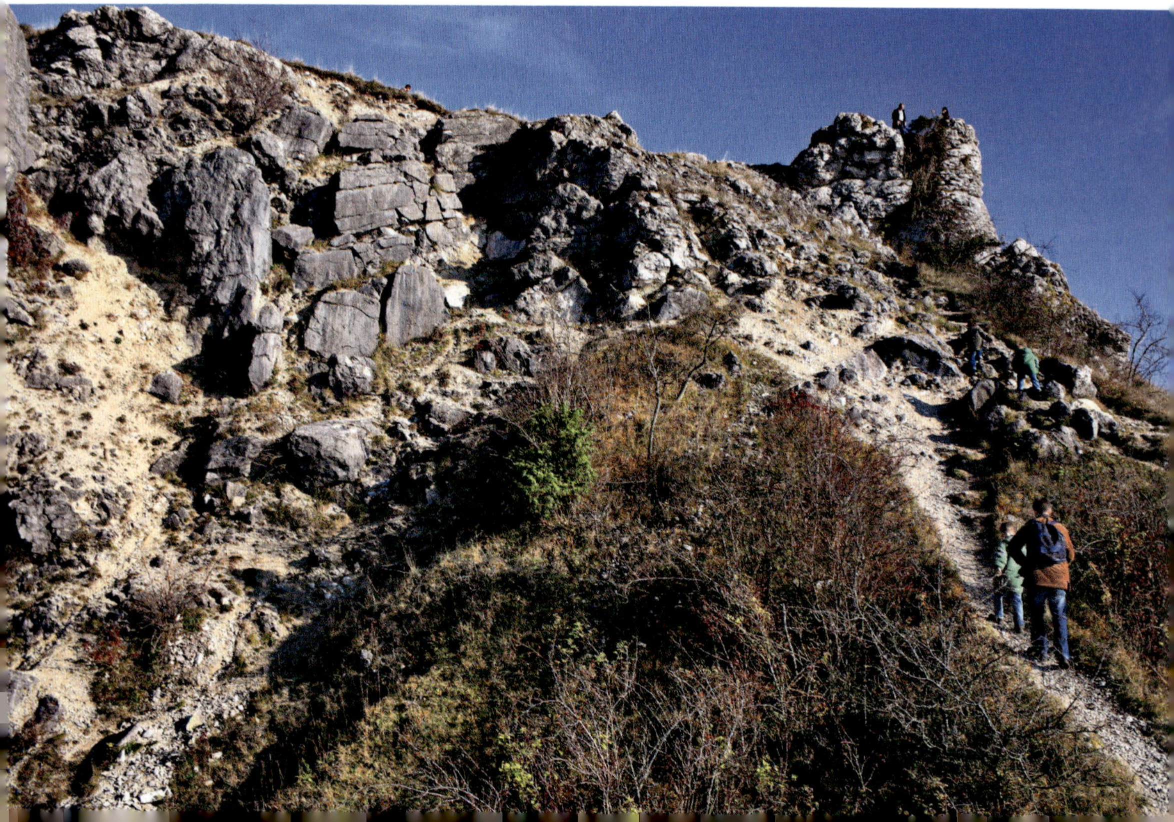

Nützlich sind auch Teleskopwanderstöcke. Sie bieten nicht nur auf schwierigen Strecken eine gute Unterstützung und Hilfe, sondern entlasten auch beim Bergabgehen die Kniegelenke, die sonst übermäßig gefordert werden, was auf lange Sicht großen Schaden anrichten kann.

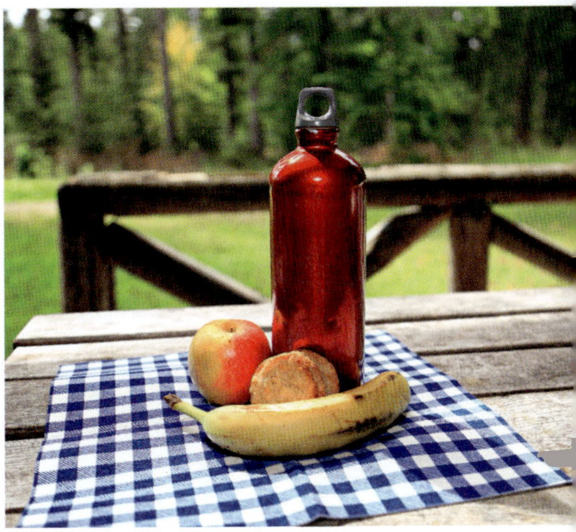

Eine Rast und etwas Nahrhaftes zu essen gehören zu einer Wanderung dazu.

Immer wieder gut zu gebrauchen sind außerdem ein Taschenmesser, eine Schnur und eine Tüte (für den Abfall, aber auch zum Sammeln von Fundstücken – vor allem wenn man Kinder dabeihat).

Zwar möchte man nicht gerne an mögliche Verletzungen denken, sollte es aber. Gerade auf Pfaden hat man sich schnell mal den Fuß übertreten. Eine elastische Binde kann hierbei Wunder wirken und zumindest den Weg zurück zum Ausgangspunkt ermöglichen. Einen Schnitt, einen Riss oder eine aufgeschürfte Stelle hat man sich auch schnell zugezogen. Hier sind Pflaster oder Verband und ein Desinfektionsmittel im Rucksack hilfreich. Auch gegen Insektenstiche gibt es Mittel: Geräte, mit denen man einen Stachel oder das Gift in der Stichstelle entfernen kann, sowie Salben, um den Juckreiz zu mildern, erhält man in der Apotheke.

Gefahren im Wald

Löwen, Tiger und giftige Spinnen treffen wir in unseren Wäldern zwar nicht an, aber es gibt ein paar Dinge, die in den letzten Jahren an Bedeutung gewonnen haben und über die man sich Gedanken machen sollte.

Waldgebiete sind immer auch Zeckengebiete. Auch die Schwäbische Alb mit ihren Wäldern ist nicht davon verschont. Und ein Zeckenbiss kann von Hirnhautentzündung bis hin zur Borreliose schwere Komplikationen verursachen. Es empfiehlt sich dringend, geschlossene

Kleidung zu tragen und die Hosenbeine in die Schuhe zu stopfen, um den Beißern die Angriffsflächen nicht gerade auf dem Silbertablett zu servieren. Nach der Tour sollte man sich absuchen, am besten sogar duschen, und bei Zeckenbissen in den nächsten Tagen auf Rötungen um die Bissstelle achten. Dann ist ein Arztbesuch angesagt. Gegen Hirnhautentzündung kann man sich impfen lassen – lassen Sie sich dazu von Ihrem Arzt beraten.

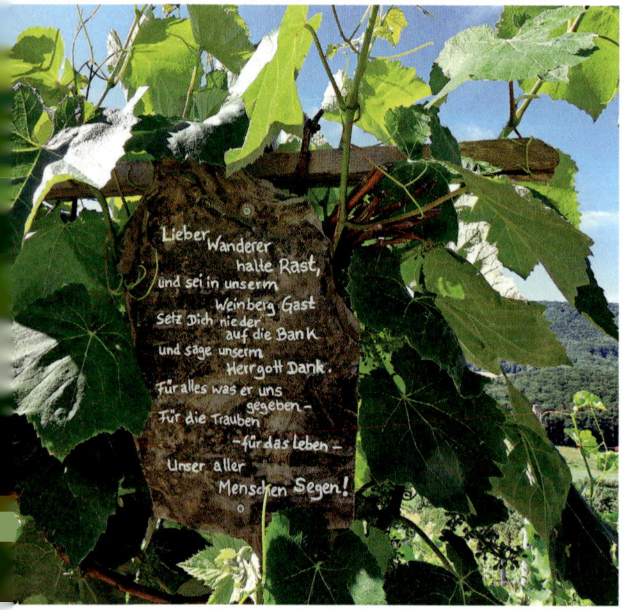

Sinnspruch in den Weinbergen der Limburg

Auch die Gefahr durch den Fuchsbandwurm, einen Parasiten, der auch den Menschen befallen kann, ist nicht zu unterschätzen – man sollte sich deshalb vorsehen. Geschädigt werden vor allem die Leber, manchmal auch Lunge und Gehirn. Dass man befallen ist, wird oft so spät bemerkt, dass keine Hilfe mehr möglich ist. Vorsorgen kann man, indem man keine Beeren und dergleichen im Wald isst, zumindest keine in Bodennähe, und sein Vesperbrot nicht ins Gras legt. Händewaschen, wenn möglich unterwegs, aber auf jeden Fall daheim, ist hier angesagt.

Ursache für eine Erkrankung durch das Hantavirus sind oft Rötelmäuse beziehungsweise deren Ausscheidungen. Letztere werden beim Wandern zum Beispiel im trockenen Laub aufgewirbelt und der Erreger eingeatmet. Besonders hoch ist die Infektionsgefahr von April bis September.

Tetanus (Wundstarrkrampf) kann man sich durch eine Verletzung (Stich, Biss, Schnittwunde) und Verunreinigung der Wunde holen. Die meisten Menschen sind wahrscheinlich dagegen geimpft. Eine weitere Gefahr ist eine Blutvergiftung (Sepsis), die man sich durch eine Verletzung zuziehen kann und die unbehandelt im schlimmsten Fall sogar zum Tod führt. Lassen Sie sich von Ihrem Arzt beraten.

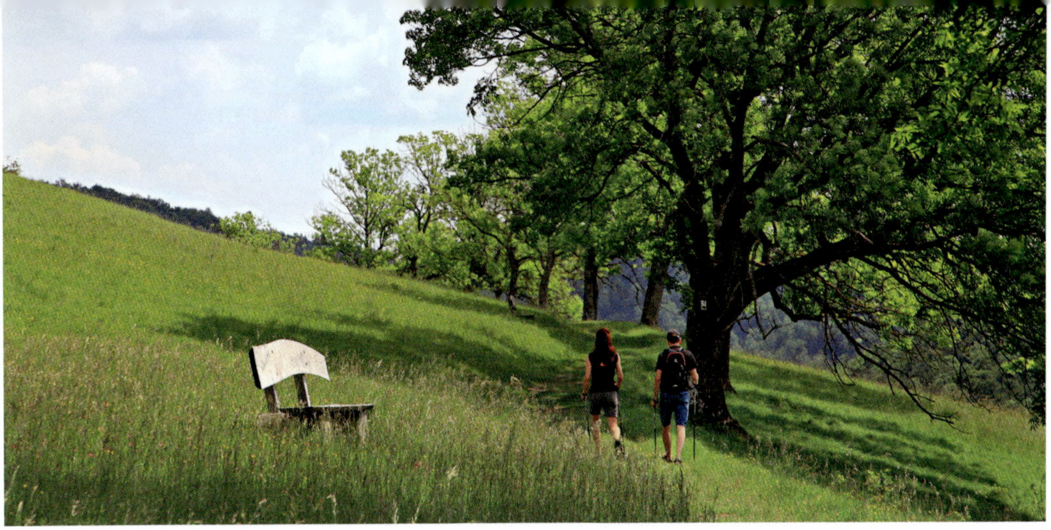

Sicherheit auf der Wanderung

Gemütliches Wandern am Imenberg

Grundsätzlich sollte man seine eigene Leistungsfähigkeit kritisch betrachten. Schafft man die Strecke und die Höhenmeter? Dabei sollte auch berücksichtigt werden, dass man an heißen Sommertagen schneller an seine Grenzen kommt als an kühleren Tagen. Trotzdem ist es wichtig, immer genügend zu trinken dabeizuhaben, und auch ein kleiner Vorrat an Essbarem ist selbst bei kürzeren Touren zu empfehlen.

Besser als alleine zu wandern ist es, wenn man mindestens zu zweit unterwegs ist. So kann im Fall der Fälle immer einer Hilfe holen. Auch wenn die Verletzung an sich meist harmlos ist – ein Fuß ist schnell verknackst –, kommt man in solchen Fällen oft nicht mehr weiter. Alleinwanderer tun gut daran, zumindest jemanden darüber zu informieren, wo und wie lange sie unterwegs sein werden.

Hilfe herbeirufen kann man mit dem Handy, das heute wohl jeder dabeihat, wobei es in manchen Tälern oder auf den Höhen mit dem Empfang eher schlecht bestellt sein kann. Lässt sich die Notrufnummer 112 nicht wählen, sollte man das Handy ausschalten und bei Wiedereinschalten gleich die Rufnummer eintippen, anstatt sich in sein eigenes Netz einzuwählen. Wenn man Glück hat, sucht sich das Gerät das nächste verfügbare Netz. Sollte es möglich sein, bewirkt ein Standortwechsel oft auch Wunder.

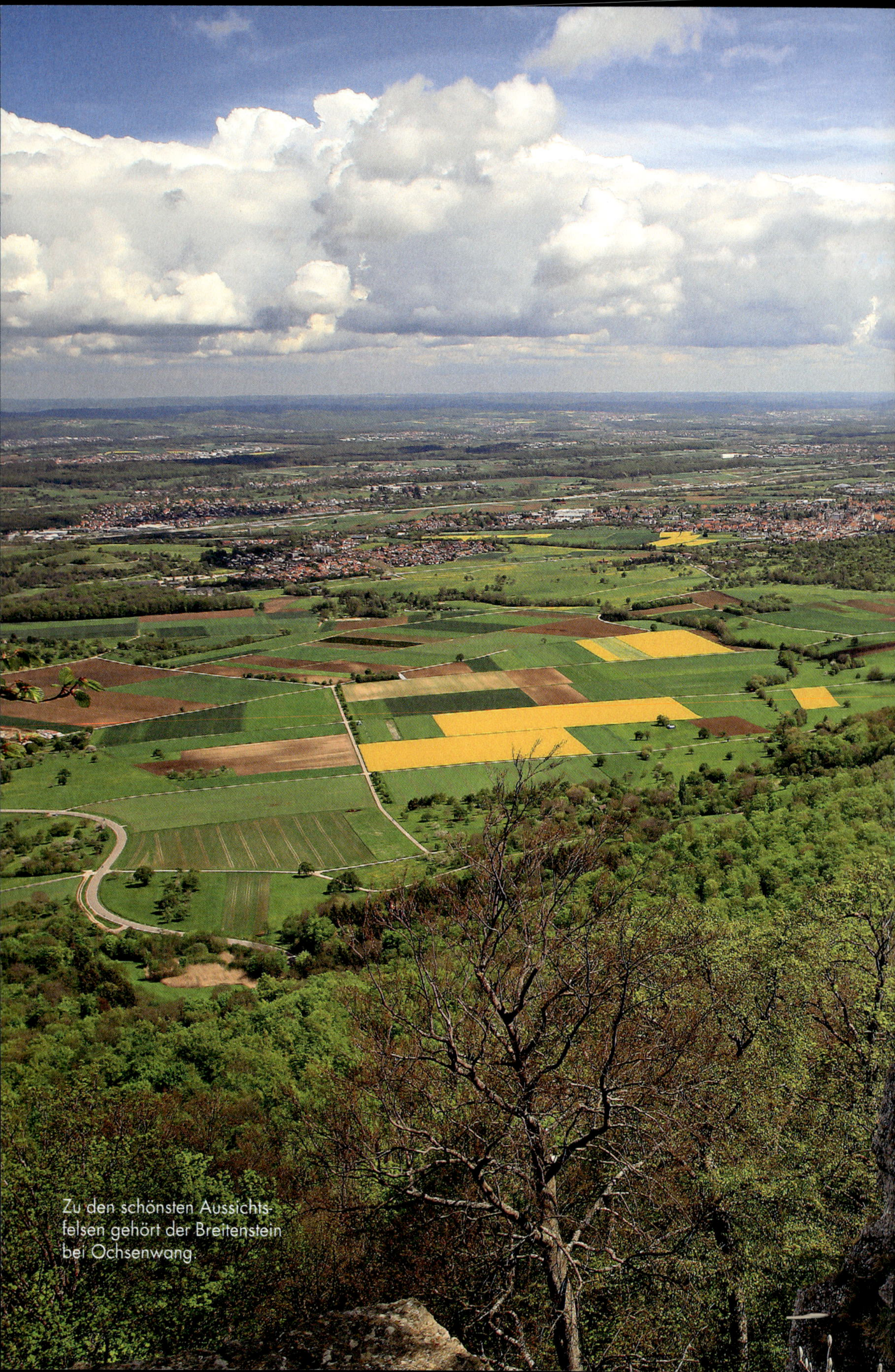

Zu den schönsten Aussichtsfelsen gehört der Breitenstein bei Ochsenwang.

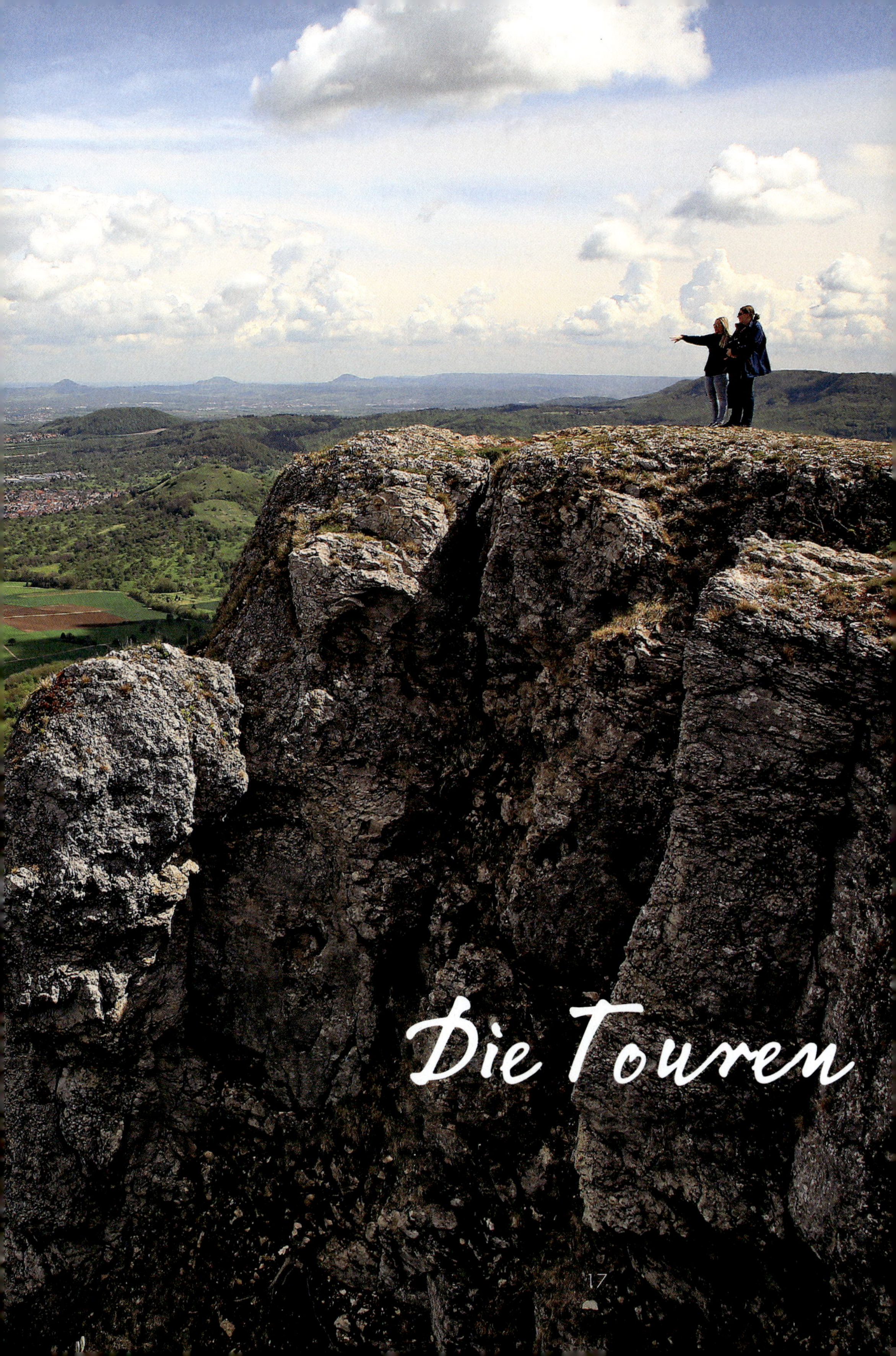

Die Touren

1 Auf dem Dreifaltigkeitsberg

Viel Aussicht an der Tausendermarke

- leicht
- 2.30 Std.
- 160 Hm
- 8,5 km

Bei dieser Wanderung kratzen wir an der Tausendergrenze, denn wir bewegen uns knapp darunter. Wir starten am Dreifaltigkeitsberg, wo man der Kirche vor oder nach der Tour einen Besuch abstatten sollte. Dann geht es am Trauf entlang bis zum Segelflugplatz am Klippeneck.

Aussichtsreich zum Klippeneck Die Tour beginnt am Parkplatz, aber wer will, kann schon vorab zur Wallfahrtskirche gehen, indem man der Zufahrtsstraße noch kurz folgt. Andernfalls gehen wir vom Parkplatz zur Straßenkurve, wo ein breiter Forstweg zum Klippeneck abgeht. Wir kommen am Schild Drachenflugplatz (973 m) vorbei, danach am Startplatz selbst.

Auf dem Weg zum Klippeneck kommt man an verschiedenen Aussichtspunkten vorbei.

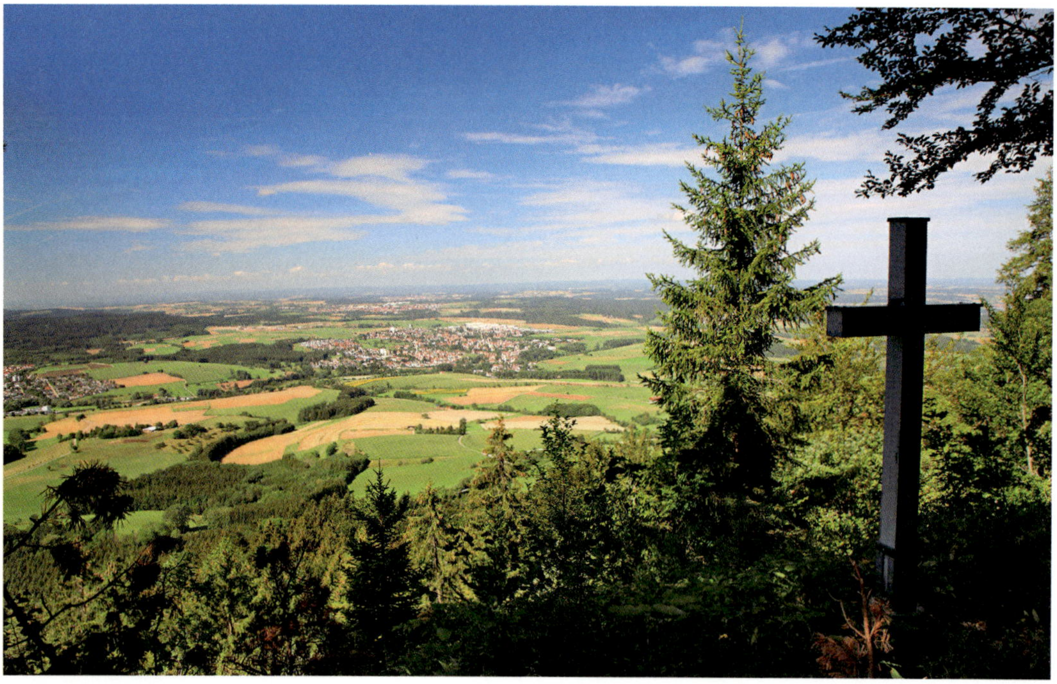

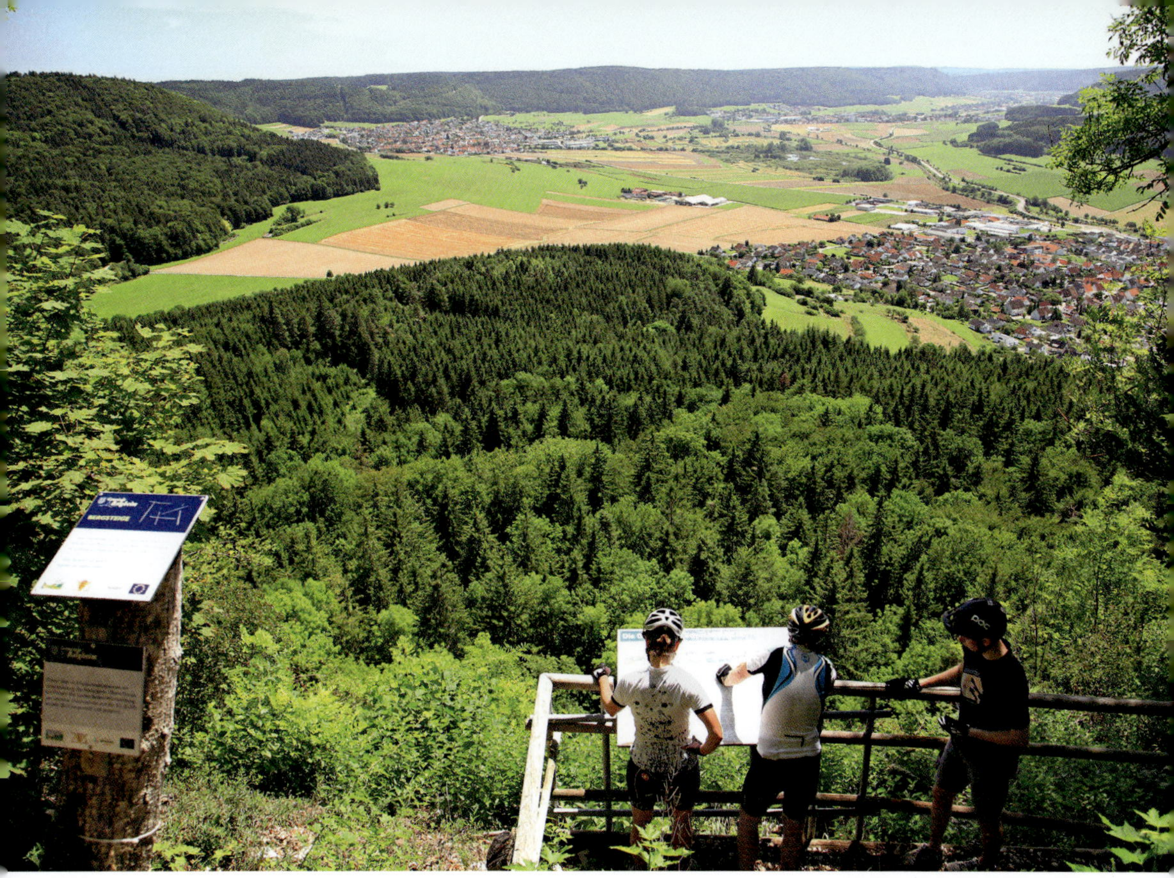

Am Aussichtspunkt Auf dem Balgen

Etwas später kann man, wenn man an Aussichtspunkten vorbeikommen will, mit den Wanderzeichen nach links auf einen Pfad abzweigen. Dies wiederholt sich noch zweimal. Der Pfad mündet später wieder in den breiten Weg.

Kurz darauf kommen wir zum Schild **Schrofen** (793 m) 1. Hier halten wir uns links in Richtung »Klippeneck«. An einer Verzweigung können wir den geradeaus weiterführenden, aber steil abfallenden Weg umgehen, indem wir uns mit den verschiedenen Wanderzeichen rechts halten 2. Nach einem Linksknick des Weges treffen wir wieder auf den ursprünglichen Weg.

An der Verzweigung mit dem altertümlichen gusseisernen Wanderzeichen halten wir uns links und kommen zum Schild **Kreuzsteige** (979 m) 3 mit einer Schutzhütte und einer Grillstelle. Auch hier hat man wieder eine prächtige Aussicht ins Vorland der Schwäbischen Alb, dazu noch zum Thyssen-Testturm in Rottweil.

Danach können wir wieder entweder auf dem breiten Forstweg gehen oder links davon auf einem Pfad am Trauf entlang. Vorbei an einem Kreuz kommen wir zum Waldrand, wo es einen weiteren Rastplatz mit einer Grillstelle gibt.

Anschließend können wir entscheiden, ob wir lieber links am Trauf entlang über die Wiese mit der Wacholderheide gehen oder rechts auf dem breiten Weg entlang des Flugplatzes. Am **Parkplatz Klippeneck** ❹ empfiehlt es sich, nach links zum Trauf zu gehen. Dort finden wir eine Art geologische Pyramide, die mit zahlreichen Versteinerungen der Schwäbischen Alb geschmückt ist, sowie eine Informationstafel.

Zurück durch den Wald Zurück gehen wir bis Punkt 3 entweder auf demselben Weg am Trauf entlang beziehungsweise entlang des Flugplatzes, oder wir entscheiden uns nach dem Schild Klippeneck (972 m) für die jeweils andere Alternative. Wenn wir am Flugplatz entlangspazieren, kommen wir an den Schildern Heuberger Wasen (970 m) und beim Heuberger Wasen (971 m) vorbei und wandern danach im Wald bis zum bekannten Schild **Kreuzsteige** ❸.

Hier haben wir erneut zwei Möglichkeiten. Entweder gehen wir wie beim Hinweg auf dem breiten Forstweg beziehungsweise den Pfaden am Trauf entlang zurück oder wir biegen am Wanderschild links ab und verlängern die Tour – Letzteres

Dreifaltigkeitsberg

Der dicht bewaldete Dreifaltigkeitsberg ist der höchste bewohnte Berg der Schwäbischen Alb, und das bereits seit der Jungsteinzeit. Erst befand sich hier eine Kultstätte, später während der Urnenfelder- und der frühen Latènezeit war der Berg dichter besiedelt und befestigt. Etwa ab dem 8. Jahrhundert wurde er erneut befestigt. Er gehört zu den prächtigsten Aussichtsbergen der Schwäbischen Alb, von hier sieht man weit über die Baar und den Heuberg. Gen Westen erkennt man hinter Spaichingen einige der Gipfel des Hegaus und dahinter den Schwarzwald. Im Norden stehen der Lemberg, der Hochberg und die Kuppe des Oberhohenbergs. Hat man Glück, sieht man die Alpen vom Karwendel bis zum Montblanc, über Dürbheim die Silvretta und den Säntis. Über dem Zundelberg liegen die Eisriesen des Berner Oberlandes, Wetterhorn, Pilatus, Eiger und Jungfrau.

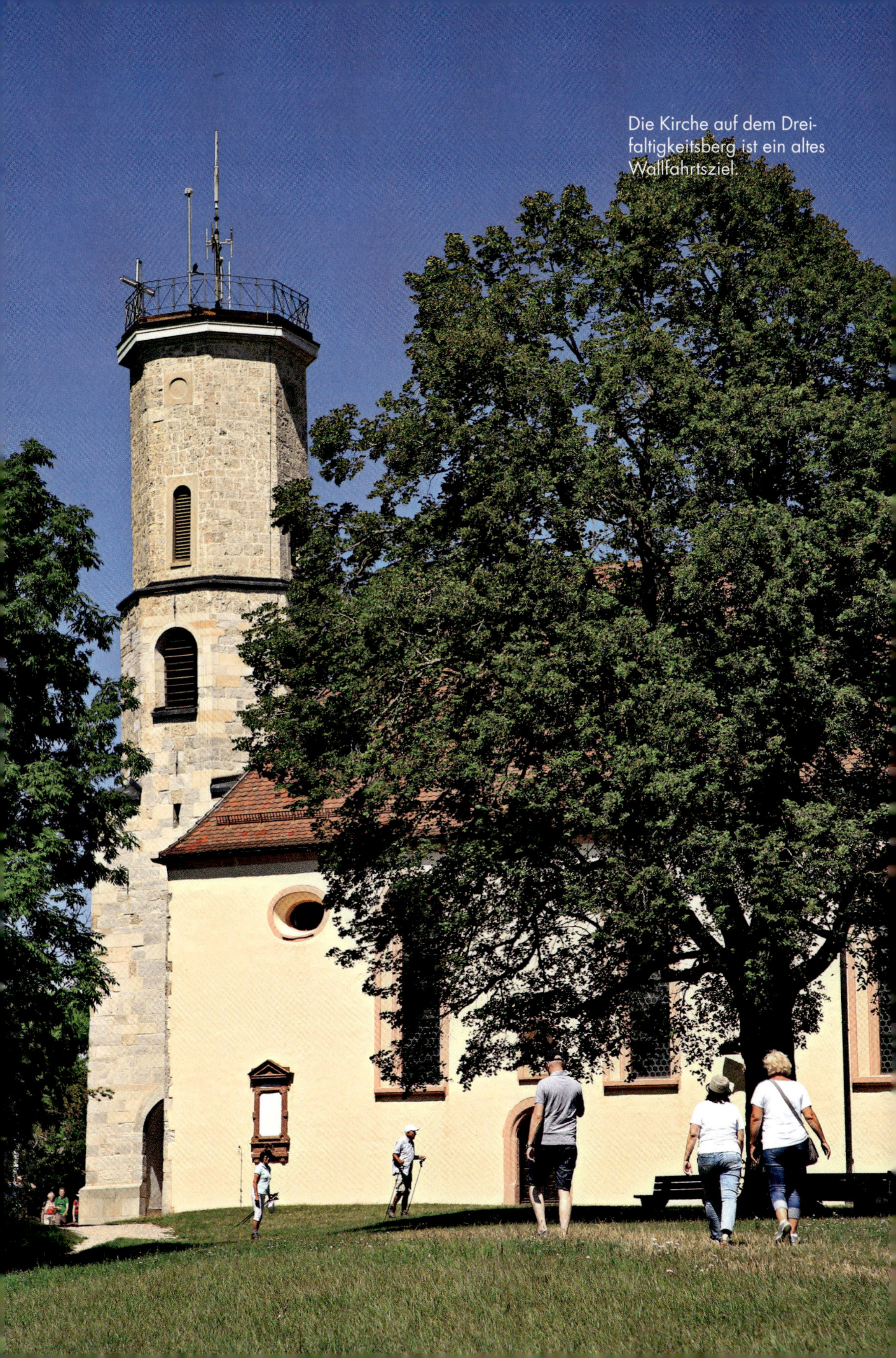
Die Kirche auf dem Dreifaltigkeitsberg ist ein altes Wallfahrtsziel.

ist in diesem Band als Hauptvariante beschrieben. Dabei knickt nach einer links liegenden Hütte der Weg rechts ab. Nach ein paar Minuten sehen wir links ein **Steinkreuz** 5 von 1959. Hier folgen wir an der Verzweigung dem rechten Weg bis zu einer Kreuzung mit dem Schild **Birental Nord** (929 m) 6.

Wallfahrtskirche

Die Wallfahrtskirche ist die Nachfolgerin einer spätgotischen Kirche aus der Zeit von 1660 bis 1669. Ihr Rokoko-Hochaltar wurde von Josef Anton Feuchtmayer erschaffen, und man sagte von ihm, dass »... dergleichen schwerlich wird gesehen worden sein.«

Dort gehen wir auf dem schmalen Pfad geradeaus weiter. Es steigt leicht an, dann treffen wir am Schild Bruderkreuz (972 m) auf einen breiten Weg, dem wir geradeaus folgen. Bald liegt links eine Steingruppe, die die Europäische Wasserscheide markiert. Auch eine Beschreibung dazu finden wir 7. Etwas später kommen wir zum bekannten Schild **Schrofen** 1. Nach links gehen wir jetzt in wenigen Minuten zurück zum Parkplatz.

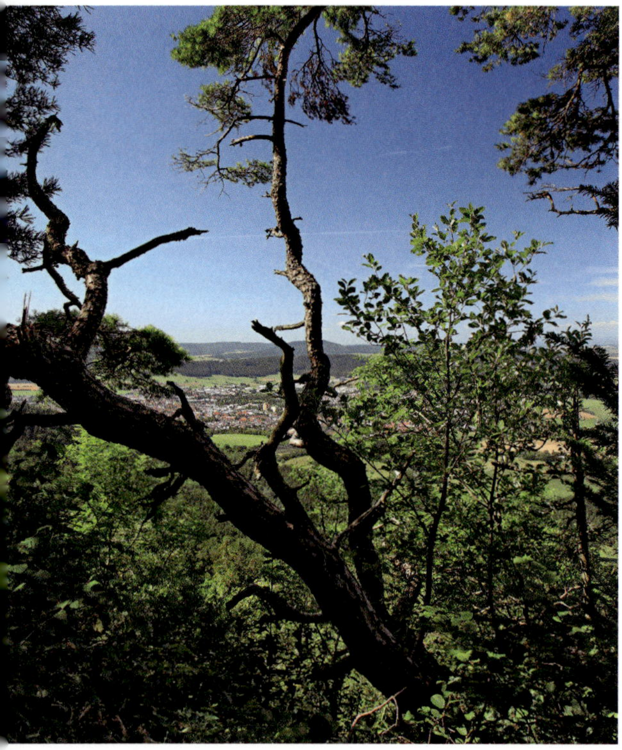

Markante Baumgestalten säumen den Weg entlang des Traufs.

Kirchenbesichtigung und noch ein Aussichtspunkt

Nun haben wir Zeit, die **Kirche** 8 zu besuchen, sofern wir das nicht schon vor der Wanderung getan haben, oder einzukehren. Vielleicht hat auch die Krippenausstellung geöffnet.

Wer gut zu Fuß ist, kann noch den Aussichtspunkt **Auf dem Balgen** 9 aufsuchen, der direkt über Balgheim liegt. Man folgt dazu dem Pfad durch die Wiese hinter der Kirche. Später im Wald geht es auf einem wurzeligen Pfad steil hinab. Danach wandern wir auf demselben Weg wieder zurück.

Wichtiges zur Tour

Tourencharakter

Man kann entweder auf breiten geschotterten Wegen oder streckenweise auf Naturpfaden wandern. Von Letzteren hat man immer wieder eine schöne Aussicht.

Ausgangspunkt/Endpunkt

Spaichingen, Dreifaltigkeitsberg, 970 m

Höchster Punkt

vor Punkt 3, 990 m

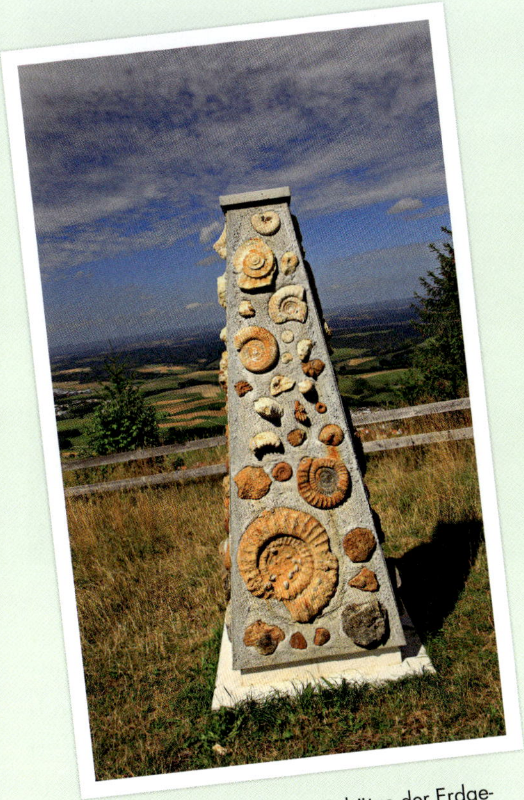

Hier wird gezeigt, welche Schätze der Erdgeschichte der Schwäbischen Alb man finden kann.

Anfahrt

Auto: A81 bis Rottweil, dann über diese Stadt auf der B462, danach auf der B14 bzw. B27 nach Spaichingen, von dort hinauf zum Dreifaltigkeitsberg. GPS 48.083579, 8.761130. Ausweichparkplätze gibt es am Klippeneck.
Bus & Bahn: Bahn bis Spaichingen, von dort zu Fuß etwa in 45 Minuten auf den Dreifaltigkeitsberg; Info: www.efa-bw.de

Einkehr

Dreifaltigkeitsberg, Klippeneck

Karte

Freizeitkarte F507 Villingen-Schwenningen, 1:50000, Landesamt für Geoinformation und Landentwicklung Baden-Württemberg (LGL)

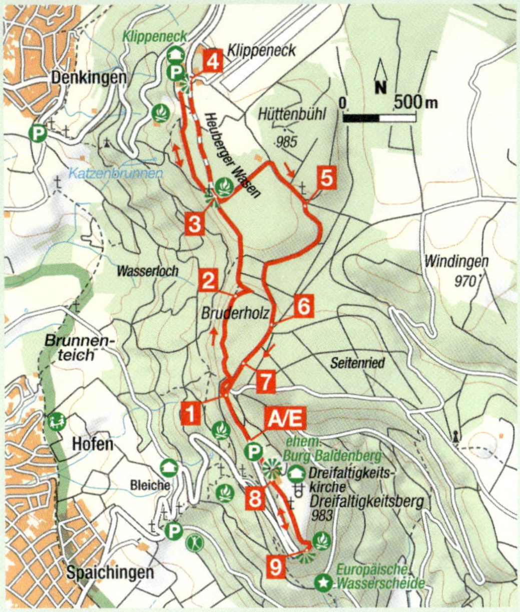

2 Blüten und Aussicht im Balinger Land

Am schönsten im Frühjahr

- mittel
- 3 Std./2.30 Std.
- 280 Hm/ 220 Hm
- 10,3 km/ 8,3 km

Da diese Wanderung zu großen Teilen durch Streuobstwiesen am Fuß der Schwäbischen Alb führt, ist sie im Frühjahr zur Zeit der Baumblüte am schönsten. Dann bietet sich uns vor allem von oben ein prächtiger Blick über das Albvorland. Beeindruckend ist aber auch der hinter den Streuobstwiesen liegende Albtrauf mit seinen Felsen.

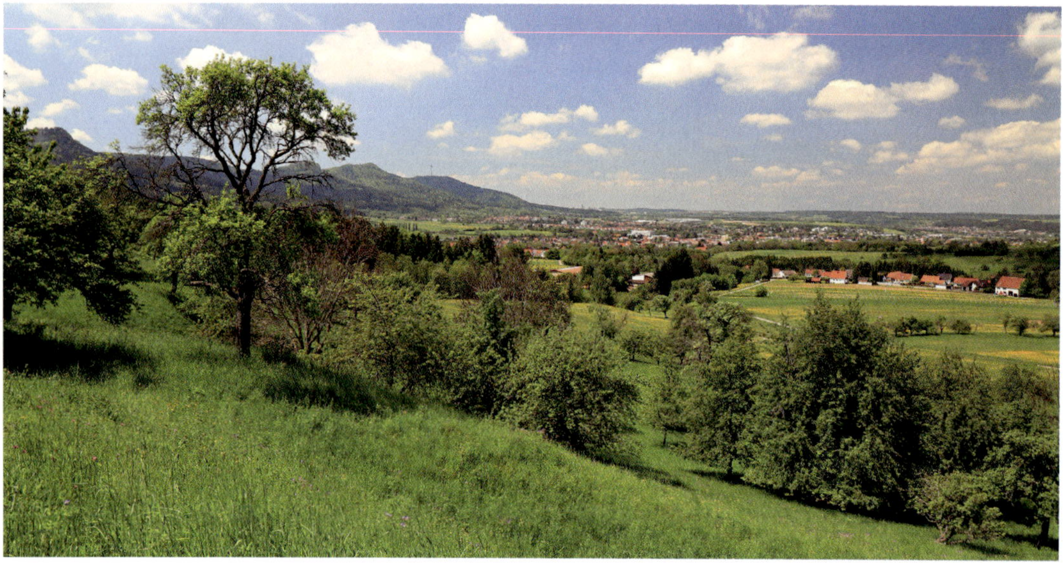

Blick entlang des Albtraufs ins Albvorland

Durch Streuobstwiesen und Wald nach Dürrwangen Wir gehen vom Parkplatz unterhalb des Schützenhauses etwas zurück und biegen links ab. Nun wandern wir durch Streuobstwiesen nach **Stockenhausen** (1), wo wir uns in der ersten Straße (Schalksbachstraße) links halten. Sie bringt uns zur Zillhauser Straße, der wir in Gehrichtung folgen. Nach dem Ort zweigen wir in Richtung »Wannenhof« rechts ab (2).

Wir wandern erst durch einen dichten Bestand von schönen Obstbäumen, bis nur noch einzelne Exemplare von diesen zu sehen sind, und gelangen anschließend über Wiesen zum Waldrand. Unterwegs haben wir einen traumhaften Blick zurück auf die umliegenden Ortschaften und das Albvorland. Vor dem Wald biegen wir dann rechts in einen Schotterweg ein. Kurz darauf haben wir die Wahl: Wir können entweder mit dem Wanderzeichen rechts abzweigen und auf einem Pfad hinab zu einem festen Weg gehen, oder aber auf dem Forstweg weiterwandern. In letzterem Fall hält man sich an der nächsten Verzweigung rechts. Gleich darauf passieren wir eine Lichtung mit einer Grillstelle, danach mündet der oben erwähnte Pfad wieder in den Weg.

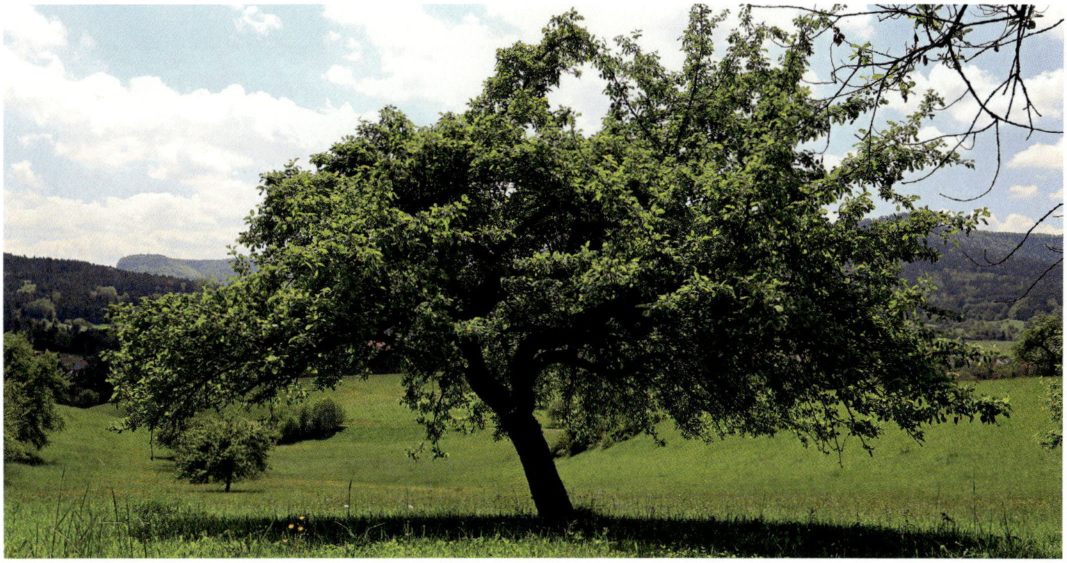

Immer wieder trifft man auf interessant geformte Bäume.

Nach einer Linkskurve führt uns der Weg durch die Wiesen nach **Dürrwangen** 3, wo er rechts abknickt. Wir folgen der Kühwasenstraße, nach der querenden Heckenbachstraße der Bronnäckerstraße. Nach einem Linksknick und Haus Nr. 14 gehen wir auf einem Fußgängerweg nach rechts zur Stockenhauser Straße und folgen ihr nach links. Hinter der querenden Ebinger Straße steht das Haus der Volkskunst.

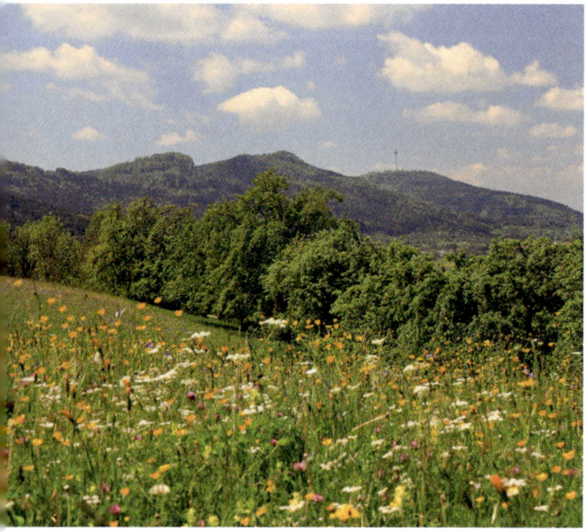

Blühende Wiesen deuten auf eine extensive Nutzung hin.

Aufstieg kurz oder lang Nun biegen wir rechts ab. Vor der querenden Eyach halten wir uns rechts in die **Zeitentalstraße** 4. Sie führt uns an den Sportanlagen vorbei, danach geht sie in einen Feldweg über, der uns zur Granitzstraße bringt.

Nun haben wir zwei Möglichkeiten: Wer die schönere, aber längere Variante, die zudem noch einen Höhenunterschied mit sich bringt, unternehmen möchte, hält sich links, zweigt dann rechts ab in die Dettenhaldenstraße und gleich danach noch einmal rechts in die Mettenöschstraße. An der nächsten Verzweigung gehen wir nach rechts aus dem Ort hinaus 5. Dann wandern wir durch Streuobstwiesen hinauf zum Waldrand, dort nach rechts und in der Kapfstraße mit einer Rechtskurve wieder zurück, bis wir auf die Straße Langenwasen treffen. Nach links geht es zurück zum Parkplatz.

Wer sich die Verlängerung nicht zumuten will oder aus sonstigen Gründen gleich zurück möchte, folgt der Straße Langenwasen nach rechts hinauf zum Ausgangspunkt (gestrichelte Variante).

Haus der Volkskunst

Das Haus der Volkskunst ist ein prächtiges Fachwerkhaus, das im Jahr 1796 vom Ochsenwirt Christian Hähnle und seiner Ehefrau Anna erbaut wurde. Ab 1837 diente es als Rathaus der Gemeinde, später teilweise als Schulhaus und im Zweiten Weltkrieg als Arrestraum für französische Kriegsgefangene. Bei späteren Umbauten wurde das beeindruckende Fachwerk verdeckt; erst die Volkstanzgruppe Frommern erkannte seinen Wert und stellte den Urzustand wieder her. Heute dient es zusammen mit dem benachbarten Jetter-Haus als musisches Bildungszentrum des Schwäbischen Albvereins und ist Sitz des Schwäbischen Kulturarchivs (www.schwaben-kultur.de). Für Gruppen gibt es hier auch eine Übernachtungsmöglichkeit (www.volkstanzgruppe.de).

Wichtiges zur Tour

Tourencharakter
Wir wandern auf festen Wegen.

Ausgangspunkt/Endpunkt
Balingen-Frommern, Langenwasen 99, Parkplatz unterhalb des Schützenhauses, 630 m

Höchster Punkt
Im Wald zwischen Stockenhausen und Dürrwangen, 732 m

Anfahrt
Auto: B27 bis Balingen, dann B463 nach Frommern. GPS 48.252369, 8.891594. Einen Ausweichparkplatz finden wir bei den Sportanlagen, Zeitentalstr. 10.

Bus & Bahn: Bahn bis Balingen, Bus bis Frommern, Haltestelle Bergblick; Info: www.efa-bw.de

Einkehr
Frommern, Dürrwangen

Karte
Freizeitkarte F523 Tübingen Reutlingen, 1:50 000, Landesamt für Geoinformation und Landentwicklung Baden-Württemberg (LGL)

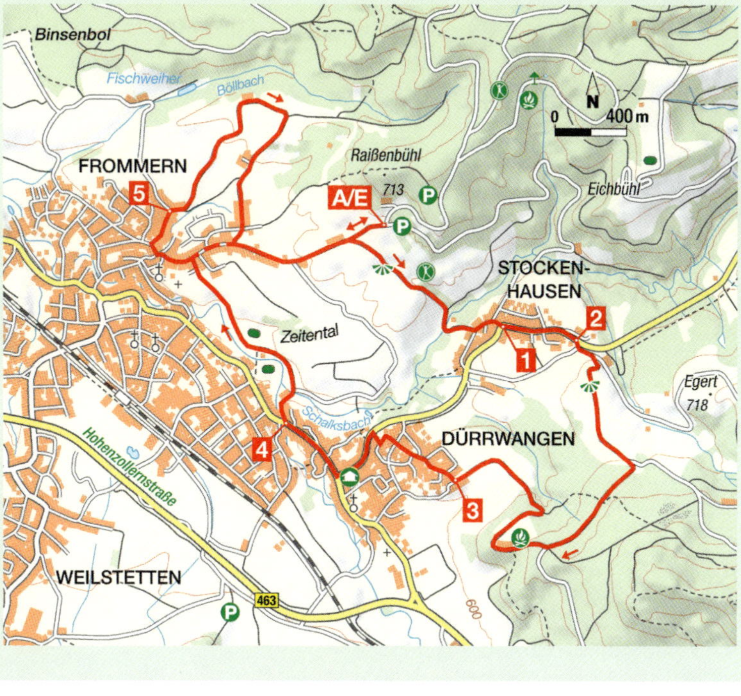

3 Durch die Hülenbuchwiesen zum Hörnle

Es geht fast senkrecht hinab

- leicht
- 1.50 Std.
- 60 Hm
- 6,6 km

Wir wandern durch die parkartigen Hülenbuchwiesen zum Hörnle, von dem aus wir eine prächtige Aussicht hinab ins Eyachtal haben. Auch über die Wiesenlandschaft hat man einen schönen Blick.

Hörnle und Hülenbuchwiesen Wir folgen ab dem Hörnleparkplatz dem Sträßchen weiter, werden aber kurz nach dem Parkplatz zum »Hörnle« nach rechts verwiesen (1). Es geht erst auf einem Schotterweg, danach unbefestigt auf einem Wiesenweg durch die Hülenbuchwiesen über das Schild Gedenkstein (950 m) zum **Aussichtspunkt Hörnle** (956 m) (2). Beim Gedenkstein kann man einen Abstecher nach links machen und durch die prächtigen Hülenbuchwiesen spazieren, so lange man will (3), und danach wieder hierher zurückkehren.

Der Plettenberg mit seinem Funkturm ist von vielen Seiten eine bekannte Landmarke. Auch auf dieser Wanderung ist er zu sehen.

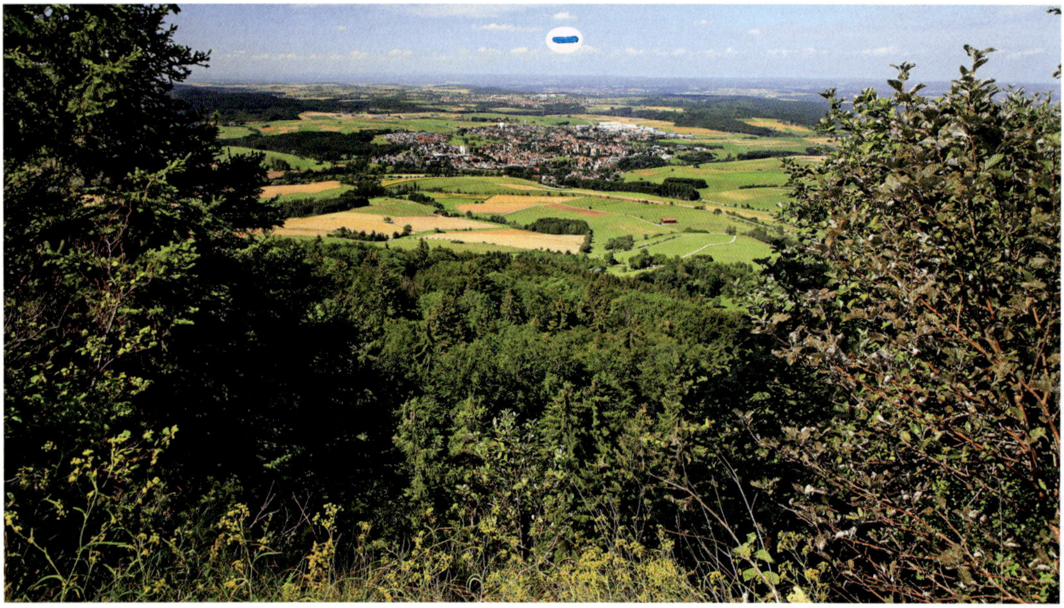

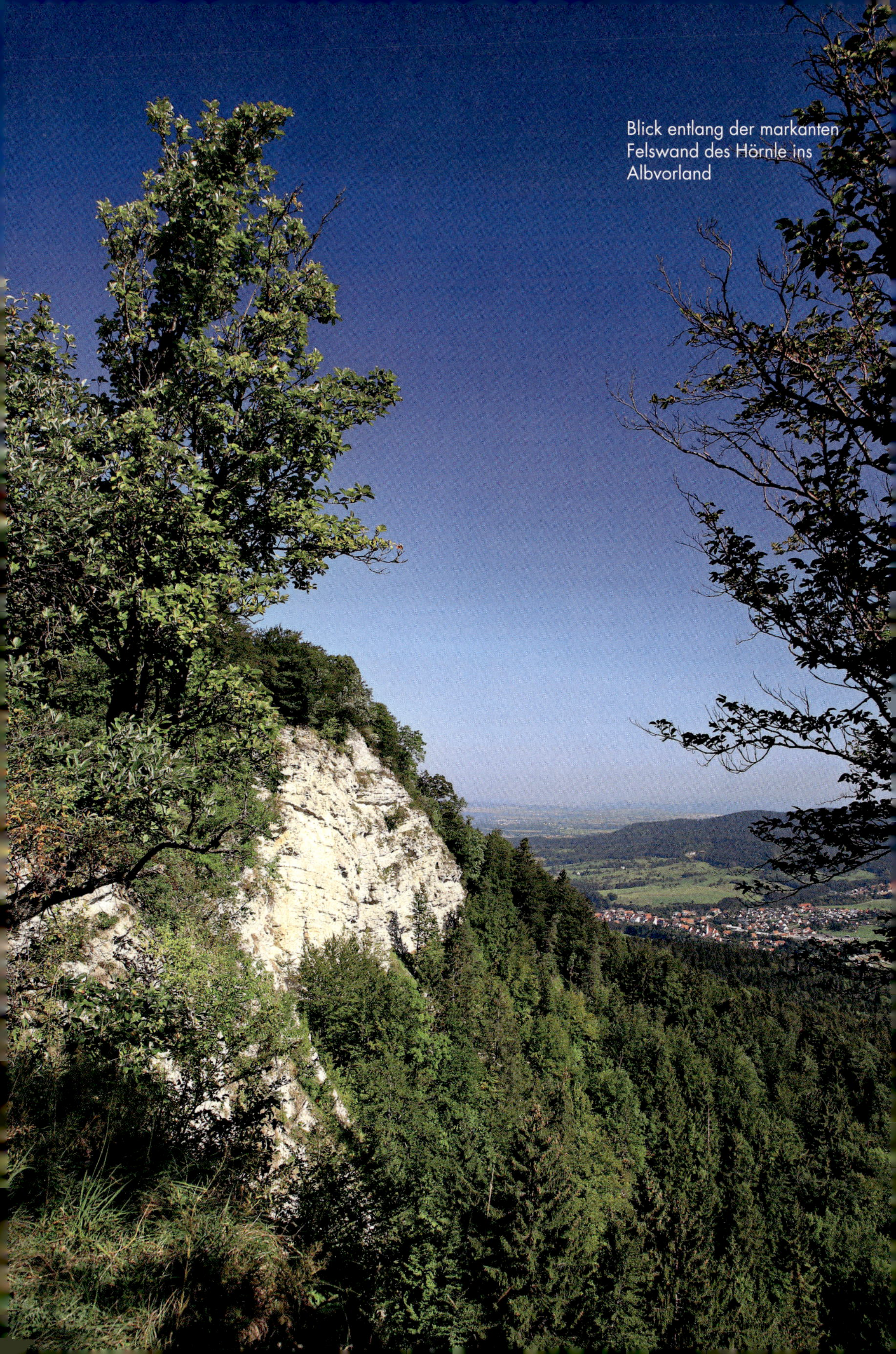

Blick entlang der markanten Felswand des Hörnle ins Albvorland

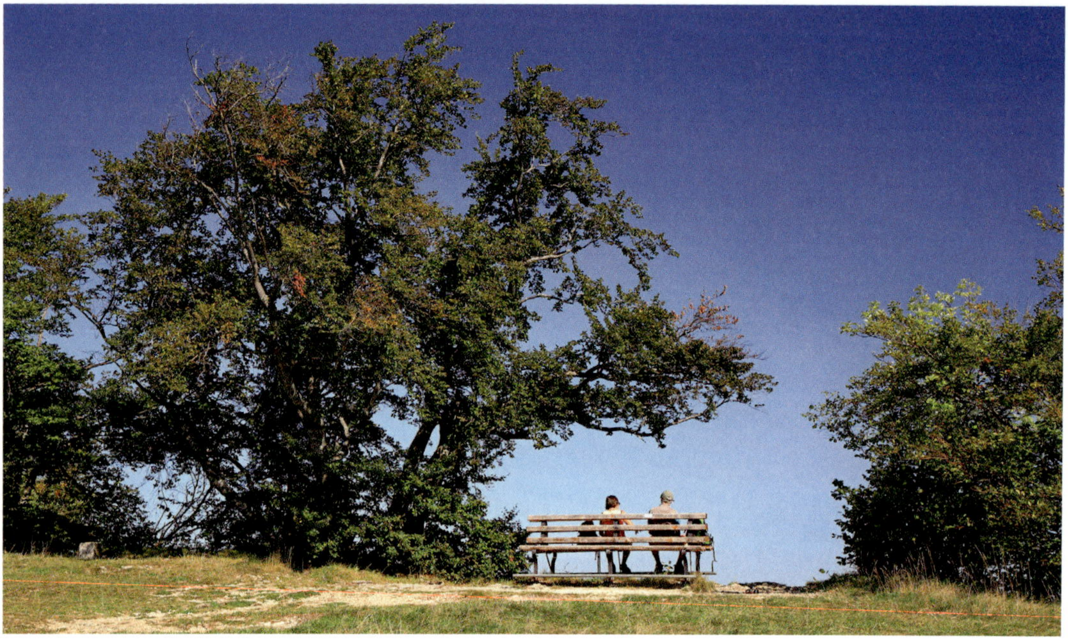

Bänke laden auf dem Hörnle zur Rast ein.

Urwaldartiger Bannwald Für den Rückweg biegen wir am Hörnle rechts ab in Richtung »Hakenfels«. Nun wandern wir meist abwärts immer auf einem schmalen Pfad entlang des Traufs. Später gelangen wir in einen Bannwald, der einen recht urwüchsigen Charakter aufweist. Am Schild Hakenfels (925 m) folgen wir dem Schild »Bannwald Untereck«.

Am Schild Bannwald Untereck (910 m) werden wir nach rechts nach »Untereck« verwiesen. Bald darauf verlassen wir den Wald wieder und kommen schließlich hinauf zur Zufahrtsstraße und zum Schild **Untereck** (927 m) 4. Zurück zum Hörnleparkplatz halten wir uns rechts.

Hülenbuchwiesen

Die knapp 1000 Meter hoch gelegenen Hülenbuchwiesen mit ihrem fast parkartigen Charakter entstanden aus jahrhundertelanger extensiver Bewirtschaftung – vermutlich weil sie eine von Ansiedlungen weit entfernte Lage aufweisen. Damals waren es einmähdige, ungedüngte Mager- und Holzwiesen, die deshalb auch die dadurch bedingte Flora entwickeln und behalten konnten. Seit 1984 sind sie mit 42 Hektar als Naturschutzgebiet ausgewiesen. In den weiten Wiesen findet man idyllisch gelegene Gehölzinseln und im Gras wächst die Kleine Traubenhyazinthe, hier Kohlraisle genannt.

Wichtiges zur Tour

Tourencharakter

Wir wandern auf Pfaden und festen Wegen. Auf dem Rückweg vom Hörnle geht es auf einem schmalen Pfad am Trauf entlang. Wer dies nicht möchte, geht auf dem Hinweg zurück. An den Steilabstürzen sollte man vorsichtig sein. In die Tourangaben eingerechnet ist ein Abstecher über die Hülenbuchwiesen; lässt man diesen weg, sind es ungefähr 3,3 km weniger.

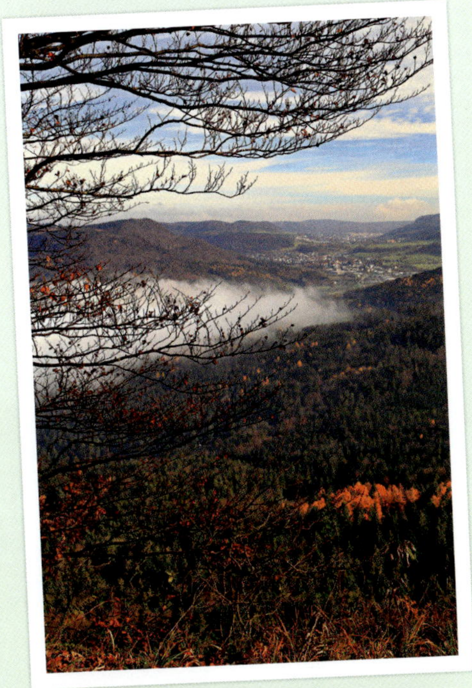

Morgennebel im Eyachtal

Ausgangspunkt/Endpunkt

Tieringen, Hörnleparkplatz, 945 m

Höchster Punkt

Kurz nach dem Start, 950 m

Anfahrt

Auto: A81, B27 und B463 über Balingen nach Weilstetten, dann über den Lochenpass nach Tieringen. Weiter in Richtung Hossingen, dann an der scharfen Rechtskurve bei den Sportplätzen links in ein Sträßchen, das zum Hörnleparkplatz führt.
Bus & Bahn: keine geeignete Verbindung

Einkehr

Tieringen

Karte

Freizeitkarte F507 Villingen-Schwenningen, 1:50 000, Landesamt für Geoinformation und Landentwicklung Baden-Württemberg (LGL)

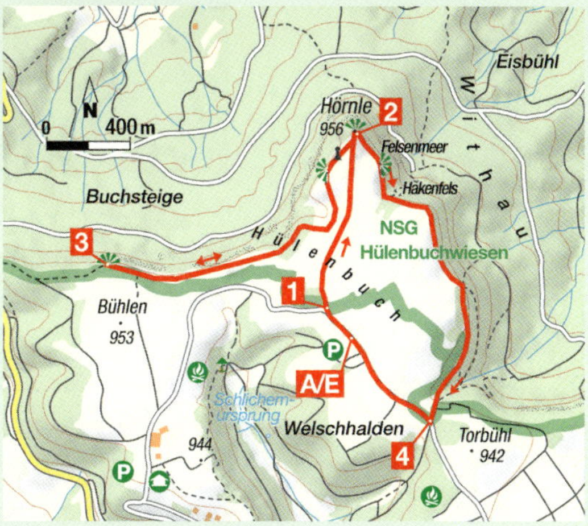

4 Vom Böllat zum Heersberg

Burgruine und Aussicht

- leicht
- 2.20 Std.
- 100 Hm
- 8,5 km

Dieser Spaziergang weist verschiedene Höhepunkte auf. Direkt zu Beginn haben wir einen weiten Blick vom Böllat, danach von verschiedenen Punkten auf dem Weg zum Heersberg und schließlich natürlich auch von diesem selbst. Ein interessanter Abstecher führt zu einer Burgruine.

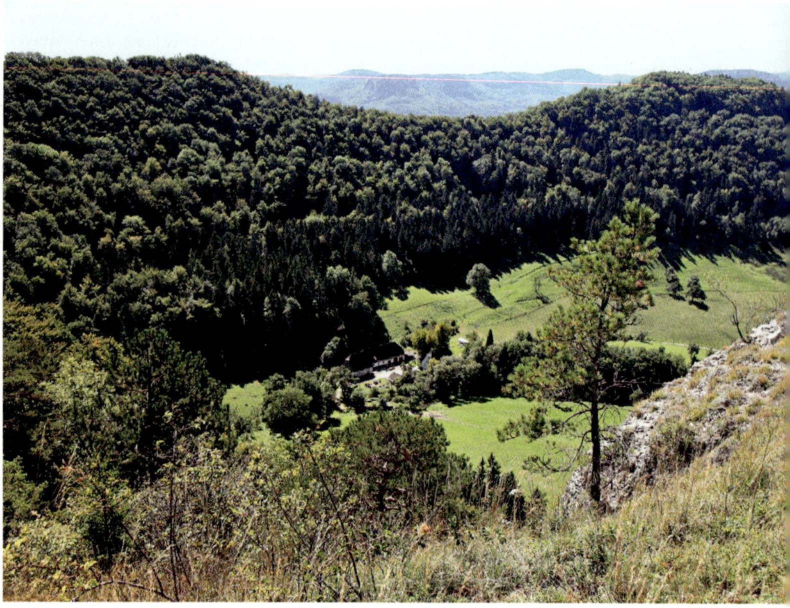

Beim Blick vom Böllat aus erhält man einen guten Eindruck von der waldreichen Umgebung auf der Westalb.

Zum ersten Aussichtsfels Wir folgen dem am Parkplatz vorbeiführenden Weg, der mit dem Zeichen des Traufwegs in Richtung »Parkplatz Burgfelden« markiert ist. Nach dem Bolzplatz biegen wir links ab, dann am Trauf noch einmal. Nun spazieren wir auf einem Wiesenweg entlang des Traufes. Aussicht hat man hier nur an wenigen Stellen, dafür erreichen wir aber bald den **Böllat** 1, einen herrlichen Aussichtsfelsen.

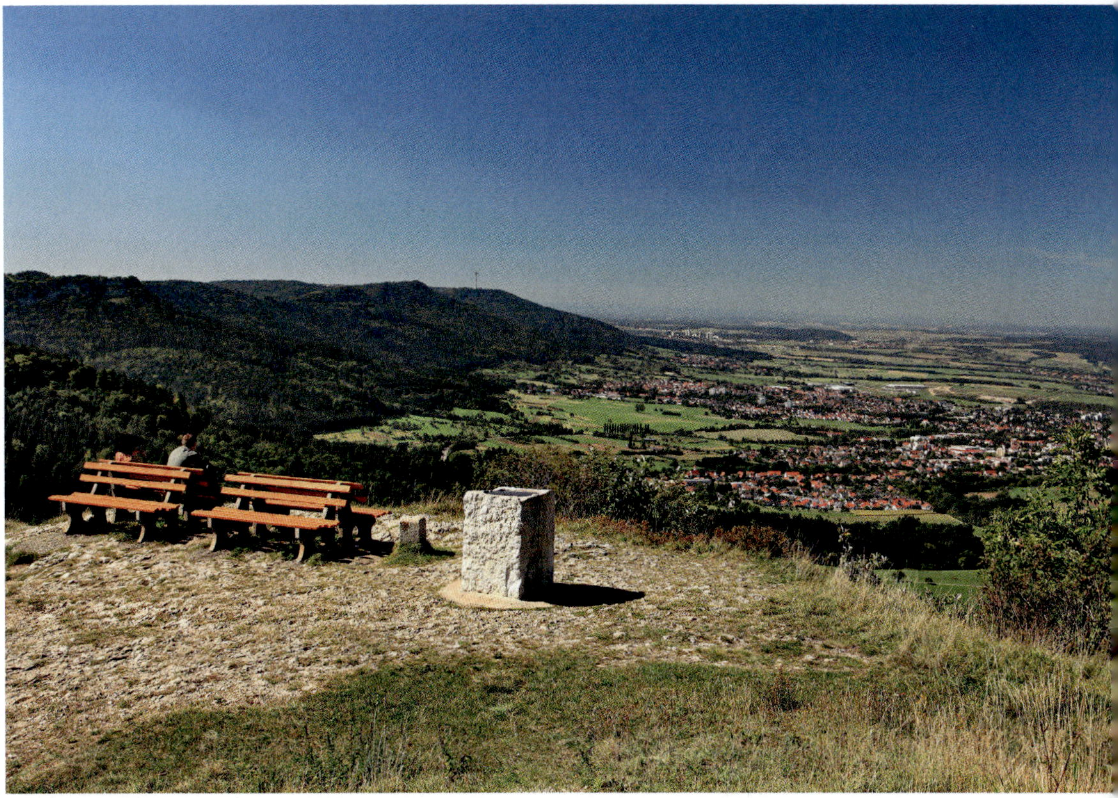

Der Böllat bietet nicht nur einen herrlichen Ausblick, man kann ihn auch gemütlich auf Bänken genießen.

Hier biegen wir links ab und gehen weiter am Trauf entlang bis zu den ersten Häusern von Burgfelden. Der Weg zieht nun nach links und wir wandern durch die Straße Im Gäßle, bis rechts der Burgweg abgeht 2.

Zuerst zur Ruine Wo der Burgweg nach links zieht, spazieren wir am Fahrverbotsschild geradeaus weiter auf einen Wiesenweg zum Trauf. Hier können wir zuerst einen Abstecher nach rechts zur **Ruine Schalksburg** 3 machen, ansonsten biegen wir links ab. Wenn wir von der Ruine zurückkommen, halten wir uns dementsprechend rechts.

Weiter auf den aussichtsreichen Heersberg Nun folgen einige wunderbare Aussichtspunkte, die uns einen herrlichen Blick hinab ins Eyachtal, nach Laufen und später nach Lautlingen bieten. Wir folgen dem Wiesenweg, können aber auch bald den links verlaufenden festen Weg nehmen.

Nach dem weiter links liegenden Parkplatz Heersberg befindet sich links ein schöner, großer Spielplatz. Wir lassen anschließend eine Abzweigung nach links liegen und halten uns erst danach an einem **querenden Weg** ④ links, aber nicht im rechten Winkel, sondern wir folgen dem Weg, der annähernd parallel zum Anmarschweg nach links hinaufzieht. So kommen wir zum Wasserbehälter auf dem **Heersberg** ⑤, wo wir die Aussicht über die Heide, auf Burgfelden und zur Schalksburg, die wie ein kleiner weißer Edelstein aus dem Wald hervorschaut, bestaunen können.

Burgfelden

Burgfelden wurde 1064 erstmals genannt; es kam 1403 von den Grafen von Zollern an die Württemberger. Im Friedhofsbereich liegt die frühromanische Kirche St. Michael mit bedeutenden Fresken der Reichenauer Schule (Ende 11. Jh.). 1957 fand man den Grundriss einer Stiftergrablege aus dem 8. Jahrhundert.

Wer sich ein paar Meter sparen will, kann auch schon an dem ersten querenden Pfad links abzweigen und durch die Wacholderheide sanft zum Wasserbehälter aufsteigen (gestrichelte Variante), wobei wir bereits auf dem Weg einen schönen Blick genießen.

Mächtige Bäume säumen den Weg.

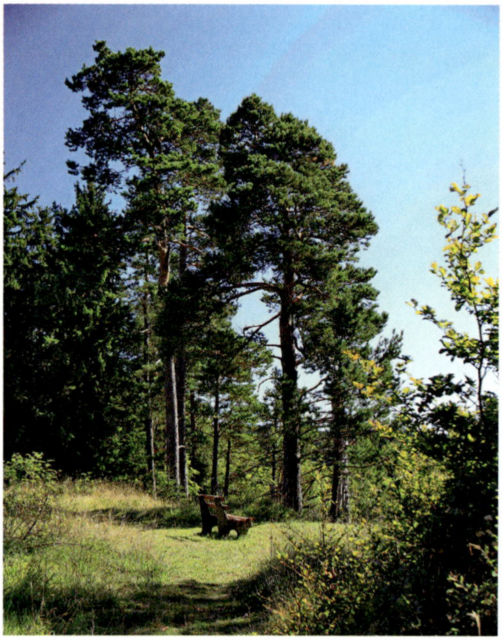

Zurück durch Burgfelden Dann wandern wir auf dem Pfad hinab zu dem festen Weg, den wir noch vom Hinweg kennen, und folgen ihm. An einer Verzweigung halten wir uns rechts und gehen über den Parkplatz Heersberg nach Burgfelden, wo wir auf den Burgweg treffen, welcher im Ort nach rechts zieht. Wenn wir auf die links abgehende Straße Im Gäßle stoßen, gehen wir etwas nach rechts versetzt in der Eschenbachstraße weiter geradeaus. Rechts liegt bald die Michaelskirche. Am Ortsende gehen wir nach links in die Böllatstraße und schließlich gleich nach rechts zum bereits sichtbaren Parkplatz.

Wichtiges zur Tour

Tourencharakter
Wir wandern auf festen Wegen und Naturpfaden.

Ausgangspunkt/Endpunkt
Albstadt-Burgfelden, Parkplatz Burgfelden, rechts der von Pfeffingen kommenden Straße am Ortsanfang, 905 m

Höchster Punkt
Vor dem Wasserbehälter, 944 m

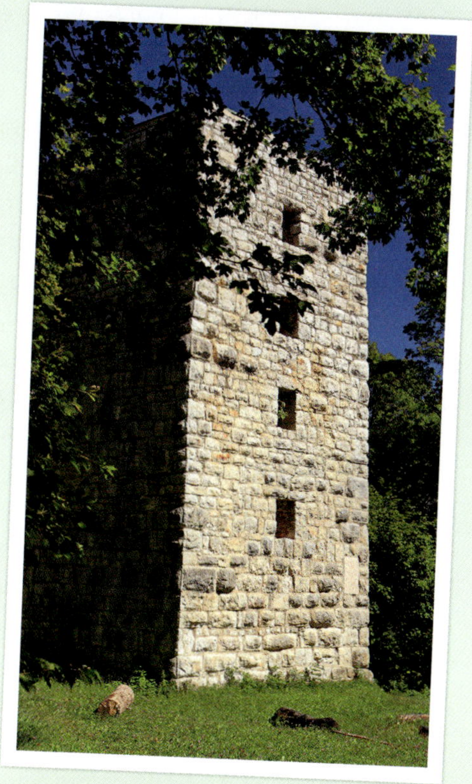

Der Bergfried der einstigen Schalksburg dient heute als Aussichtsturm.

Anfahrt
Auto: A81 bis Ausfahrt Empfingen, dann B462 und B27 bis nach Balingen, über Frommern und Zillhausen nach Burgfelden. Der Parkplatz liegt vor dem Ort rechts.
GPS 48.244767, 8.932520
Bus & Bahn: Bahn bis Ebingen, Bus bis Burgfelden, Haltestelle Ortsmitte;
Info: www.efa-bw.de

Einkehr
Burgfelden

Karte
Wanderkarte W241 Rottenburg am Neckar, 1:25 000, Landesamt für Geoinformation und Landentwicklung Baden-Württemberg (LGL) in Zusammenarbeit mit dem Schwäbischen Albverein e. V.

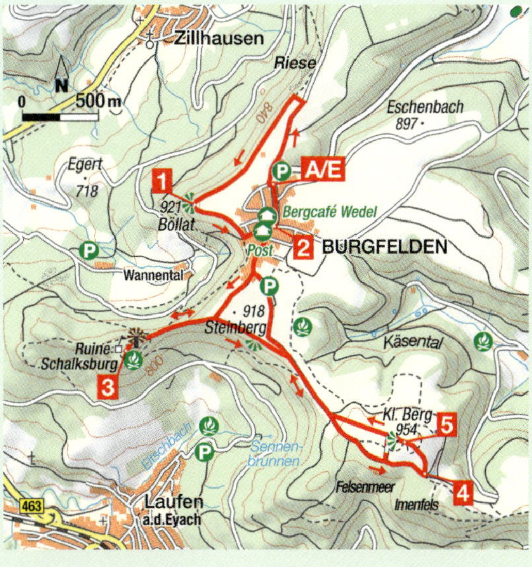

5 Panoramatour am Fuß des Hohenzollern

Auf dem Kaiserweg

leicht
1.40 Std.
130 Hm
5,9 km

Es gibt wohl kaum einen Panoramaweg auf der Schwäbischen Alb, der so einfach zu erreichen und so bequem zu wandern ist, wie der herrliche Kaiserweg unterhalb der Burg Hohenzollern. Vorwiegend geht es durch Naturschutzgebiete mit einem schönen Blick in das zollerische Land.

Nach Wessingen Wir verlassen Zimmern in der Schloßstraße und wandern neben der K7111 nach Wessingen. Dort biegen wir am Ortsanfang am Wanderschild **Tübinger Straße** (542 m) 1 rechts ab in Richtung »Rastplatz im Grund«. In der Straße An der Bismarckhöhe spazieren wir am Ortsrand entlang, bis es auf einem Feldweg weiter zum Rastplatz Im Grund (588 m) geht. Nach diesem halten wir uns rechts und kommen zur Zufahrtsstraße, die zur Burg Hohenzollern führt. Wir orientieren uns am Schild Obere Bismarckhöhe (607 m) rechts und wandern neben der Straße in den Wald. Dort an der scharfen Linkskehre finden wir einen **Parkplatz** 2.

Einen solchen Rastplatz mit Aussicht wünscht man sich immer.

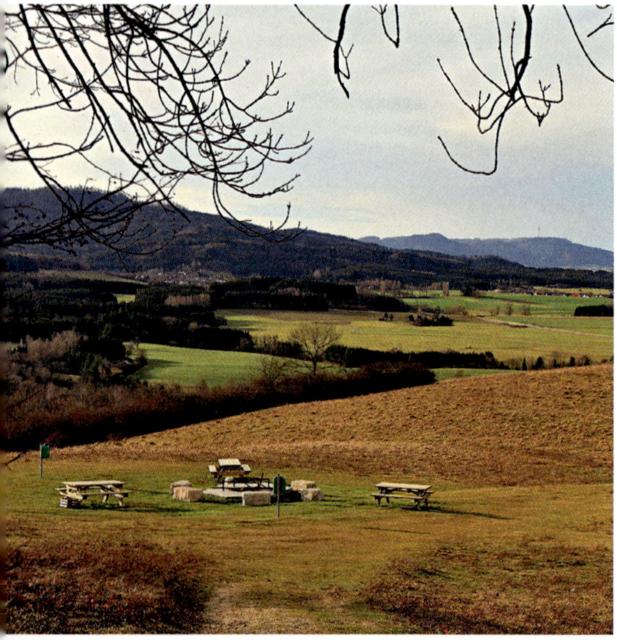

Eben mit weiten Blicken Von hier aus gehen wir nach rechts, durch die Schranke hindurch und auf dem linken Weg zum Rastplatz Große Halde (653 m). Dort haben wir nicht nur einen weiten Blick ins Land mit dem an seinem Funkturm erkennbaren Plettenberg im Hintergrund, sondern auch zur Burg Hohenzollern.

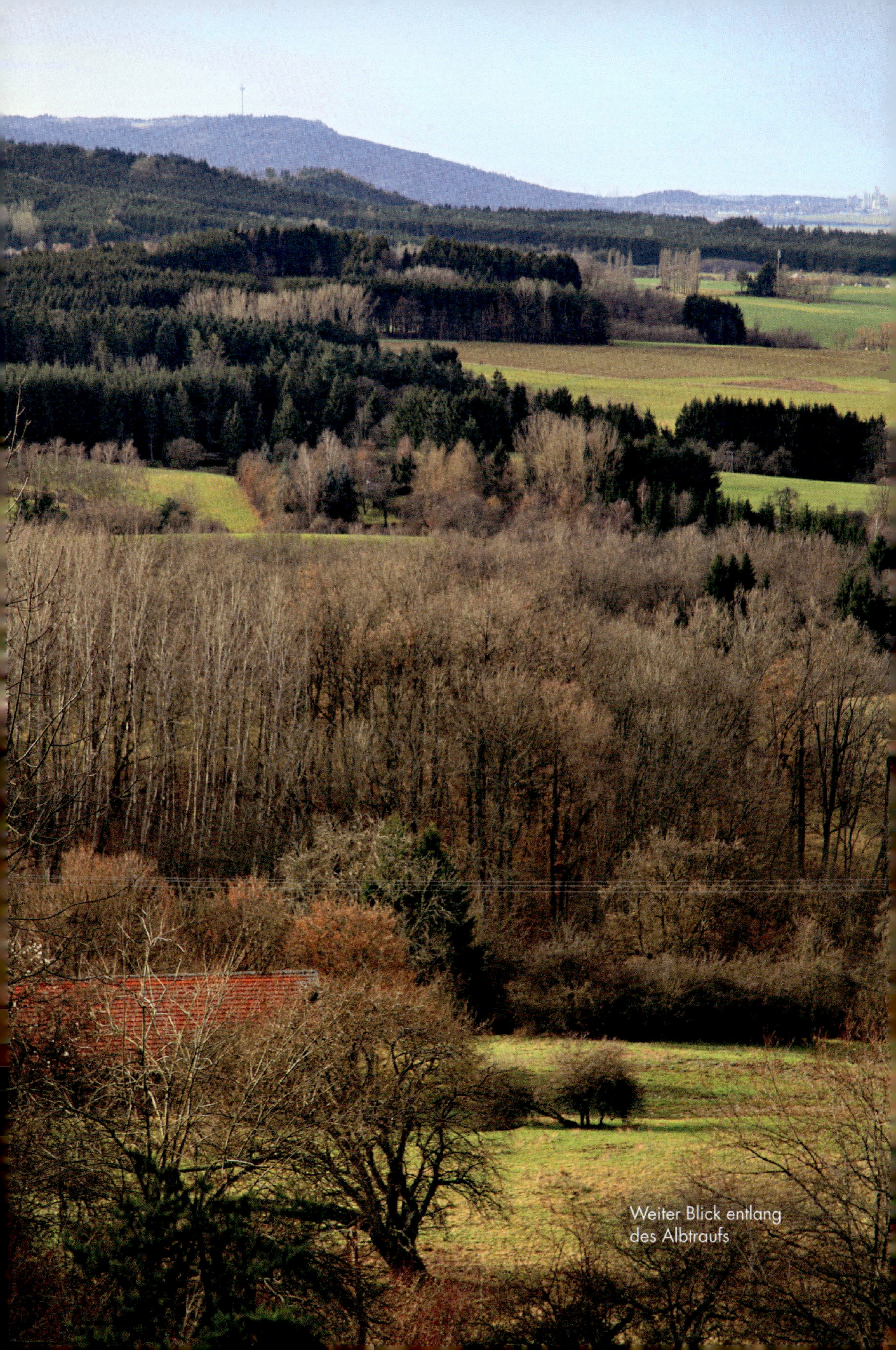

Weiter Blick entlang
des Albtraufs

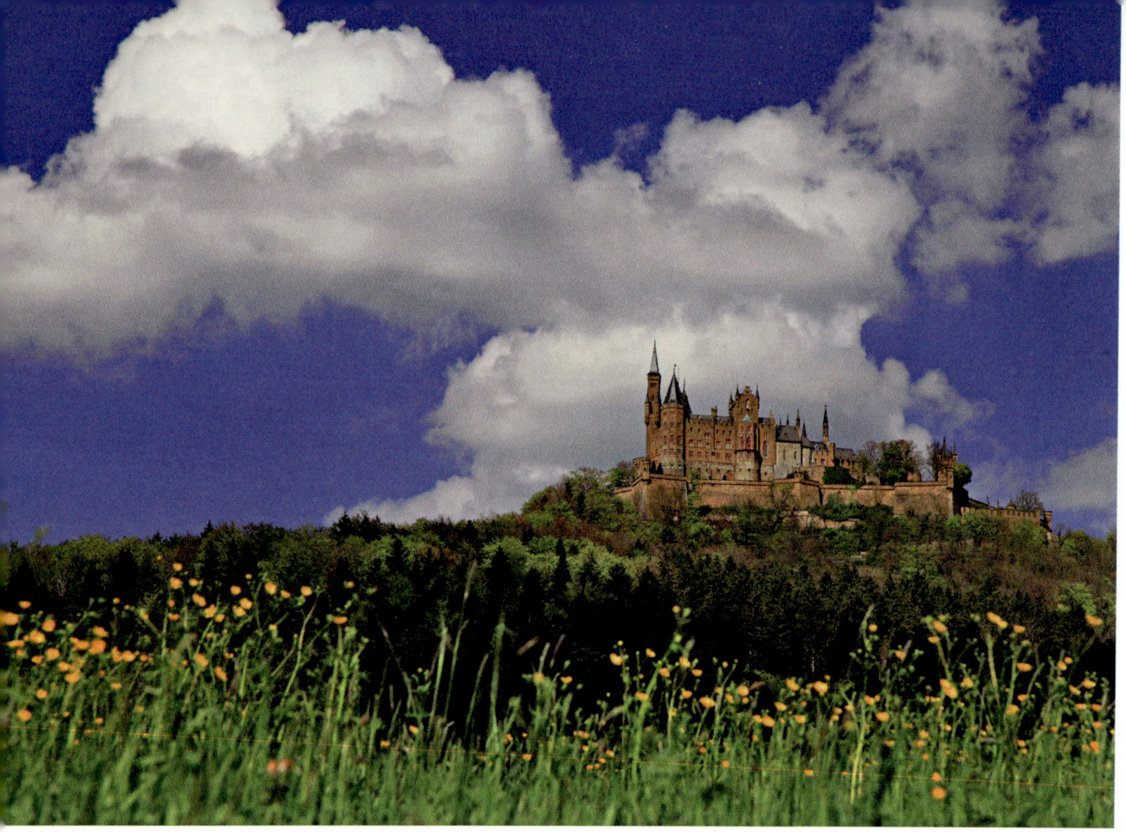

Immer wieder hat man die Burg Hohenzollern im Blickfeld.

Wer will, kann von hier aus entweder mithilfe der Wanderzeichen des Schwäbischen Albvereins zur Burg Hohenzollern aufsteigen oder mit dem Zubringerbus vom oberen Parkplatz aus fahren. Ansonsten folgen wir weiter dem Weg am Waldrand entlang. Dieser bringt keine großen Höhenunterschiede mit sich, bietet uns aber immer herrliche Ausblicke weit hinaus ins Albvorland.

Zurück nach Zimmern Schließlich geht es nach rechts hinab zum Schild **Weiherle** (628 m) 3. Hier halten wir uns an das nach rechts weisende Schild nach »Zimmern«. Kurz danach haben wir nach rechts immer wieder einen schönen Blick zur Burg Hohenzollern. Schließlich treffen wir auf eine Asphaltstraße, an der wir uns nach rechts wenden. Bald kommen wir an einem **Parkplatz** 4 vorbei. Vor dem Kreuzbühlbrunnen quert ein Bach, und wenn wir kurz nach links in den Wald gehen, sehen wir die tiefe Schlucht, die er gegraben hat. Der Straße weiter folgend, kommen wir zum Parkplatz Pfaffenwiesle (567 m), etwas später sind wir zurück in Zimmern.

Wichtiges zur Tour

Tourencharakter
Wir wandern auf festen Wegen.

Ausgangspunkt/Endpunkt
Bisingen-Zimmern, Wanderparkplatz, Straße Am Zollerberg, 550 m

Höchster Punkt
Nach dem Parkplatz an der Zufahrtsstraße zur Burg Hohenzollern, 667 m

Anfahrt
Auto: B27 bis nach Hechingen, dann auf die Tübinger Straße/K7111 und vorbei an Wessingen nach Zimmern. GPS 48.321349, 8.947053. Ausweichparkplätze findet man an der zur Hohenzollern führenden Straße entlang der scharfen Linkskehre bzw. auf den zwei Parkplätzen, an denen man auf dem Rückweg vorbeikommt, u. a. am Wanderparkplatz Pfaffenwiesle. Beide erreicht man, wenn man Zimmern durchfährt.
Bus & Bahn: Bahn bis Hechingen, Bus bis Zimmern, Haltestelle Am Zollerberg; Info: www.efa-bw.de

Einkehr
Zimmern

Karten
Wanderkarte W241 Rottenburg am Neckar, 1:25 000, Landesamt für Geoinformation und Landentwicklung Baden-Württemberg (LGL) in Zusammenarbeit mit dem Schwäbischen Albverein e. V.

Information:
www.bisingen.de

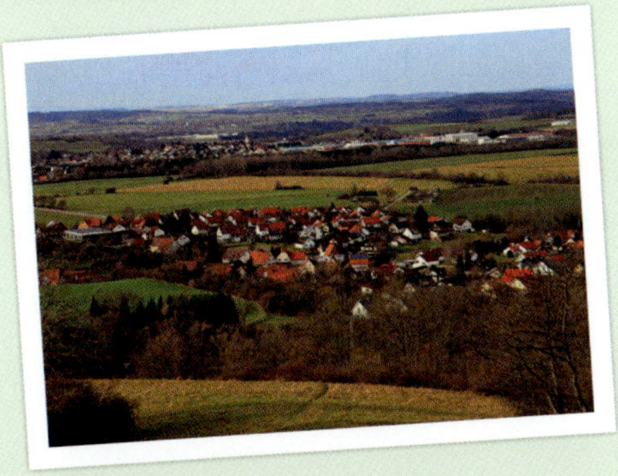

Weite Aussicht ins flache Albvorland

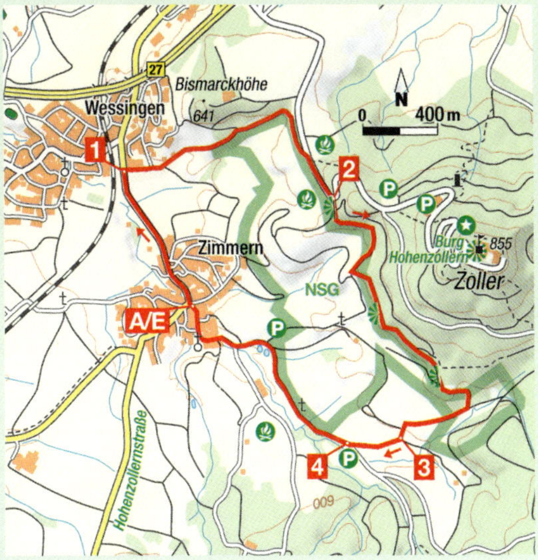

6 Über das Zeller Horn zum Hangenden Stein

Der wohl bekannteste Zollernblick

mittel

1.30 Std.

120 Hm

4,9 km

Der Blick vom Zeller Horn zur Burg Hohenzollern ist der erste Höhepunkt dieser herrlichen Wanderung auf dem Raichberg. Danach geht es durch einen schönen Wald mit prächtigen uralten Buchen und vorbei an weiteren Aussichtspunkten. Nach dem Hangenden Stein steigen wir hinauf zum Nägelehaus des Schwäbischen Albvereins und zum Aussichtsturm.

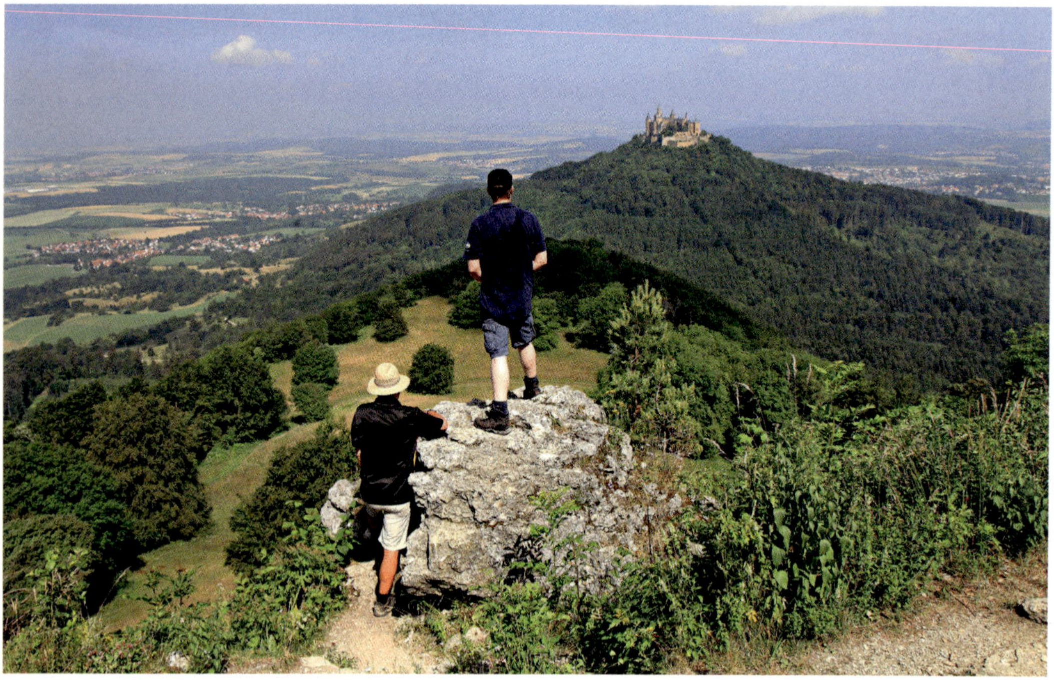

Am Zeller Horn hat man den bekannten »Postkartenblick« auf die Burg Hohenzollern.

Zum Zeller Horn Wir halten uns am Parkplatz beim Zollersteighof rechts und folgen dem Feldweg in Richtung »Zeller Horn«. Der Weg zieht gleich darauf nach links und wir wandern am Rand des Gehölzstreifens bis zum **Waldrand 1**.

Hier führt unser Weg später nach rechts weiter, erst behalten wir aber unsere Richtung bei und erreichen so den Hohenzollernblick am **Zeller Horn** ②. Danach gehen wir wieder zurück zum **Waldrand** ①, wo wir gemäß den Wanderzeichen links abbiegen und dem roten Dreieck folgen.

Über den Backofenfelsen zum Hangenden Stein Wir gehen weiter bis zum **Backofenfelsen** ③. Auch hier sehen wir zu unserer Linken die Hohenzollernburg. Nun haben wir die Höhe erreicht und spazieren weiter geradeaus bis zum **Trauffelsen** ④. Danach wandern wir weiter durch den Wald und an markanten Methusalembäumen vorbei. Links sehen wir bald hinab in eine tiefe Schlucht. Da es hier einen ungesicherten Steilabfall gibt, sollte man äußerst vorsichtig sein, insbesondere bei feuchtem Wetter kann man leicht ins Rutschen kommen. Außerdem laden die Steine und Baumwurzeln auf dem Weg geradezu zum Stolpern ein. An einer Verzweigung bleiben wir auf dem **linken Weg** ⑤.

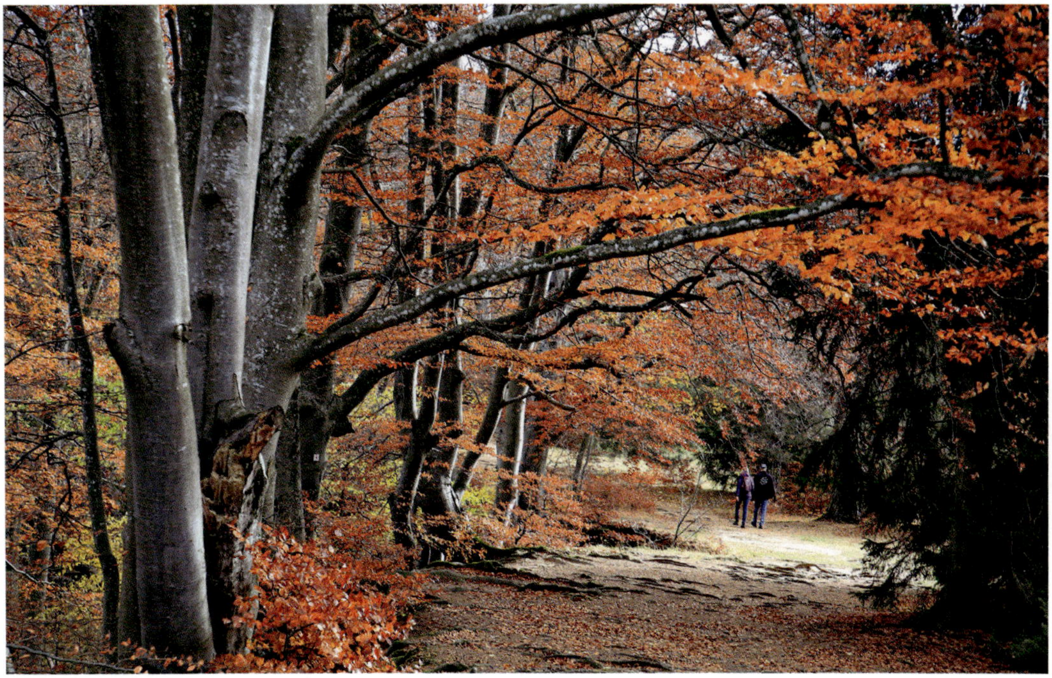

Auf dem Weg über den Raichberg kommt man an mächtigen alten Buchen vorbei.

Nach einem kurzen Stück bergab verläuft links des Weges ein schmaler Riss, den wir schließlich auf einer Brücke nach links zu einem Aussichtspunkt überqueren. Nun sind wir am **Hangenden Stein** 6.

Zu Wanderheim und Aussichtsturm Kurz nach dem Hangenden Stein zieht unser Weg nach rechts und wir kommen hinab in ein lang gestrecktes Wiesentälchen. Auf der anderen Seite gehen wir im Wald wieder aufwärts in Richtung Nägelehaus. Wir überqueren einen Forstweg und befinden uns kurz darauf vor dem besagten **Wanderheim des Schwäbischen Albvereins** 7. Rechts davon sehen wir den Aussichtsturm und direkt davor finden wir Bänke, einen Spielplatz und eine Grillstelle.

Nach dem Nägelehaus wandern wir geradeaus weiter, bis wir zu den Wiesen gelangen. Wir gehen kurz geradeaus in die Wiese, wo sich der Weg verzweigt, und nehmen den linken Weg.

Er führt uns in den Wald, wo es etwas bergab geht, danach spazieren wir durch die Wiesen zu dem Feldweg, den wir noch vom Anfang her kennen. Links davon sehen wir bereits den Zollersteighof.

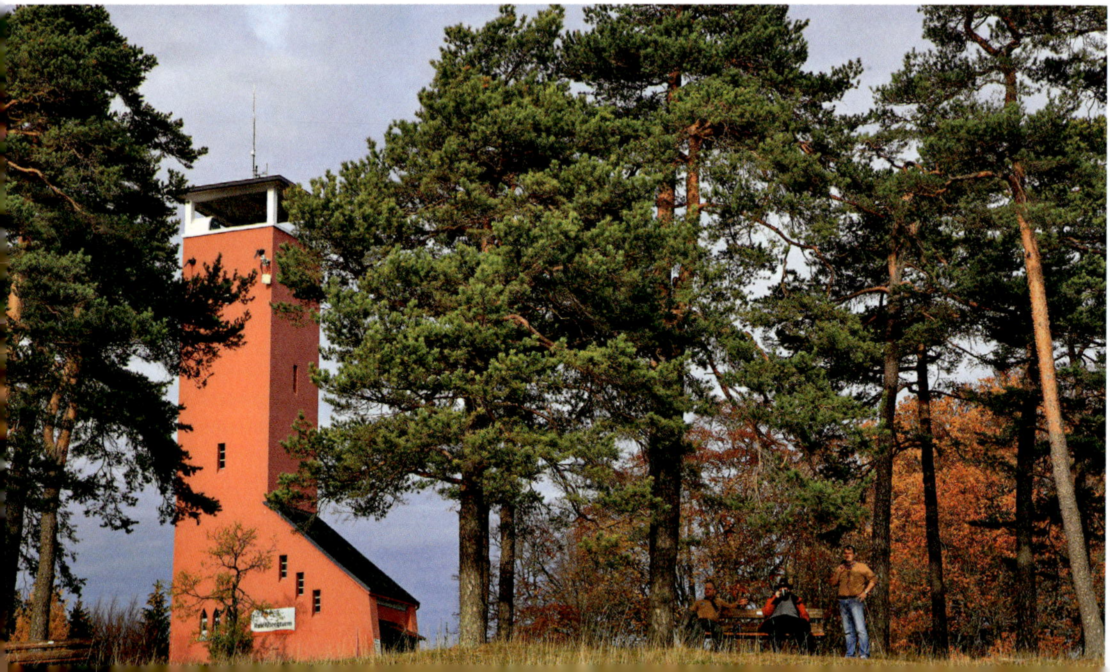

Der Aussichtsturm auf dem Raichberg bietet einen weiten Blick, bei guten Sichtverhältnissen bis zu den Alpen.

Wichtiges zur Tour

Tourencharakter

Wir wandern meist auf Pfaden, ansonsten auf Forstwegen. An den Aussichtsfelsen und den Steilabhängen vor dem Hangenden Stein sollte man vorsichtig sein.

Ausgangspunkt/Endpunkt

Albstadt-Onstmettingen/Zollersteighof, 900 m

Höchster Punkt

Aussichtsturm, 956 m

Anfahrt

Auto: A81 bis Empfingen, dann B463 bis zur B27, weiter über Bisingen nach Thanheim, dann auf der L360 nach Onstmettingen, dort der Beschilderung zum Raichberg und Zollersteighof bzw. Nägelehaus folgen. GPS 48.303245, 8.981361. Einen Ausweichparkplatz findet man am Nägelehaus. Bus & Bahn: Bahn bis Ebingen, Bus bis Onstmettingen, Haltestelle Nägelehaus; Info: www.efa-bw.de

Einkehr

Zollersteighof, Nägelehaus

Karte

Wanderkarte W241 Rottenburg am Neckar, 1:25 000, Landesamt für Geoinformation und Landentwicklung Baden-Württemberg (LGL) in Zusammenarbeit mit dem Schwäbischen Albverein e. V.

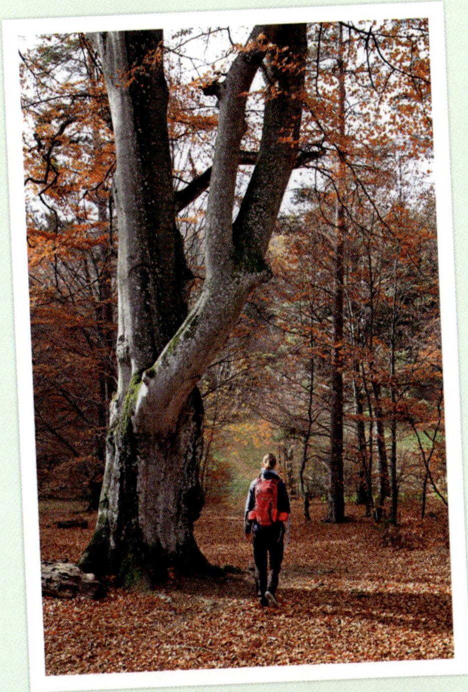

Auch mitten im Wald findet man uralte Baumriesen.

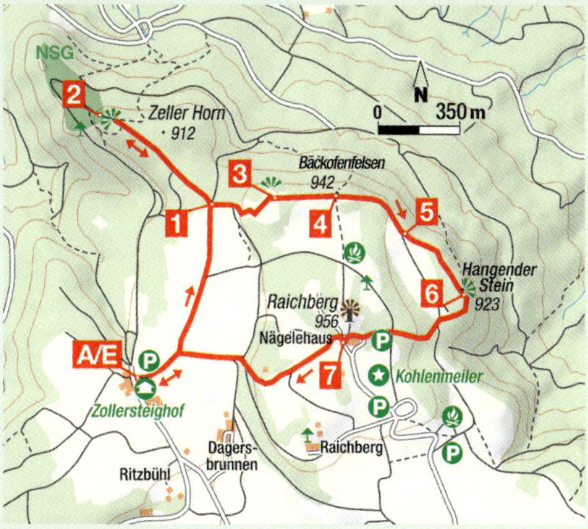

7 Von der Salmendinger Kapelle zum Dreifürstenstein

Von Aussichtspunkt zu Aussichtspunkt

- mittel
- 2.40 Std.
- 60 Hm
- 10,2 km

Zwei Hauptattraktionen weist diese Wanderung auf. Die eine ist der Dreifürstenstein. Auf dem Weg zu ihm kommen wir an einigen Aussichtspunkten vorbei, den schönsten Blick hat man aber von dem felsigen Aussichtsbalkon selbst. Die zweite Besonderheit ist die Salmendinger Kapelle auf dem Kornbühl. Sie gehört wohl zu den bekanntesten Sehenswürdigkeiten der Schwäbischen Alb.

Über die Salmendinger Kapelle zum Schild Kurz vor dem Ausgangspunkt der Wanderung lockt bereits die berühmte Salmendinger Kapelle auf dem Kornbühl, von der man eine hervorragende Aussicht über die wellige Albhochfläche hat. Den Aufstieg zu ihr heben wir uns aber für das Ende der Tour auf. Diese starten wir am Parkplatz Schluchten.

Eine Wanderung durch den Buchenwald ist zu jeder Jahreszeit reizvoll.

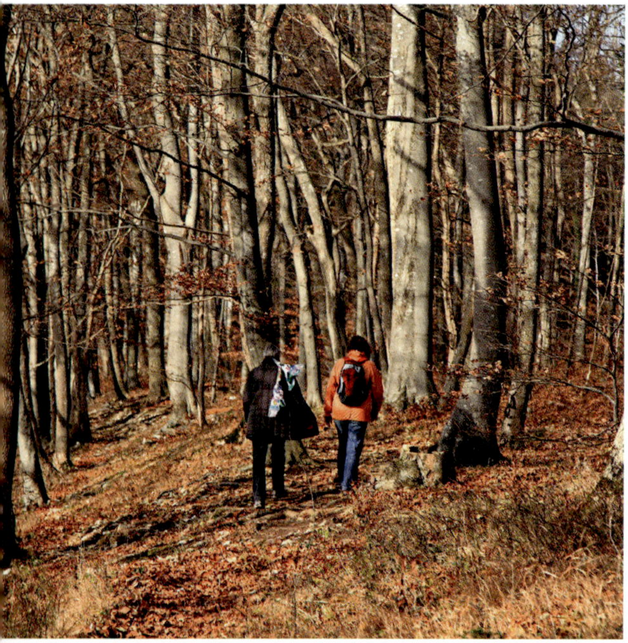

Von dort gehen wir ein paar Schritte zurück zum Wanderschild Vogelbaum (830 m). Dort biegen wir rechts ab in Richtung »Schild«. Wir wandern erst auf einem unbefestigten Weg, nach dem links liegenden Wald auf einem Schotterweg. Hier haben wir auch einen weiten Blick über die Albhochfläche. Bald kommen wir beim Schild **Breitbeck** (837 m) 1 in den Wald, in dem wir immer geradeaus gehen. An einer Linkskurve zweigen wir ohne Markierung rechts ab 2 und folgen kurz einem Pfad, bis wir auf einen querenden Pfad treffen. Hinter ihm liegt der **Aussichtspunkt Schild** (850 m) 3.

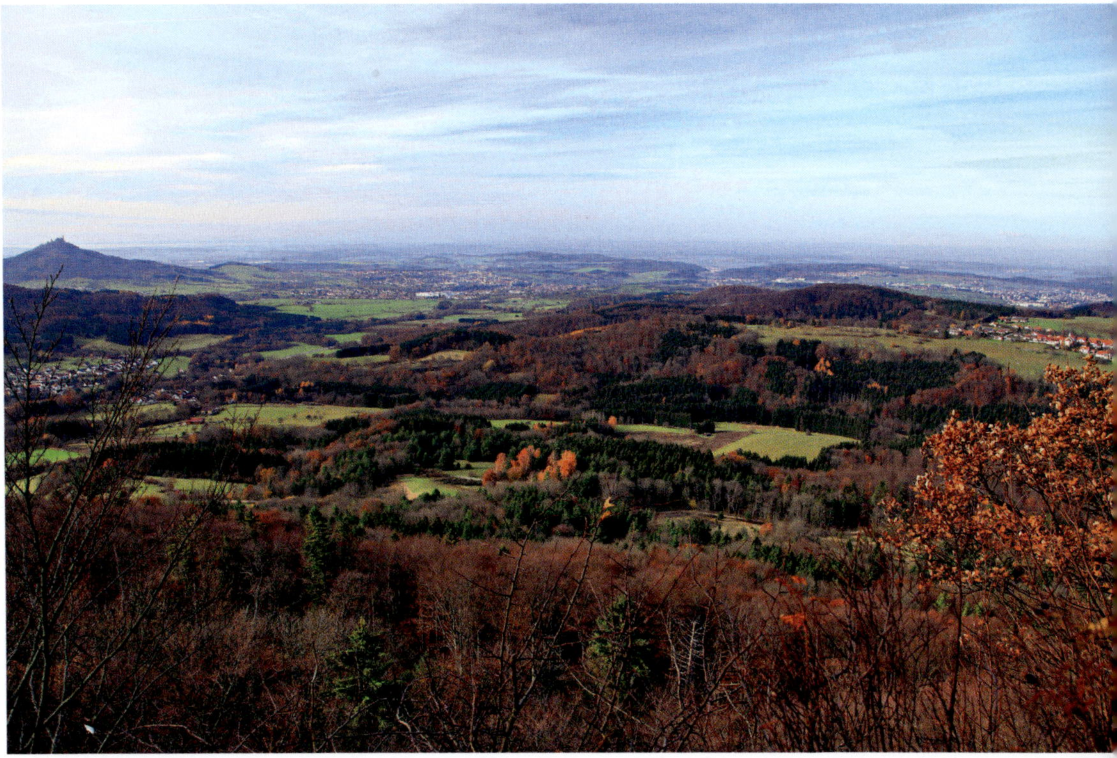

Blick vom Dreifürstenstein über die abwechslungsreich gestaltete Landschaft des Albvorlands zur Burg Hohenzollern

Aussichtspunkte bis zum Dreifürstenstein Hier biegen wir rechts ab auf den Pfad. Er führt uns in leichtem Auf und Ab vorbei an einigen weiteren Aussichtspunkten bis zum Schild Unterer Schömberg (834 m). Später gehen wir nach einem Aussichtspunkt mit Bank nach rechts zum Schild Oberer Schömberg (841 m), an dem wir uns nach links wenden. Schließlich erreichen wir eine Grillstelle. Hier spazieren wir nach links zum Dreifürstenstein und seiner **Schutzhütte** 4.

Abstecher zum Hirschkopf, dann zurück Jetzt folgen wir dem roten Dreieck und dem Apfel der Früchtetraufwege in Richtung »Hirschkopf«. Wir wandern eine Weile auf dem Pfad, bis wir auf das Schild **Hirschkopf West** (841 m) 5 stoßen. Hier empfiehlt sich ein Abstecher von einem Kilometer zum **Hirschkopf** 6, der durch seinen Bergsturz bekannt ist. Auch dort kann man von der Abbruchkante (Vorsicht: Sie hängt über!) weit ins Vorland blicken.

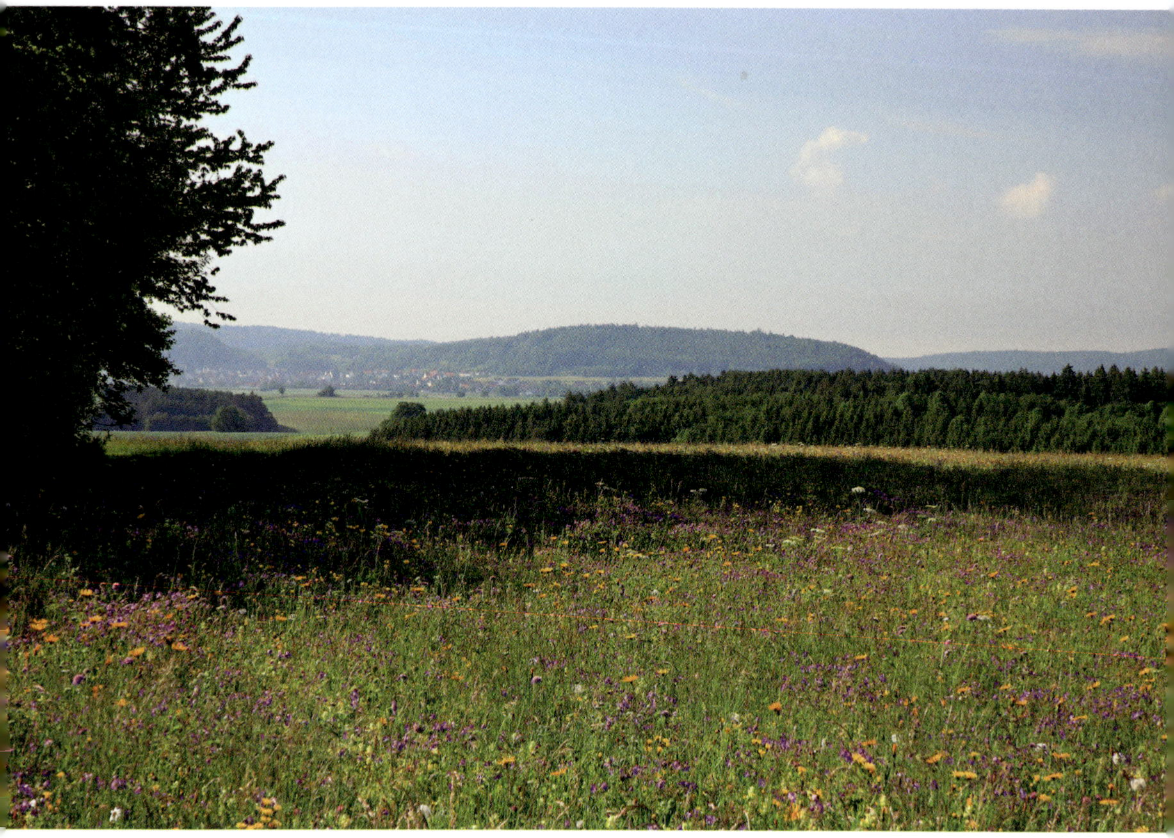

Immer wieder findet man noch bunt blühende Wiesen auf der Albhochfläche.

Ansonsten biegen wir am Schild Hirschkopf West rechts – beziehungsweise falls wir vom Abstecher zum Hirschkopf zurückkommen links – auf einen Pfad ab. Kurz darauf stoßen wir am Schild Talheimer Viehweide (840 m) auf einen querenden geschotterten Forstweg, dem wir mit dem Zeichen rote Gabel nach rechts folgen. Später halten wir uns dagegen am Schild **Kaiserwald** (839 m) 7 mit der roten Gabel links. Schließlich verlassen wir den Wald und wandern zwischen Waldrand und Wiesen zurück zum Ausgangspunkt.

Auf dem Rückweg lohnt es sich, auf dem Parkplatz unterhalb der Salmendinger Kapelle noch einmal anzuhalten und der **Einsiedlerkapelle** 8 auf der Spitze des Kornbergs einen Besuch abzustatten. Der Parkplatz liegt an der K7161 rechts in Richtung Ringingen.

Wichtiges zur Tour

Tourencharakter
Wir wandern auf Pfaden und geschotterten Wegen. Zwischen dem Schild und dem Dreifürstenstein führt der Pfad stellenweise direkt am Steilabhang vorbei, hier sollte man schwindelfrei sein. Bei Eis und Schnee ist diese Wanderung deshalb nicht zu empfehlen.

Ausgangspunkt/Endpunkt
Burladingen-Salmendingen, Wanderparkplatz Schluchten, 830 m

Höchster Punkt
Kurz vor dem Aussichtspunkt Schild, 868 m

Anfahrt
Auto: B27 bis nach Dusslingen, dann über Nehren auf die Albhochfläche nach Salmendingen. Auf der Kornbühlstraße durch den Ort, danach auf der K7161 in Richtung Ringingen bis kurz vor den Kornbühl mit der Salmendinger Kapelle. Dort rechts ab und der Straße durch die Felder folgen bis zum Parkplatz.
GPS 48.360301, 9.077732
Bus & Bahn: keine geeignete Verbindung

Einkehr
Keine

Karte
Wanderkarte W242 Sonnenbühl, 1:25 000, Landesamt für Geoinformation und Landentwicklung Baden-Württemberg (LGL) in Zusammenarbeit mit dem Schwäbischen Albverein e. V.

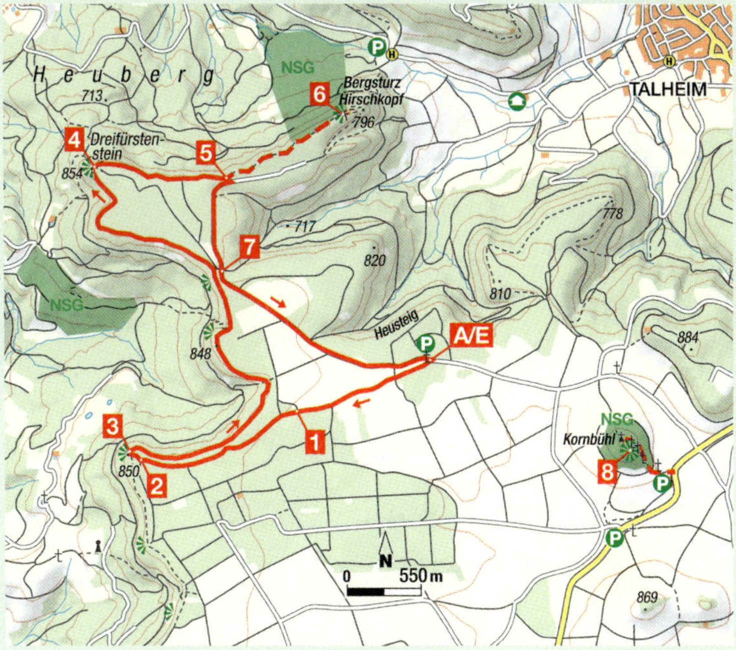

8 Um den Urselhochberg

Wandern mit fast alpinen Eindrücken

leicht

1.10 Std.

40 Hm

4 km

Man wandert bei dieser Tour zwar in der ersten Hälfte durch den Wald, hat aber danach beim Weg durch den Wiesenhang am Abhang des Urselhochbergs beziehungsweise Imenbergs hoch über Pfullingen einen schönen Blick auf die fast alpin anmutenden dicht bewaldeten Täler und Höhen.

Hinauf mit Aussicht Zuerst noch im Auto folgen wir der bei der Stadtkirche in Pfullingen abgehenden Straße in Richtung »Urselberg«. Mit schöner Aussicht auf Reutlingen und Eningen schraubt sich die Straße höher, bis wir in den Wald kommen, wo wir zum Parkplatz vor der Elisenhütte fahren.

Naturschutzgebiet am Imenberg

Im Naturschutzgebiet findet man Wärme liebende Tiere wie die Glattnatter, Heuschrecken, Grashüpfer und Grillen, und im Halbtrockenrasen wachsen bedrohte Pflanzen, davon alleine 14 Orchideenarten wie Fliegen-, Bienen- und Hummelragwurz. Im Frühjahr sieht man Küchenschellen und es gibt außer dem gefährdeten Kreuz-Enzian noch drei andere Enzianarten.

Von unserem Startpunkt aus gehen wir kurz in Fahrtrichtung, dann nach rechts zur Elisenhütte. Hier folgen wir dem Wanderzeichen blaues Dreieck auf den Imenbergweg, der hinter einer Schranke beginnt. Auf und ab, vorbei an verschiedenen Bänken und mit immer besserer Aussicht – auch zum Schönbergturm, der bekannten »Gfrorenen Unterhose« –, wandern wir zum **Imenberger Sättele** (660 m) 1.

Von dort aus gehen wir geradeaus auf dem rechten Weg weiter, von wo wir jetzt über das Zeller Tal auf den gegenüberliegenden bewaldeten Hang sehen können. Der Weg

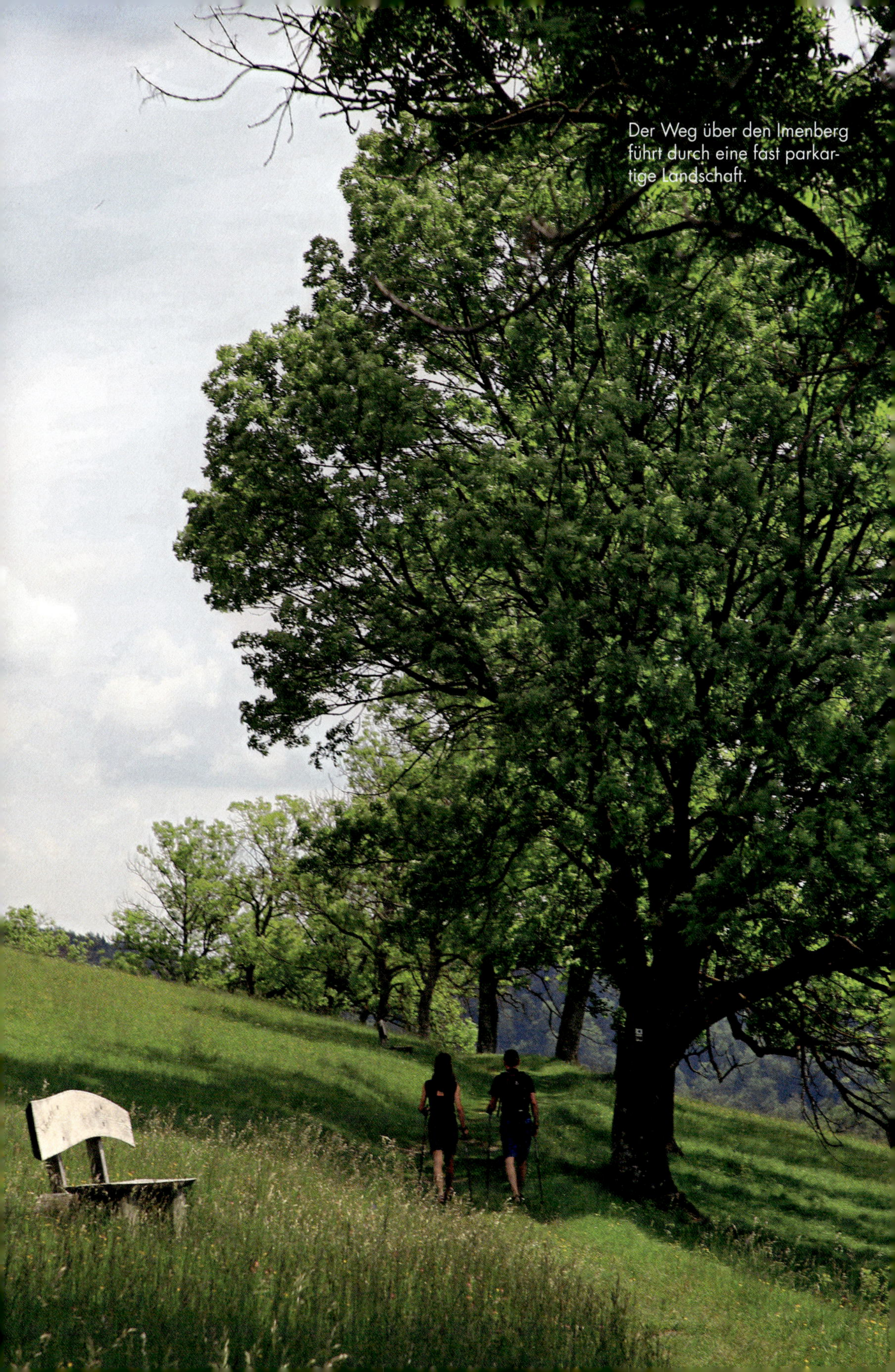

Der Weg über den Imenberg führt durch eine fast parkartige Landschaft.

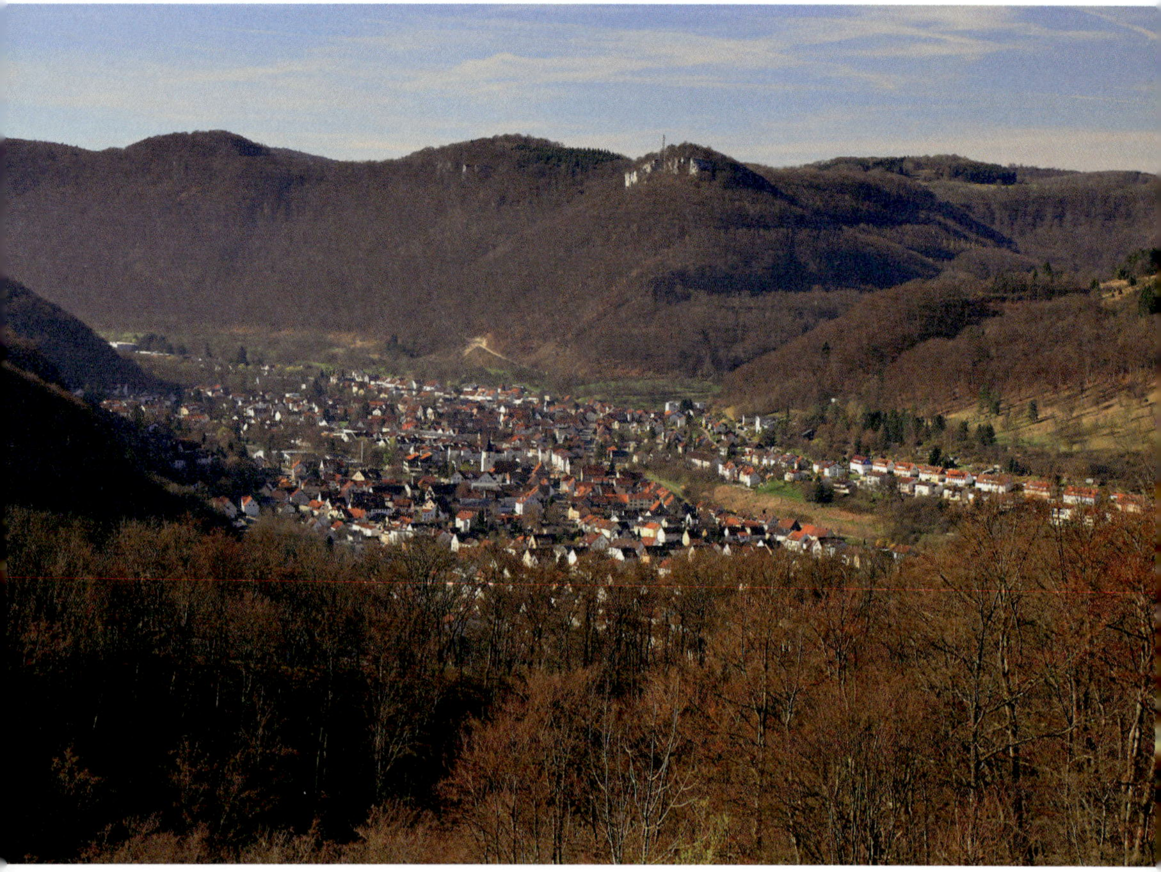

Blick vom Imenberg ins Echaztal

führt relativ eben in einer Baumallee am Hang entlang. Schließlich erreichen wir einen steinernen **Wegweiser** 2, der nach rechts ins Zeller Tal zeigt.

Zurück durchs Naturschutzgebiet Nun gehen wir nach links hinauf zum **oberen Weg** 3. Dort biegen wir links ab und wandern mit bester Aussicht zurück zum **Imenberger Sättele** 1. Da der Weg höher verläuft, ist der Blick von ihm aus schon etwas anders als von weiter unten. Und auch hier begleiten uns Bänke, auf denen man ausruhen und die Sicht genießen kann.

Nach dem Imenberger Sättele halten wir uns an der Verzweigung an den rechten Wollenfelsweg, der uns zurück zur Elisenhütte bringt.

Wichtiges zur Tour

Tourencharakter
Wir wandern auf Pfaden und festen Wegen.

Ausgangspunkt/Endpunkt
Pfullingen, Parkplatz vor der Elisenhütte, 680 m

Höchster Punkt
Kurz nach Beginn, 710 m

Anfahrt
Auto: B27, dann B312 bis Metzingen, B312 bis Pfullingen, dort dem Elisenweg folgen.
GPS 48.452147, 9.262577
Bus & Bahn: keine geeignete Verbindung

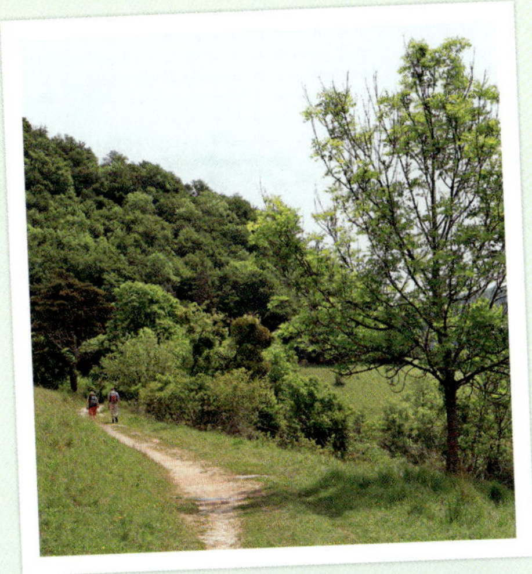

Die Tour führt beinahe eben über den Imenberg.

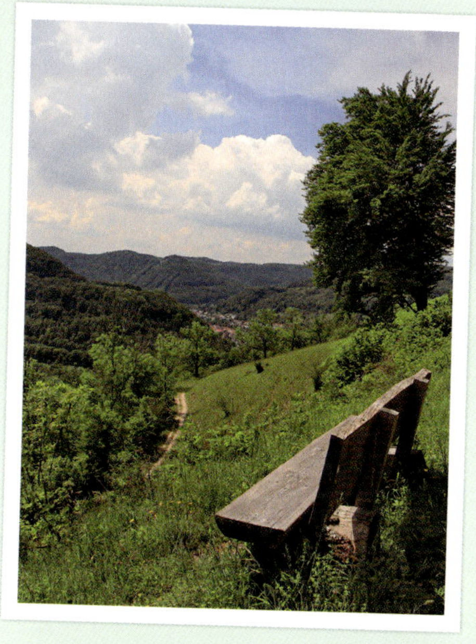

An diesem Rastplatz erinnert die Landschaft etwas an die Alpen.

Einkehr
Keine

Karte
Wanderkarte W242 Sonnenbühl, 1:25 000, Landesamt für Geoinformation und Landentwicklung Baden-Württemberg (LGL) in Zusammenarbeit mit dem Schwäbischen Albverein e. V.

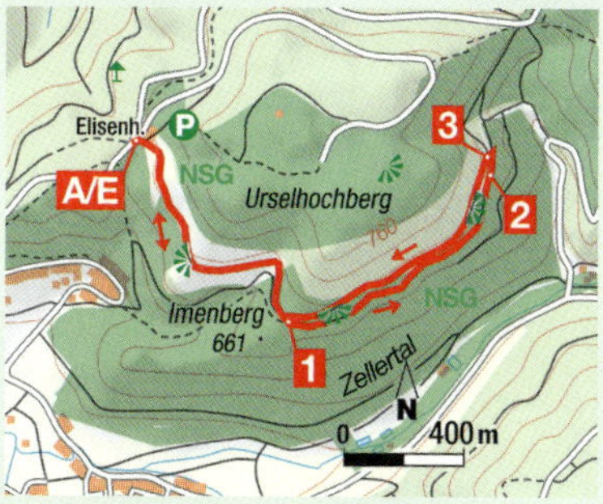

9 Über die Traifelbergfelsen

Paradeblick zum Schloss Lichtenstein

- mittel
- 1.30 Std.
- 130 Hm
- 5 km

Der Blick von den Traifelbergfelsen auf Schloss Lichtenstein ist sicherlich ein Highlight dieser Tour, liegt das »schwäbische Märchenschloss« doch direkt gegenüber auf der anderen Talseite. Zudem sieht man hinab ins Echaztal und auf die ganze Breite des Albhangs auf der anderen Talseite.

Durch den Wald Wir parken gleich nach der B312 auf dem kleinen Parkplatz. Auch die Bushaltestelle ist in der Nähe. Dann folgen wir der Baumallee auf die Ansiedlung Traifelberg und den Berg zu. An der Verzweigung beim Wanderschild **Traifelberg Ernst-Glück-Straße** (715 m) 1 halten wir uns links. Gleich bei dem links stehenden Haus Nr. 3 gehen wir mit dem Zeichen rotes Dreieck rechts weg auf den Waldweg.

Ein Teil der Tour führt über die landwirtschaftlich genutzte Albhochfläche.

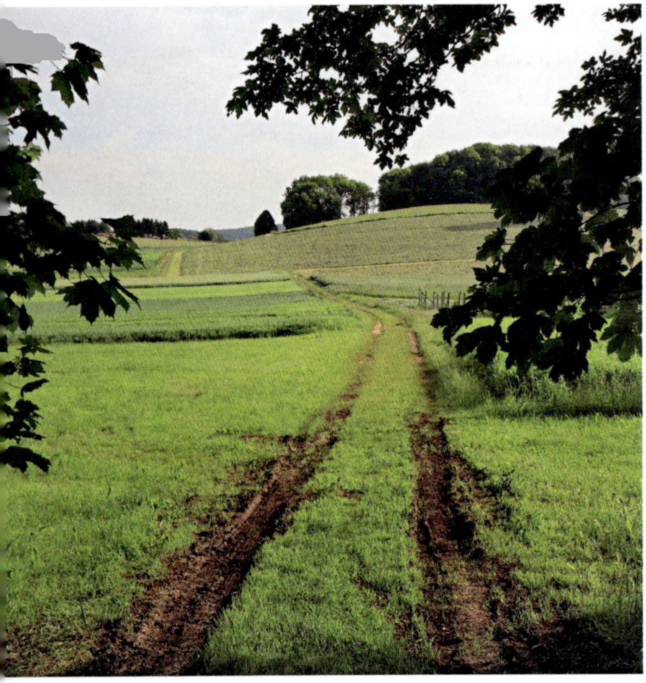

Am nächsten Querweg halten wir uns links und kommen zu einer Querstraße. Hier gehen wir am Schild Traifelbergstraße (749 m) geradeaus weiter den Berg hinauf. Wo wir auf einen anderen Weg treffen, folgen wir ihm in Gehrichtung. Bald weist das Wanderzeichen nach links 2; von dort kommen wir später zurück. Jetzt wandern wir aber geradeaus weiter, auch an der folgenden Verzweigung. Nun geht es sanft bergab. Am **Waldrand** 3 orientieren wir uns links.

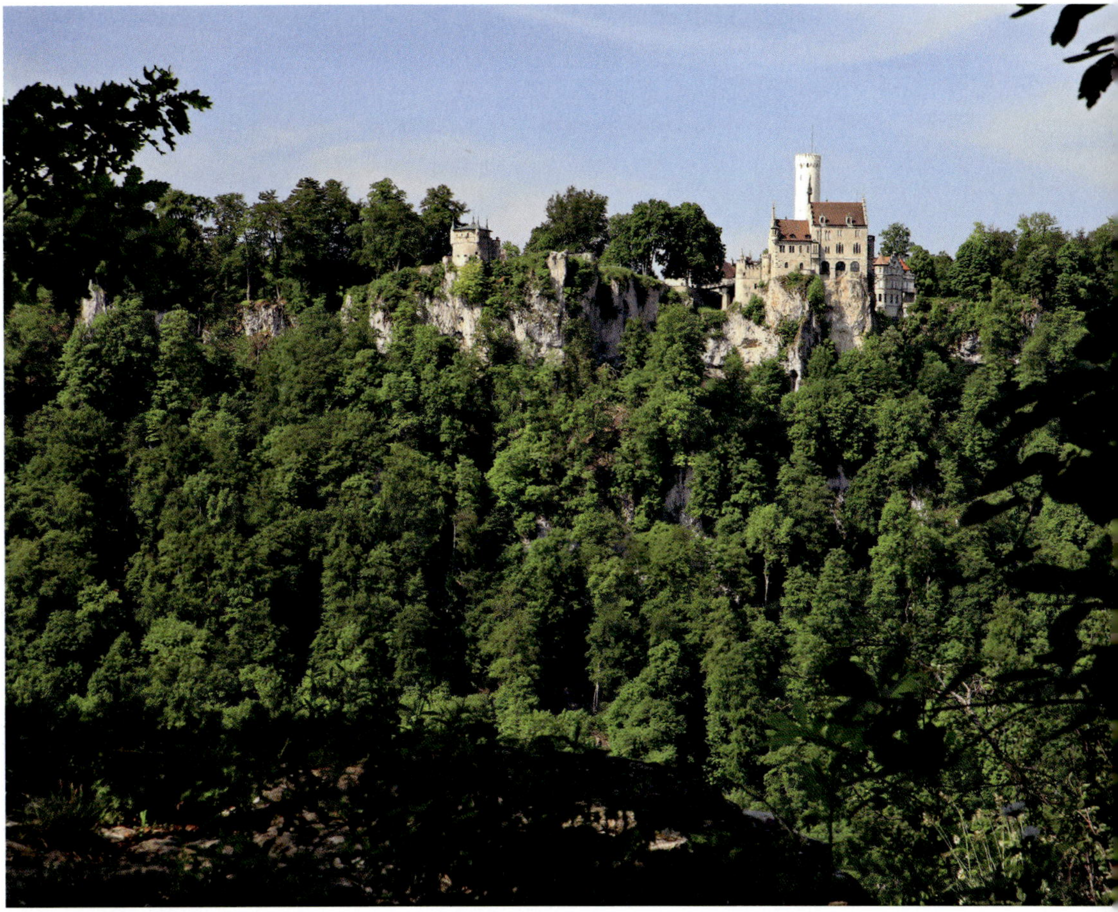

Immer wieder hat man von den Traifelbergfelsen einen schönen Blick zum Schloss Lichtenstein auf der anderen Talseite.

Weite Blicke über Felder und Wiesen Bald zieht der Weg nach rechts und wir verlassen den **Wald** 4. Nun wandern wir zwischen Wiesen und Feldern, über sie und den Hügel Kugelbühl bieten sich uns weite Blicke. Am nächsten Querweg halten wir uns links. Er knickt gleich rechts ab, ab jetzt sehen wir auch nach Holzelfingen. Der Weg ist zeitweise unbefestigt, später geht er in einen Schotterweg über. Bevor er rechts abknickt, mündet von links der mit dem roten Dreieck markierte Wanderweg ein 5.

Aussichtsfels folgt auf Aussichtsfels Ihm folgen wir nach links, also zurück. Jetzt wandern wir wieder im Wald, zeitweise auch am Steilhang entlang. Der erste der nun folgenden Aussichtsfelsen ist der markante **Rötelstein** (769 m) 6.

Danach kommen wir immer wieder an Aussichtsfelsen und -punkten vorbei.

Am Schild Locherstein (763 m) können wir nach rechts mit dem Zeichen rote Gabel dem »Weg unter den Felsen« folgen. Da wir aber die Aussicht genießen wollen, halten wir uns mit dem roten Dreieck an den linken Weg. Er steigt weiter an, danach überqueren wir eine Brücke und kommen zum **Locherstein** (795 m) 7. Auch nach diesem folgen noch ein paar Aussichtspunkte, dann erreichen wir wieder den vom Anfang bekannten Weg, an dem zu Beginn der Wanderung der markierte Weg nach links abgegangen ist.

Wir biegen jetzt rechts ab. Vorbei an den Schildern **Traifelbergstraße** (749 m) 2 und **Ernst-Glück-Straße** (715 m) 1 gehen wir auf bekanntem Weg zurück zum Ausgangspunkt.

Hinter dem Echaztal thront die Burg Lichtenstein wie eine Krone über dem Steilabfall.

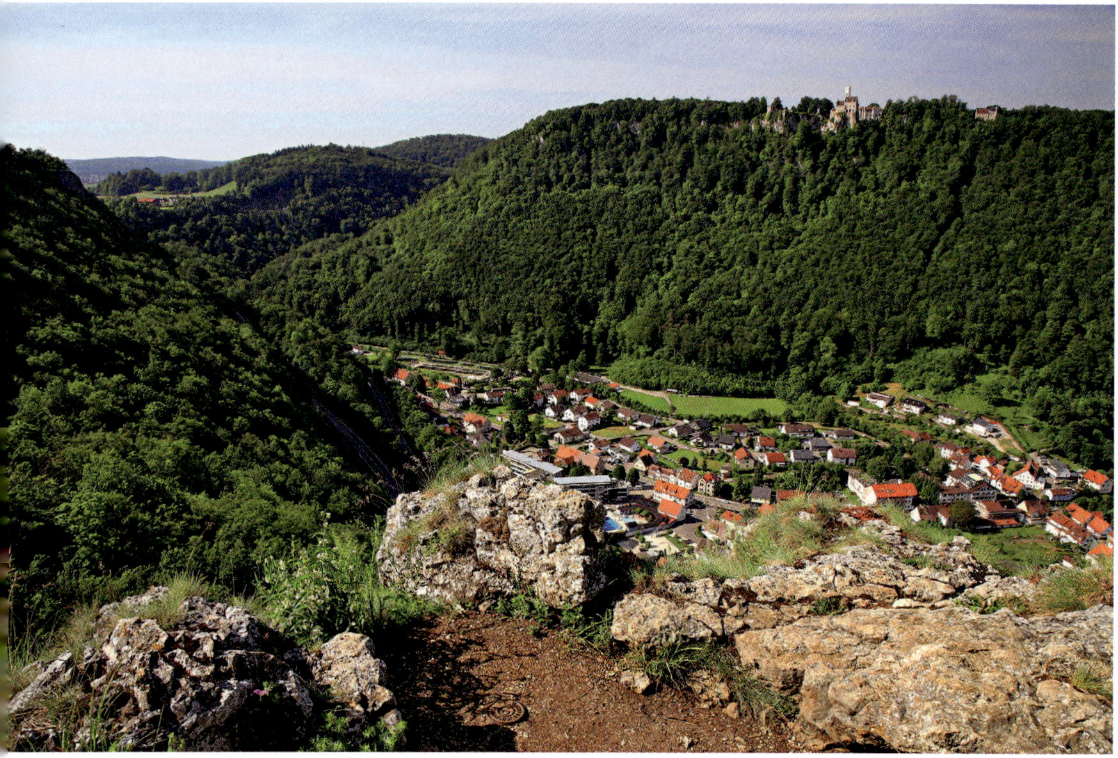

Wichtiges zur Tour

Tourencharakter
Wir wandern anfangs auf festen Wegen, entlang der Traifelbergfelsen auf einem Pfad. An den Steilabstürzen an den Felsen ist Vorsicht geboten.

Ausgangspunkt/Endpunkt
Lichtenstein-Traifelberg, Parkplatz gleich nach der B312, 710 m

Höchster Punkt
Locherstein, 765 m

Anfahrt
Auto: B27 und B313 über Metzingen, Reutlingen, Pfullingen und B312/B313 über Lichtenstein auf die Albhochfläche, dort links in Richtung Traifelberg. Der Parkplatz liegt gleich rechts, hinter der Bundesstraße.
GPS 48.403227, 9.271857
Bus & Bahn: Bahn bis Reutlingen,
Bus bis Honau, Haltestelle Traifelberg;
Info: www.efa-bw.de

Einkehr
Keine

Karte
Wanderkarte W242 Sonnenbühl, 1:25 000, Landesamt für Geoinformation und Landentwicklung Baden-Württemberg (LGL) in Zusammenarbeit mit dem Schwäbischen Albverein e. V.

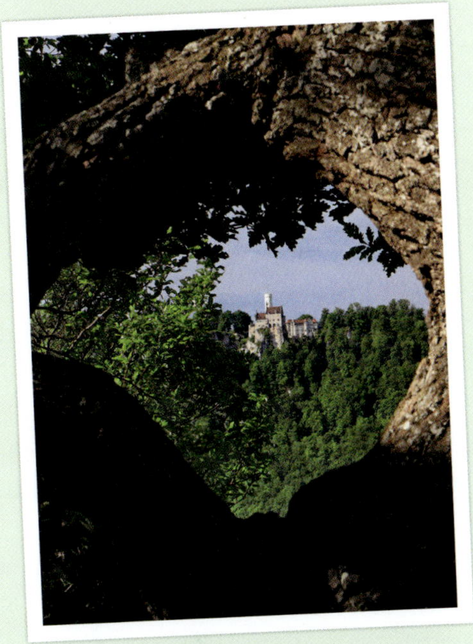

Ein alter Baum bietet einen interessanten Durchblick zum Schloss Lichtenstein.

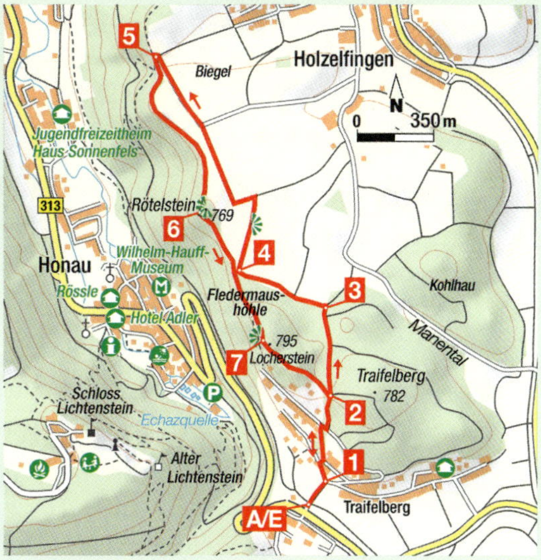

10 Blick vom Rossberg

Ein Aussichtsfels folgt dem anderen

- mittel
- 2.30 Std.
- 180 Hm
- 8,7 km

Während Anfang und Ende der Tour im Wald verlaufen, folgt im Mittelteil dieser Wanderung über den Rossberg und danach vom Sonnenfels aus ein Aussichtspunkt dem anderen, ein richtiger Panormaweg also. Interessant für Naturfreunde sind auch die Dettinger Höllenlöcher, durch die man den Weg nehmen kann.

Durch den Wald Wir gehen am Parkplatz am Wanderschild Gestütshof Nord (769 m) auf einem Pfad in den Wald in Richtung »Hohe Warte«, als Zeichen orientieren wir uns vorerst am roten Dreieck. Nach einem querenden Weg erreichen wir auch schon den **Aussichtsturm Hohe Warte** 1.

Hinter dem Turm geht es mit dem Wanderzeichen rote Raute in Richtung »Rossfelsen« weiter. Nach einem querenden Weg weist das Zeichen in Richtung »Grüner Fels« in den »Schöne Buche«-Weg. Kurz nach einem weiteren Querweg halten wir uns an einer Verzweigung rechts.

Aussichtsfelsen wie Perlen an der Kette Wir kommen zum **Grünen Fels** (804 m) 2, wo wir uns mit dem Zeichen rote Gabel rechts halten. Bald fällt der Weg und wir erreichen die Grillstelle Wiesfels (789 m). Dieser **Fels** 3 liegt links außen am Trauf. Danach folgen wir dem Weg innerhalb oder rechts des Waldes. Es geht an den Schildern Rossfels Südwest (791 m) und Rossfels Südwest (795 m) vorbei, danach an einem weiteren Grillplatz. Anschließend wandern wir hinab zum sichtbaren Fluggelände. Davor noch steht links des Weges eine mächtige Weidbuche, unter der ein steinerner Adler als Erinnerung an die toten Flieger aufgestellt ist.

Beim Schild **Rossfeld Südwest** (774 m) ❹ queren wir die Zufahrtsstraße, danach gehen wir links am Trauf weiter. Kurz darauf folgt der **Rossfels** (775 m) ❺; bei ihm wird bereits vor Betreten vor Absturzgefahr gewarnt. Etwas später erreichen wir nach dem Schild Rossfels Nord (773 m) den **Olgafels** (786 m) ❻. Kurz danach kommen wir zu einem letzten Aussichtspunkt mit Bänken.

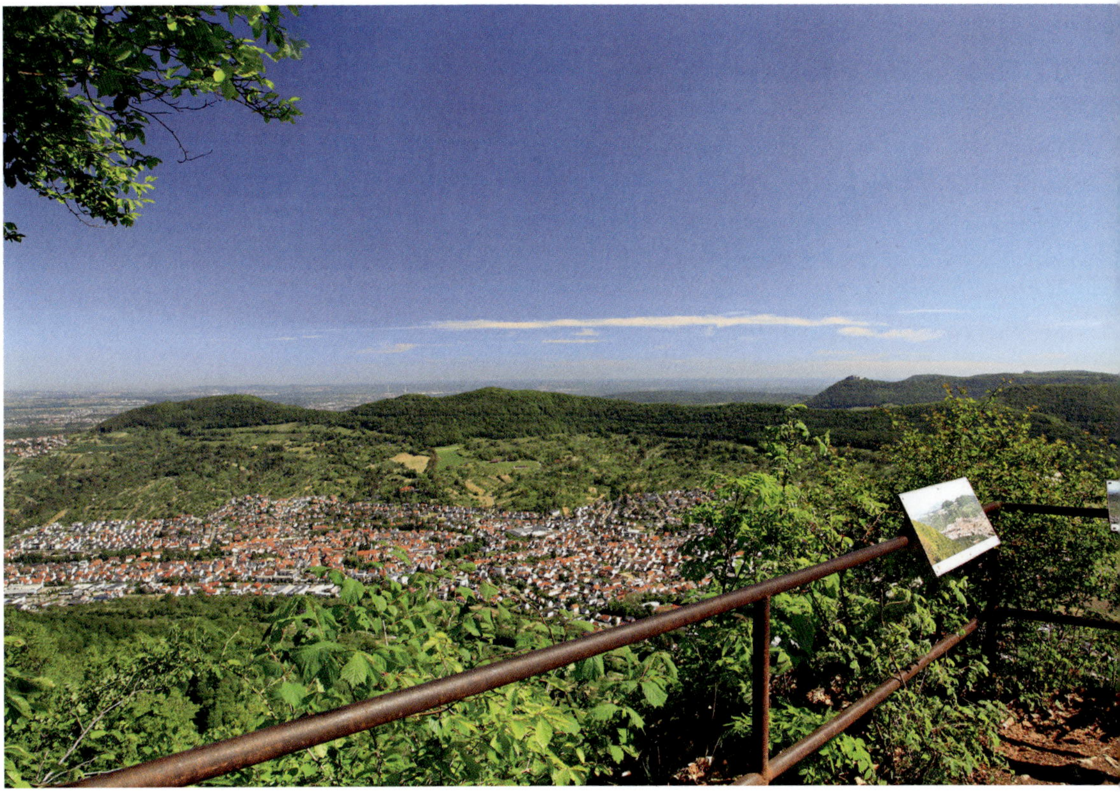

Vom Sonnenfelsen hat man einen prächtigen Blick ins Albvorland, ins Ermstal und zur Ruine Hohenneuffen.

Jetzt folgen wir dem Weg immer geradeaus. Wir kommen zum Schild Großer Platz West (796 m), danach geht es erst durch ein Wiesengelände, dann nach dem Schild nordwestlich Großer Platz (795 m) mit Kurven durch ein Waldstück. Danach zieht der breite Weg am Schild Großer Platz Nord (770 m) nach links, wir gehen aber mit der roten Gabel auf einem schmalen Pfad geradeaus weiter. Über das Schild westlich Sonnenfels (779 m) kommen wir zum **Sonnenfelsen** (777 m) ❼. Er ist der letzte Aussichtspunkt dieser Wanderung. Von ihm sieht man ins Ermstal mit Dettingen (links) und Bad Urach (rechts) und über den Hohenneuffen zur fernen Teck.

Über die Höllenlöcher zurück Nun biegen wir rechts ab in Richtung »Höllenlochhütte«. Kurz darauf sind wir am oberen Ende der Höllenlöcher. Wir können nun durch diese oder mit dem Wanderzeichen hinter den grabenartigen Löchern nach links hinabgehen. Nicht lange, und wir stoßen auf das Schild **Höllenlochhütte** (732 m) **8**.

Hier gehen wir nach rechts und an der Schutzhütte vorbei. Kurz danach halten wir uns an der Verzweigung links. Anschließend haben wir zwei Möglichkeiten. Wir können entweder auf dem linken Ochsenstallweg immer sanft ansteigend weitergehen oder rechts auf dem Galgensteig-Traufweg. Er führt am Waldrand entlang durch das Längental, anfangs eben, nach Talende steigt es aber etwas steiler an. Oben vereinigen sich beide Wege vor der **Verlorenen Hütte** **9** wieder. Hier biegen wir mit dem Zeichen rote Raute rechts ab. Immer geradeausgehend erreichen wir bald wieder unseren Ausgangspunkt.

Auf dem Rossfels steht sogar ein Gipfelkreuz.

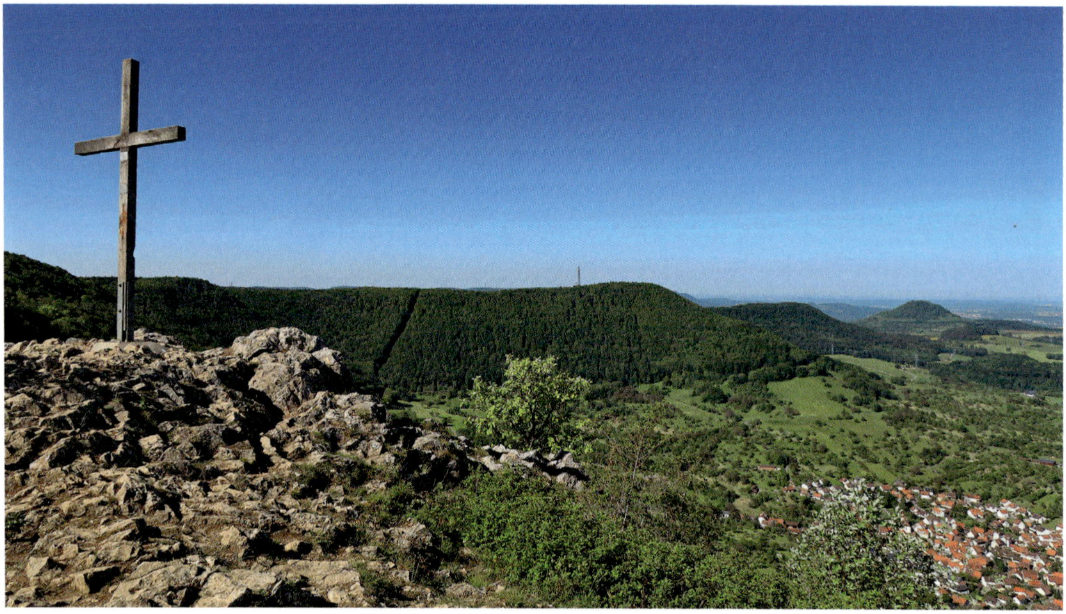

Wichtiges zur Tour

Tourencharakter
Wir wandern auf Pfaden und geschotterten Wegen.

Ausgangspunkt/Endpunkt
St. Johann, Wanderparkplatz Hohe Warte, hinter dem Gestütsgasthof, 769 m

Höchster Punkt
Aussichtsturm Hohe Warte, 820 m

Anfahrt
Auto: B27 und B312 bis Metzingen, dann kurz in Richtung Bad Urach. Danach rechts ab in Richtung Eningen. Vor der Stadt am Kreisverkehr links ab und auf der L380 hinauf auf die Albhochfläche zum Gestütsgasthof.
GPS 48.489130, 9.326380

Bus & Bahn: Bahn bis Reutlingen, dann über Eningen nach St. Johann Haltestelle Gestütshof/Landstraße; Info: www.efa-bw.de

Einkehr
Gestütsgasthof St. Johann

Karten
Wanderkarte W238 Metzingen, 1:25 000, Landesamt für Geoinformation und Landentwicklung Baden-Württemberg (LGL) in Zusammenarbeit mit dem Schwäbischen Albverein e. V.; Wanderkarte mit Radwegen Reutlingen Bad Urach Blatt 52-538, 1:25 000, NaturNavi

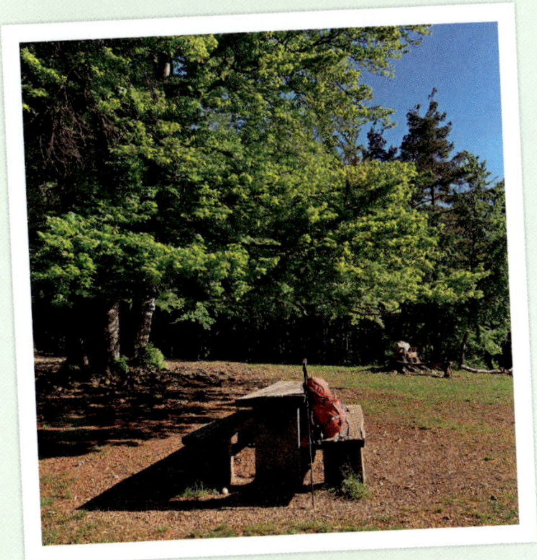

Rastplatz unter uralten Bäumen

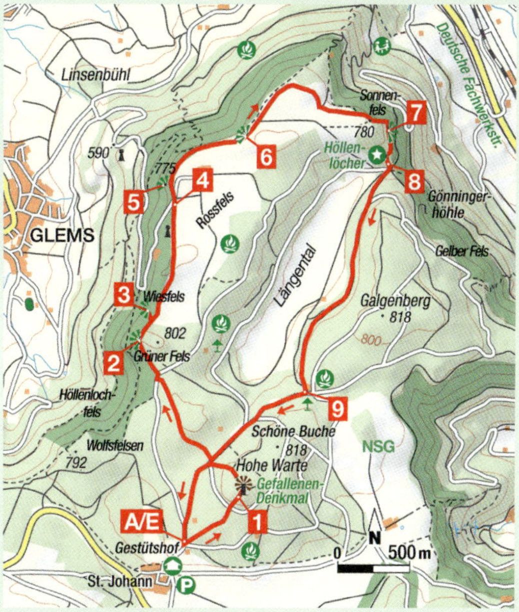

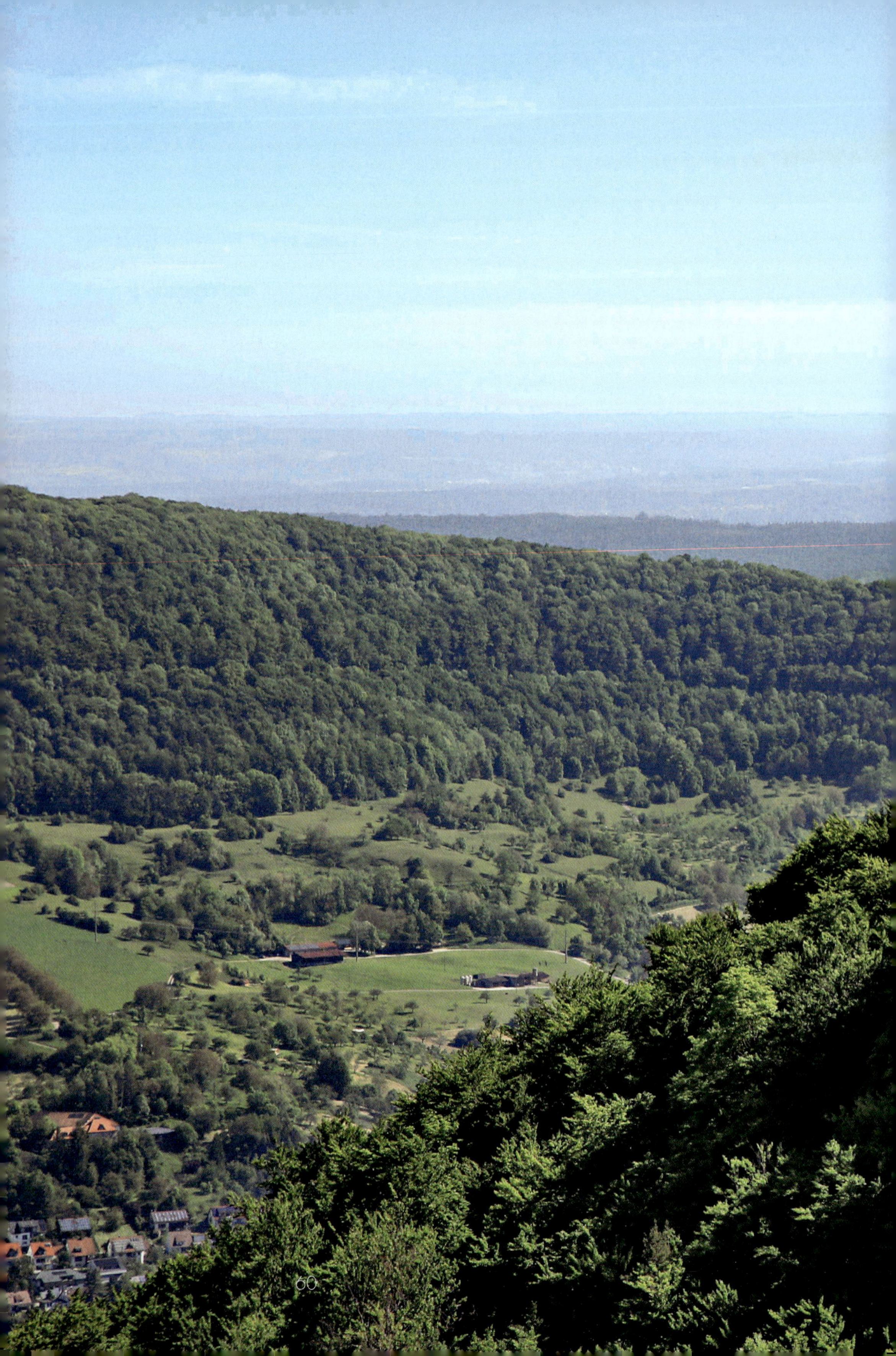

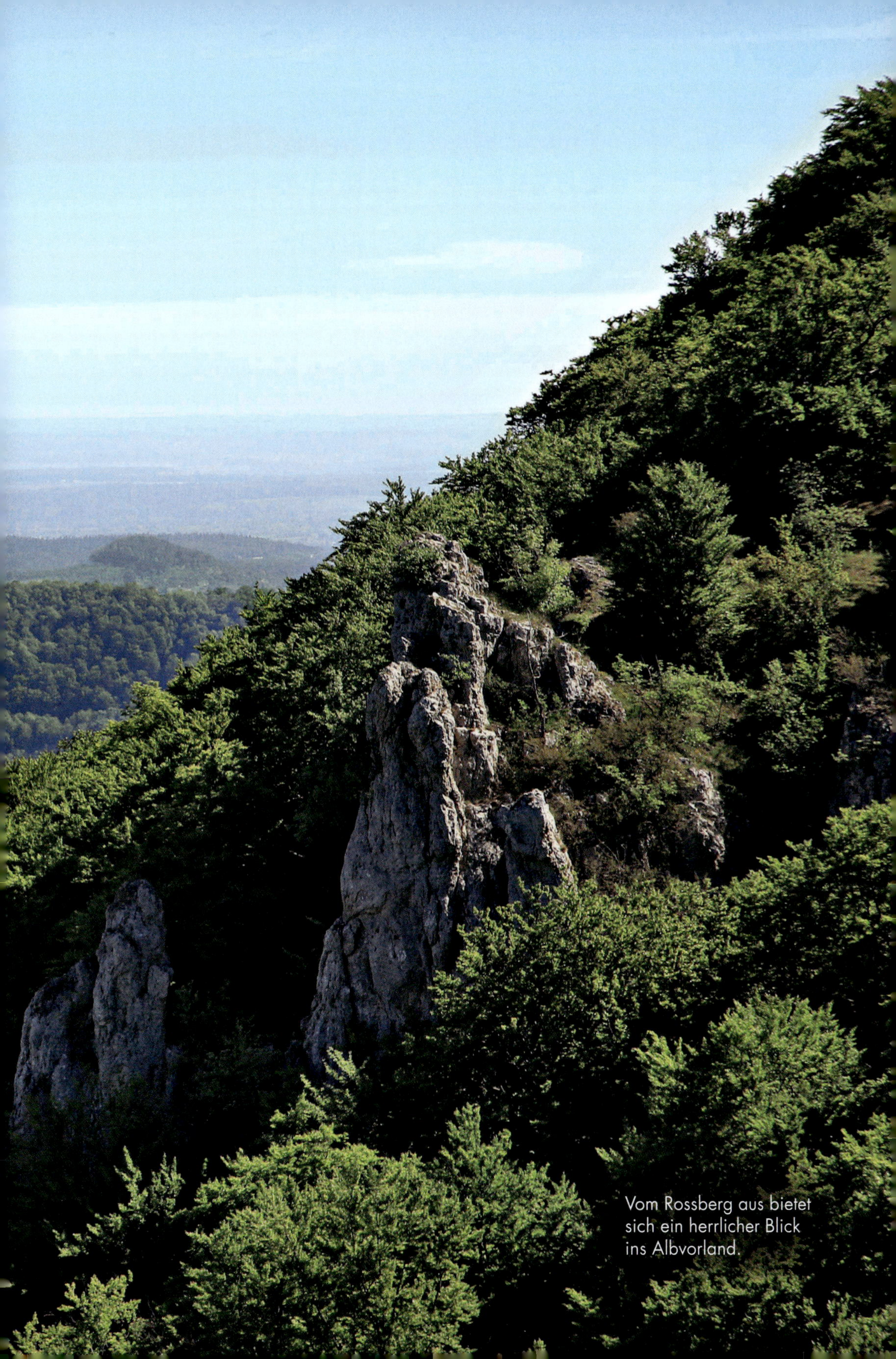

Vom Rossberg aus bietet sich ein herrlicher Blick ins Albvorland.

11 Über den Eppenzillfelsen zu den Rutschenfelsen

Steile Felsen, weiter Blick

- mittel
- 1.30 Std./2.45 Std.
- 80 Hm/330 Hm
- 5,6 km/8,8 km

Von verschiedenen steilen, senkrecht abfallenden Felsen bieten sich uns bei dieser Wanderung immer wieder Ausblicke hinab ins Maisental, zum Runden Berg und zur Ruine Hohenurach. Am schönsten ist die Sicht vom Eppenzillfelsen und von den Rutschenfelsen. Wem diese Attraktionen noch nicht genügen, der kann einen Abstecher zur Ruine Hohenurach machen.

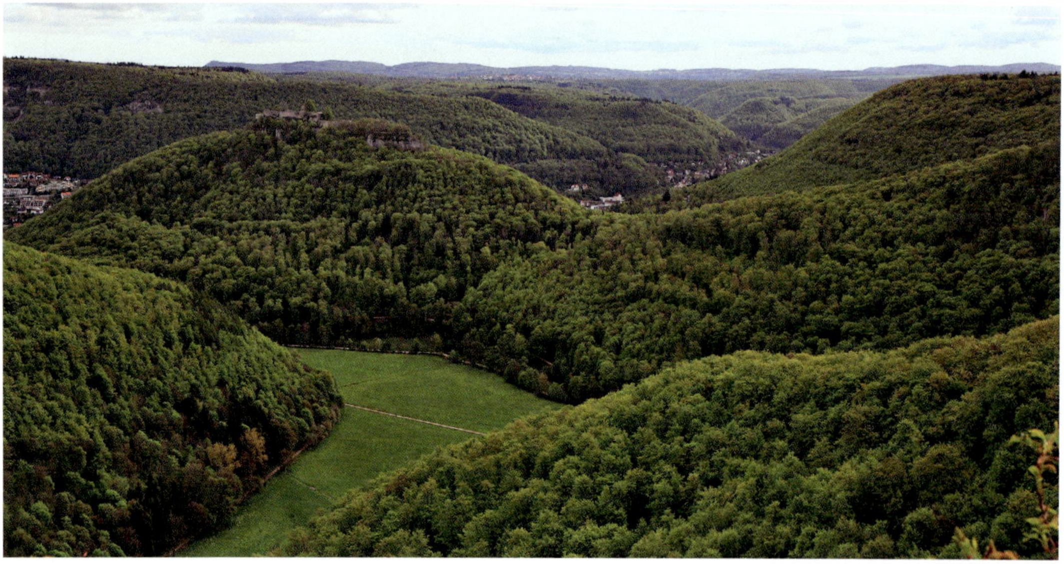

Blick von den Rutschenfelsen durchs Maisental zur Ruine Hohenurach

Zum Eppenzillfelsen Wir gehen an der westlichen Seite des Parkplatzes links des Waldes entlang, als Zeichen gilt für uns das gelbe Dreieck in Richtung »Eppenzillfelsen«. Am Wanderschild Eppenzill (744 m) gehen wir geradeaus entlang des Waldrands bis zum querstehenden Wald, wo wir auch einen Rastplatz mit Tisch und Bänken sehen. Hier gehen wir geradeaus vor zum **Eppenzillfelsen** (1), der sich 200 Meter über das Maisental erhebt. Gegenüber von ihm sehen wir die Rutschenfelsen, darunter ganz klein den Uracher Wasserfall, den man rauschen hört, und rechts die Ruine Hohenurach.

Abstecher zur Ruine Hohenurach Hier oder auch schon vorher kann man sich dafür entscheiden, den An- und Abstieg zur Ruine Hohenurach auf sich zu nehmen. Man folgt hierzu dem Pfad nach rechts und steigt erst hinab zur Kreuzhütte und an der Kreuzung nach ihr wieder hinauf zur **Ruine** (2). Die Anlage und die Aussicht lohnen den Abstecher, es sind hin und zurück aber 1.15 Std., 3,2 km und 250 Höhenmeter zu bewältigen. Danach kehrt man wieder zurück zum Eppenzillfelsen.

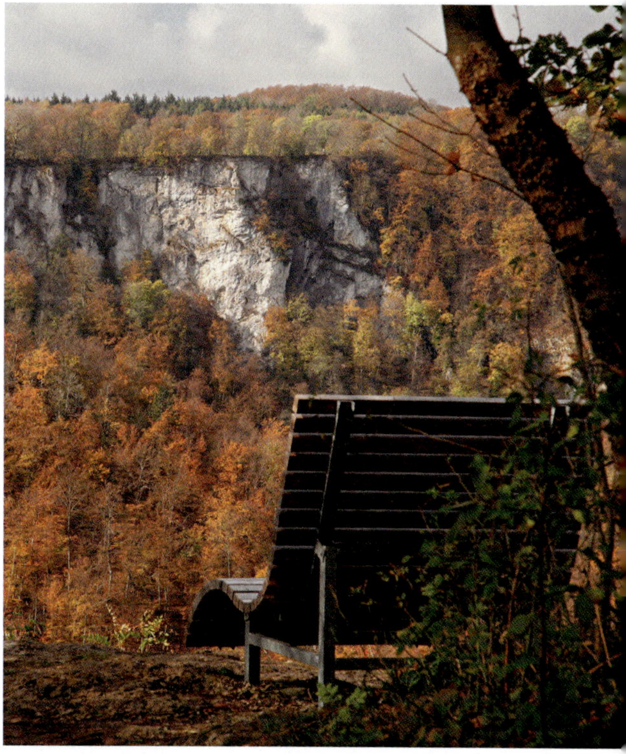

Gegenüber dem Eppenzillfelsen stehen die Rutschenfelsen.

Durch den Wald zu den Rutschenfelsen Ansonsten biegt man vor dem Eppenzillfelsen – vom Anmarschweg aus gesehen – nach links ab, das Zeichen rote Gabel weist jetzt zu den Rutschenfelsen. Wir spazieren am Trauf entlang, an dem verschiedene Aussichtspunkte ebenfalls einen Blick in die Ferne bieten. Schließlich geht es etwas hinab in einen Sattel, an dem man nach rechts zum »Wasserfall« verwiesen wird. Dies ignorieren wir aber und wandern mit dem Zeichen – es wechselt teilweise in das rote Dreieck – wieder hinauf.

Am Schild **Kalkwald** (714 m) (3) biegen wir links ab in Richtung »Rutschenfelsen«. Auch hier kann man nach rechts zum Uracher Wasserfall gelangen. Beim Schild Rutschenfelsen (746 m) halten wir uns rechts und verlassen den Wald. Am Schild Rutschenfelsen (743 m) nehmen wir den Pfad, der rechts am Trauf entlangführt. Ab jetzt bietet sich uns der umfassendste Ausblick der Wanderung.

Wo links ein Weg zu dem Häuschen abzweigt, gehen wir noch kurz geradeaus weiter. Wir kommen zum **Camererstein** ❹, an dem auch ein Viscope steht. Dies ist ein Fernglas, in dem die Punkte, die man sieht, angezeigt werden.

Zurück durch den Wald Danach gehen wir hinab zu dem kleinen Häuschen, dem Rest des ehemaligen Rutschenhofs. Hier wandern wir an der Kreuzung geradeaus weiter, zuerst können wir aber kurz nach rechts zu dem großen Gehölz gehen. Es umgibt eine tiefe Doline, in welcher das Rutschen-Brünnele liegt. An heißen Sommertagen kann man hier schön im kühlen Schatten rasten.

Wir wandern nun auf dem Feldweg geradeaus weiter. Hinter der rechts sichtbaren Rohrauer Hütte zieht der am Waldrand entlangführende Weg nach links. Wo es danach hinaus in die Felder ginge, nehmen wir den Forstweg, der links in den Wald hineinführt und später als Birkenweg angezeigt ist. Wir verlassen kurzfristig den Wald und gehen an einer rechts liegenden Freifläche entlang. Kurzfristig begleitet uns das Wanderzeichen rote Gabel, zweigt dann aber links ab.

Idylle bei den Rutschenfelsen. Diese kleine Hütte steht am Platz des ehemaligen Rutschenhofs.

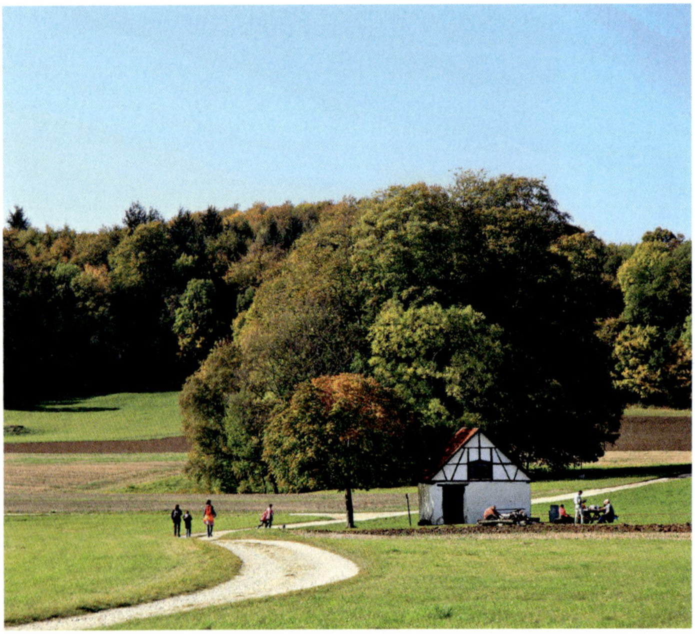

Nach einer Linkskurve stoßen wir auf das querende **Kalkwaldsträßchen** ❺. Ihm folgen wir nach rechts. An der Verzweigung bei einer Art Verkehrsinsel nehmen wir den linken Weg. Es geht ein Stück bergab, dann bringt er uns zu einem Parkplatz vor der K6708. Wir halten uns links und wandern auf dem Gehweg zurück zum Ausgangspunkt.

Wichtiges zur Tour

Tourencharakter
Wir wandern bis zu den Rutschenfelsen auf Pfaden, danach auf festen Feld- und Waldwegen. An den steil abbrechenden Felsen ist Vorsicht geboten.

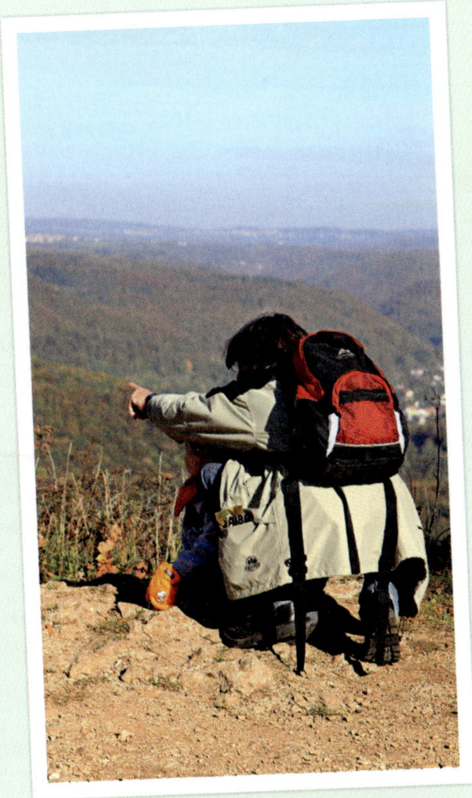

Gut wenn man dem Nachwuchswanderer die Aussicht erklären kann.

Ausgangspunkt/Endpunkt
St. Johann, Wanderparkplatz Eppenzill Upfingen, an der K6708, 750 m

Höchster Punkt
Auf dem Rückweg im Wald, vor der K6708, 770 m

Anfahrt
Auto: B27 und B312 bis Metzingen, dann B28 bis nach Bad Urach, dort rechts ab auf die L249, dann die K6708 in Richtung Bleichstetten.
GPS 48.478587, 9.377029
Bus & Bahn: keine geeignete Verbindung

Einkehr
Keine

Karten
Wanderkarte W243 Bad Urach, 1:25 000, Hrsg.: Schwäbischer Albverein e. V., Kartografie: Landesamt für Geoinformation und Landentwicklung Baden-Württemberg (LGL); Wanderkarte mit Radwegen Reutlingen Bad Urach Blatt 52-538, 1:25 000, NaturNavi

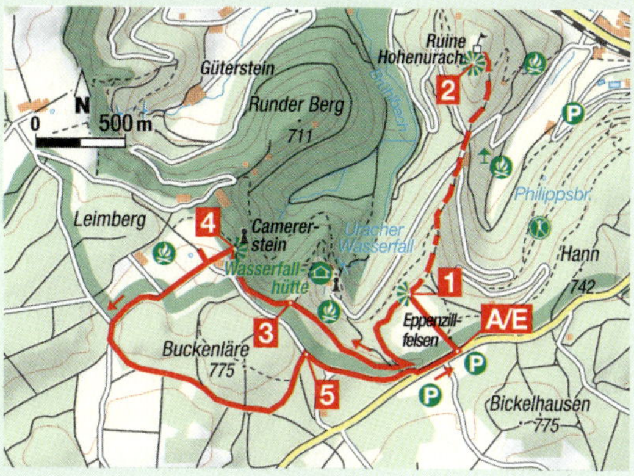

12 Blick zum Albtrauf

Aussicht von Anfang bis Schluss

- mittel
- 2.10 Std.
- 90 Hm
- 8 km

Die Hölderlinstadt Nürtingen, von der aus wir diese Tour unternehmen, liegt zwar nicht auf der Schwäbischen Alb, sondern an deren Rand, aber die Tour bietet nicht nur herrliche Ausblicke ins Land, sondern auch auf eben dieses Mittelgebirge. Ein Teil des Weges ist der hochgehberge-Wanderweg hochgehblickt – was auch bereits auf die prächtige Aussicht von ihm hinweist.

Über die Schillerhöhe Der beste Startpunkt ist der Parkplatz beim Hallenbad, denn dann kann man durch den schönen Galgenbergpark hinaufwandern. Als Zeichen orientiert man sich am »Zuweg« zum hochgehberge-Wanderweg hochgehblickt. Wir gehen dazu im Hallenbadparkplatz an die westliche Ecke des Hallenbads und zum Schild Hallenbad Nord (271 m) und danach zwischen Spielplatz

Die Felder werden intensiv landwirtschaftlich genutzt.

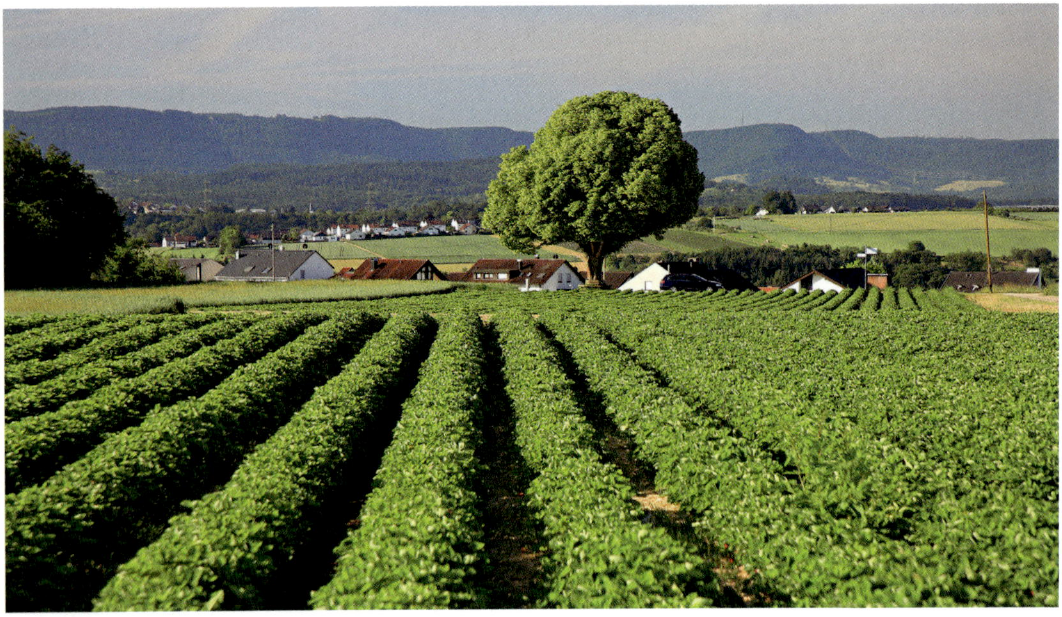

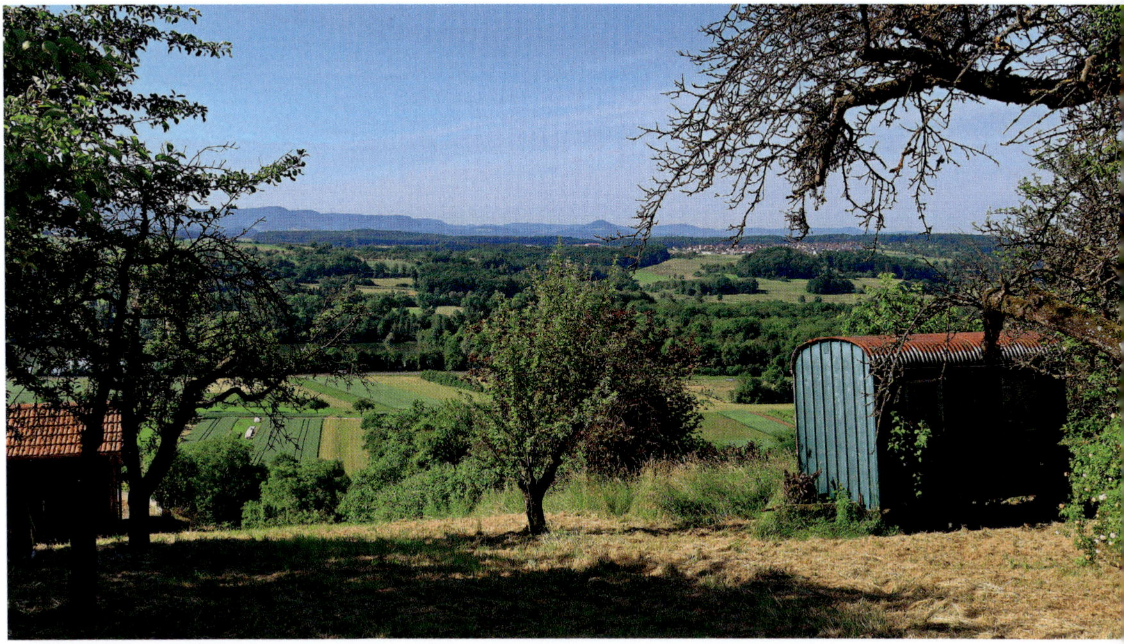

Von der Anhöhe über dem Neckartal bietet sich ein weiter Blick.

und Sportplatz zum Galgenbergpark. Durch diese herrliche Parkanlage mit prächtigen alten Bäumen steigen wir nun parallel zur Galgenbergstraße hinauf zum Schild Galgenbergpark (308 m). Am Ende des Weges durch den Park gehen wir noch kurz geradeaus weiter.

Wer dies nicht möchte, sucht sich im oberen Teil der Galgenbergstraße einen Parkplatz und beginnt die Tour am Ende der Bebauung. Hier steht gegenüber von Haus Nr. 33 ein **Wanderschild** 1. Ihm folgen wir kurz stadtauswärts, dann biegen wir mit dem Zeichen blauer Strich in den rechten, ansteigenden Weg ein. Gleich darauf an der Verzweigung halten wir uns an den rechten, schmalen Fußweg. Auf ihm wandern wir nun etwas bergauf. Wenn wir zurückblicken, haben wir Nürtingen und seinen Kirchturm im Blickfeld.

Bald liegt links die **Schillerhöhe** 2 mit mächtigen Bäumen. Hier bietet sich uns ein erster Blick auf den Albtrauf. Wir nehmen hinter den Bäumen am Schild Schillerhöhe (339 m) den nach links führenden Weg, auch jetzt gilt für

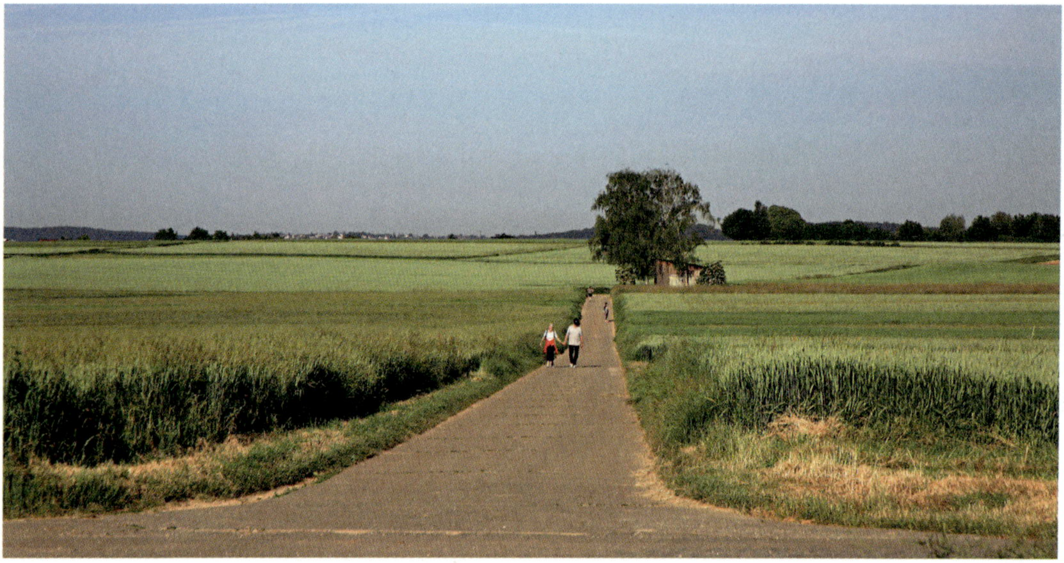

Stellenweise führt die Wanderung durch die intensiv genutzte Felderlandschaft.

uns das Wanderzeichen blauer Strich. Nun ist der Wegverlauf eine ganze Weile recht einfach: Wir wandern nur geradeaus. Es bietet sich uns nach rechts ein Blick über die Felder, nach links zu den Höhen der Schwäbischen Alb mit dem hervorstechenden Hohenneuffen.

Aussicht und Rosenlehrpfad Einige Zeit später führt der bis dahin asphaltierte Weg an einer Kreuzung als Naturweg weiter. Zusätzlich treffen wir an der nächsten Kreuzung auf das Wanderzeichen des hochgehberge-Wanderwegs hochgehblickt. Diesem Zeichen folgen wir nun bis zum Schluss der Tour.

Wir gehen immer geradeaus, bis wir am Waldrand auf das Schild **Lauch Nord** (368 m) 3 treffen. Hier biegen wir links ab und wandern mit den Zeichen immer am Waldrand entlang, bis wir auf einen festen Weg stoßen. Dort halten wir uns am Schild Wildrosenlehrpfad Ost (363 m) rechts. Nun wandern wir an einer ganzen Anzahl verschiedener Wildrosenarten vorbei, ihre Namen stehen auf Tafeln. Am schönsten ist es, wenn wir hier zur Blütezeit im Frühsommer unterwegs sind. Am Schild Wildrosenlehrpfad West (365 m) biegen wir links ab.

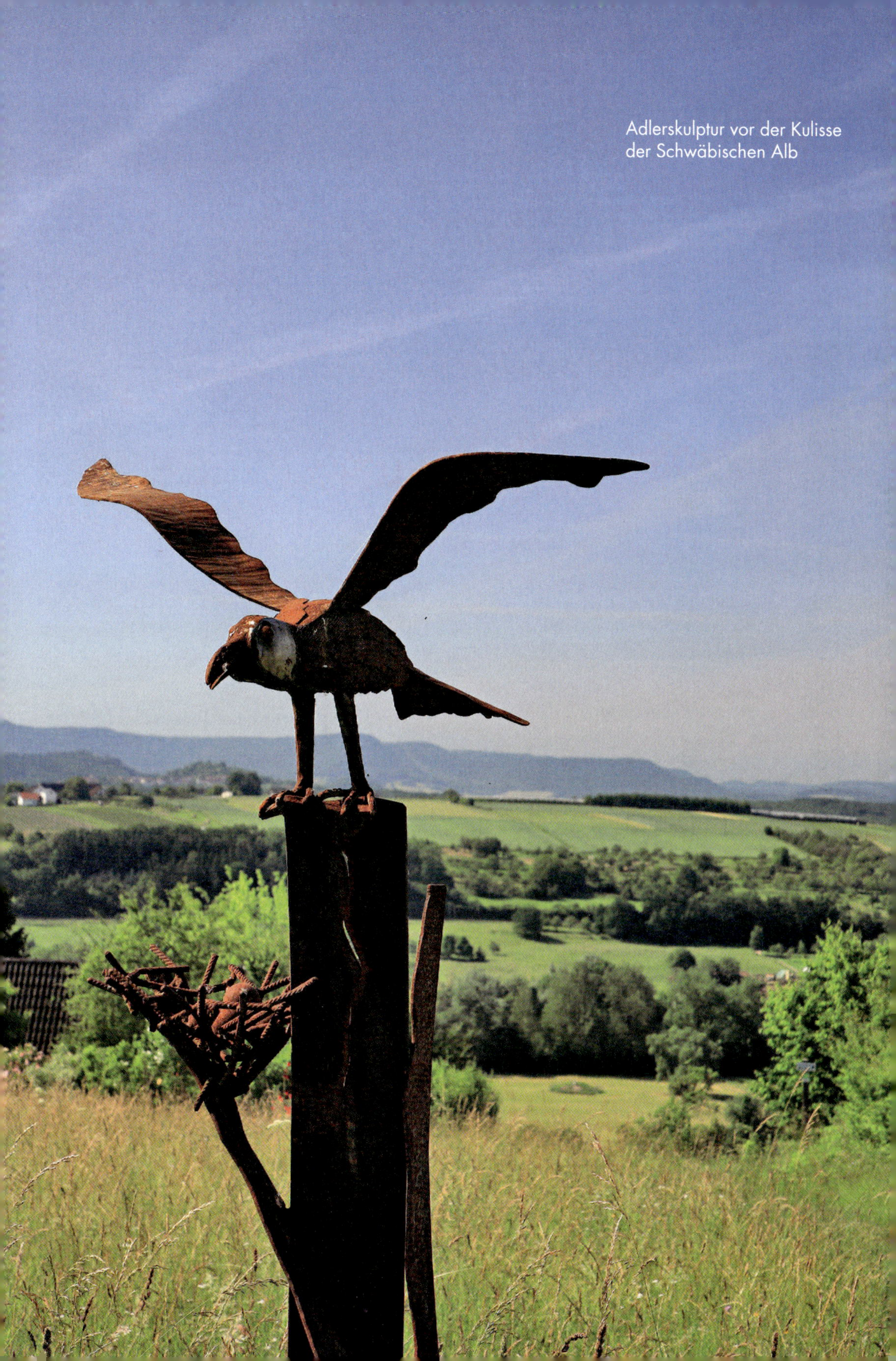

Adlerskulptur vor der Kulisse der Schwäbischen Alb

Neckar und Albtrauf im Blick Kurz danach treffen wir auf einen querenden Weg und das Wanderschild **Urhöld Südwest** (368 m) 4. Hier biegen wir links ab. Jetzt geht es durch Streuobstwiesen. Nach rechts bietet sich uns durch die Bäume hindurch der bekannte Blick zum Albtrauf, als zusätzliches Element sieht man immer wieder den Neckar. Dieses Wegstück ist am schönsten, wenn die Bäume entweder kahl sind, weil man dann die beste Aussicht hat, oder zur Zeit der Baumblüte.

Wir passieren einen steinernen Unterstand mit dem Schild Wengerthäuschen (354 m), etwas später hört links die Hecke auf. Hier werden wir – noch vor den Häusern von Neckarhausen – nach links verwiesen 5. Es steigt etwas an, dann biegen wir am nächsten Querweg rechts ab.

Bald treffen wir auf ein querendes Sträßchen und das Schild Steigäcker (357 m). Jetzt wandern wir geradeaus auf einem Naturweg zwischen Wiesen und Feldern weiter. Wir kommen über eine Kreuzung und erreichen ein asphaltiertes Sträßchen mit dem Schild **Gernäcker Nordwest** (345 m). Hier halten wir uns rechts, biegen aber gleich links 6 in einen oft schlecht zu erkennenden Wiesenweg ein.

Hinter den Feldern erhebt sich die »Blaue Mauer«, die Bergkette der Schwäbischen Alb.

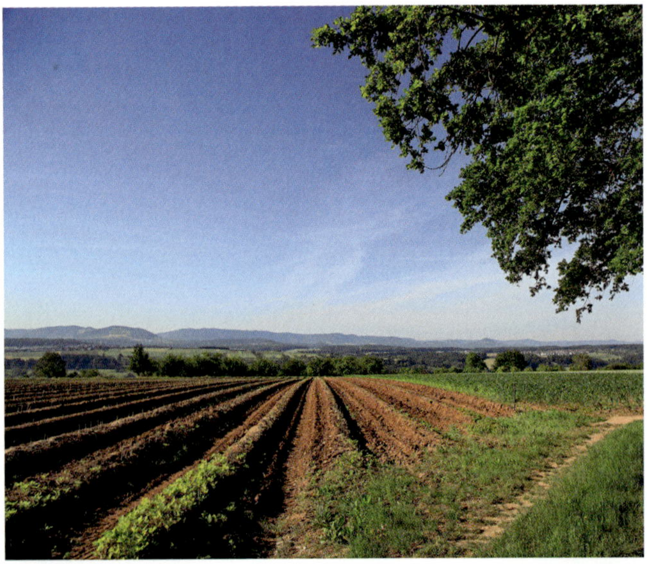

Nach einem Wassergraben biegen wir rechts ab und gehen zu einem Sträßchen vor den Häusern von Neckarhausen. Hier biegen wir links ab 7, nehmen aber gleich darauf den rechts abzweigenden Weg. Auf ihm wandern wir, vorbei am Schild Steinmauer Nord (331 m), zurück zur Galgenbergstraße. Wer hinab zum Hallenbad muss, geht auf dem bekannten Weg durch den Galgenbergpark hinab.

Wichtiges zur Tour

Tourencharakter
Wir wandern auf Pfaden und festen Wegen.

Ausgangspunkt/Endpunkt
Nürtingen, Hallenbad, Galgenbergstraße, 270 m; wenn man sich etwas Höhenunterschied ersparen will, fährt man in der Galgenbergstraße längstens bis zum letzten Haus hinauf. Unterwegs findet man Parkmöglichkeiten.

Höchster Punkt
Waldrand vor Wildrosenlehrpfad, 367 m

Anfahrt
Auto: A8 bis Ausfahrt Wendlingen, dann auf der B313 nach Nürtingen. Auf der Straße bleiben bis zum rechts liegenden Hallenbad und der abgehenden Galgenbergstraße. Wenn man der Galgenbergstraße etwas hinauf folgt bis zum Ende des Parks, kann man das Auto dort ebenfalls abstellen.

Bus & Bahn: Bahn bis Nürtingen, Bus ab Bahnhof bis Nürtingen Mühlstraße oder Neckarbrücke; Info: www.efa-bw.de

Einkehr
Nürtingen

Karten
Wanderkarte W238 Metzingen, 1:25 000, Landesamt für Geoinformation und Landentwicklung Baden-Württemberg (LGL) in Zusammenarbeit mit dem Schwäbischen Albverein e. V.; Wanderkarte mit Radwegen Reutlingen Bad Urach Blatt 52-538, 1:25 000, NaturNavi

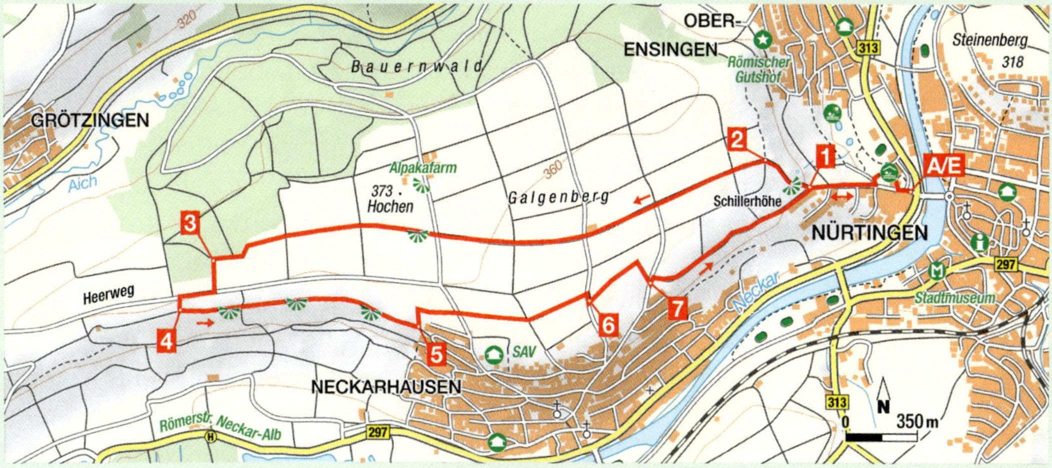

13 Von Neuffen zum Hohenneuffen

Weinbergwandern und Abstecher zur Ruine

- mittel
- 1.10 Std./1.55 Std.
- 160 Hm/320 Hm
- 3,5 km/5,9 km

Wer die Schwäbische Alb mit der oft genannten »Rauen Alb« gleichsetzt, liegt falsch. Es gibt auch sonnenverwöhnte Hänge mit Weinbau. So zum Beispiel bei Neuffen, wo wir fast ständig den Blick über die Weinberge auf die andere Talseite genießen können. Wer mag, kann noch zur Ruine Hohenneuffen aufsteigen.

Durch die Weinberge Am Parkplatz finden wir das Wanderschild Wanderparkplatz Schelmenwasen (465 m). Hier gehen wir in Richtung der Wiesen bzw. »Neuffener Schlosssteige«. Wir ignorieren den ersten rechts abgehenden Silvanerweg. Etwas später biegen wir rechts ab in den **Schwarzrieslingweg** ❶.

Nun wandern wir zuerst durch Streuobstwiesen, danach eine ganze Weile zwischen Weinbergen. Nach rechts bietet sich der oben erwähnte Blick nach Neuffen und zum Hörnle, links oben sehen wir die Ruine Hohenneuffen.

Hinauf und durch den Wald Schließlich treffen wir auf einen **querenden Weg** ❷. In ihn biegen wir links ein. Bald beschreibt er vor dem Wald eine scharfe **Linkskurve** ❸. Hier gehen wir am Schild Naturschutzgebiet Neuffener Heide geradeaus in ein Waldstück hinein. Der Weg zieht nach rechts und steigt durch eine Lichtung an bis vor den **Wald** ❹. Dort sehen wir eine Informationstafel zur Neuffener Heide, ab jetzt können wir auch den Zeichen des hochgehberge-Wanderwegs hochgehkeltert folgen. Hier sollte man zurückblicken und die Landschaft von diesem Punkt aus genießen.

Wir biegen links ab und wandern durch den Wald bis zum Schild Neuffener Heide Ost (541 m). Hier haben wir zwei

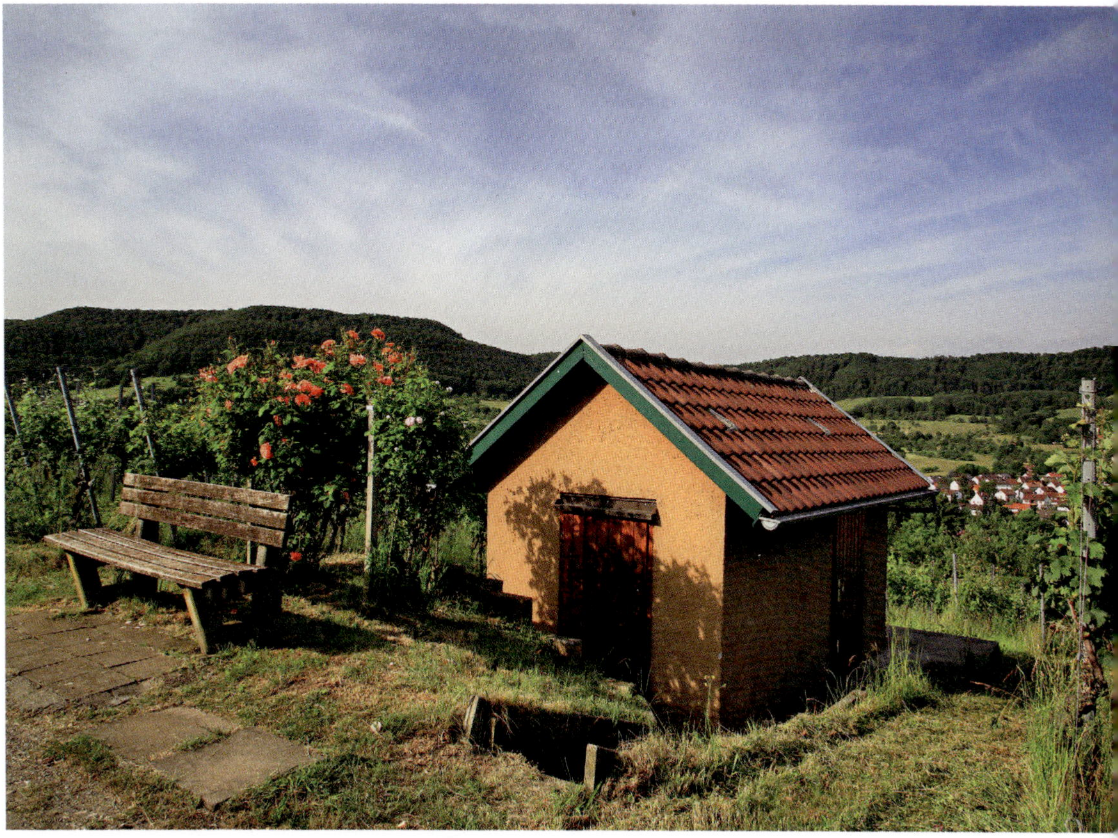

Hütte in den Weinbergen von Neuffen

Möglichkeiten: Wir können entweder ohne wesentlichen Höhenunterschied auf dem linken Weg geradeaus durch die Neuffener Heide weiterwandern oder wir nehmen den rechten Weg, der uns etwas hinaufführt. Wenn man zur Ruine Hohenneuffen aufsteigen will, empfiehlt sich dieser Weg. Gleich nach einem prächtigen Aussichtspunkt mit einer Bank kommen wir zum Wanderschild **Obere Schlossallee** (574 m) 5. Hier biegen wir links ab.

Abstecher zur Ruine Wer zur Ruine Hohenneuffen will, biegt hier rechts ab. Der Weg führt uns erst hinauf, dann geht es nach links weiter. Bald treffen wir auf den Weg, der von rechts vom Parkplatz kommt, ihm folgen wir nach links hinauf in die **Burgruine Hohenneuffen** 6. Danach gehen wir wieder zurück zum Wanderschild, wo wir geradeaus bergab wandern.

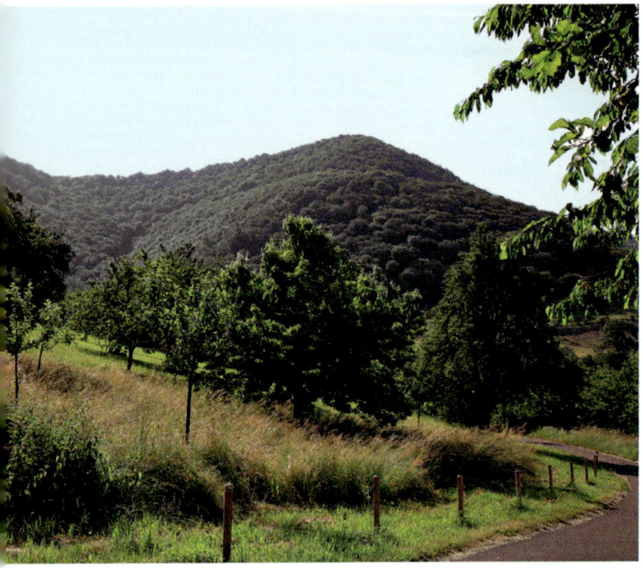

Hinter den Streuobstwiesen zieht sich der Wald bis hinauf auf die Hochfläche.

Zurück zum Ausgangspunkt Nun wandern wir bergab, dabei bietet sich uns einer der schönsten Ausblicke der gesamten Wanderung. An der Kreuzung beim Schild Neuffener Heide West (532 m) gehen wir geradeaus weiter bergab. Vorbei am Schild Oberster Weinberg (509 m) kommen wir zum Schild Oberster Weinberg (508 m). Wir folgen weiter dem Schild der hochgehberge und gehen im Kernerweg geradeaus bis zu einer Kreuzung mit dem Spätburgunderweg.

Am Schild Egert Nord (502 m) gehen wir entlang einer Allee riesiger Bäume steil bergab. Ab dem Schild Schelmenwasen (476 m), wo der Schwarzrieslingweg abgeht, kennen wir den Weg. Wir wandern noch kurz geradeaus weiter, dann nach rechts zurück zum Ausgangspunkt.

Neuffener Heide

Die Neuffener Heide ist ein besonders interessantes Naturschutzgebiet. Sie hat schon viele Nutzungsarten erlebt, so diente sie bereits als Wiese, als Ackerland und zum Weinbau. Reste von Terrassen erinnern an einstige Nutzungen. Vor allem die mit Wacholder bewachsene Heide verdankt ihr Bild der Beweidung mit Schafen; hier findet man die bekannten Pflanzen Silberdistel, Frühlingsenzian und Küchenschelle. Zudem wachsen hier viele Orchideen, wie beispielsweise Brandknabenkraut, Hummel-Ragwurz und Pyramidenorchis. Insgesamt wurden schon über 260 Pflanzenarten gefunden, darunter viele gefährdete. Durch die geschützte Lage am Hang des Hohenneuffens, eingebettet in Streuobstwiesen und Weinberge, fühlen sich auch viele Wärme liebende Insekten hier wohl. An Schmetterlingsarten seien der Hauhechelbläuling, der Silbergrüne Bläuling, das Thymian-Widderchen und das Schachbrett erwähnt. Weitere Insektenarten sind verschiedene Heuschrecken wie Heidegrashüpfer, Rotflügelige Schnarrschrecke und Westliche Beißschrecke.

Wichtiges zur Tour

Tourencharakter
Wir wandern auf Pfaden und festen Wegen.

Ausgangspunkt/Endpunkt
Nürtingen, Wanderparkplatz Schelmenwasen/Hohenneuffen, 465 m

Höchster Punkt
Wanderschild Obere Schlossallee (574 m) bzw. Ruine Hohenneuffen (745 m)

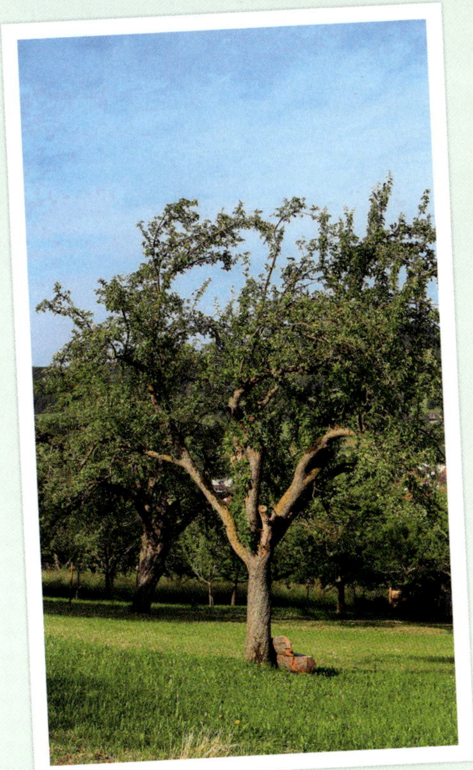

Rund um den Hohenneuffen liegen auch die Streuobstwiesen des Schwäbischen Streuobstparadieses e. V.

Anfahrt
Auto: A8 bis Ausfahrt Kirchheim-Teck Ost, dann auf der B465 ins Lenninger Tal bis Owen, dann L1210 über Beuren und Balzholz bis kurz vor Neuffen, dort links ab zum Wanderparkplatz Hohenneuffen.
GPS 48.558503, 9.383847
Bus & Bahn: Bahn bis Nürtingen, Bus oder Ruftaxi nach Neuffen Haltestelle Max-Planck-Straße oder Bahn bis Owen, dann Bus bis Neuffen, Haltestelle Oberer Graben;
Info: www.efa-bw.de

Einkehr
Neuffen, Ruine Hohenneuffen

Karten
Wanderkarte Kirchheim unter Teck, 1:25 000, Hrsg.: Schwäbischer Albverein e. V., Kartografie: Landesamt für Geoinformation und Landentwicklung Baden-Württemberg (LGL); Wanderkarte mit Radwegen Reutlingen Bad Urach Blatt 52-538, 1:25 000, NaturNavi

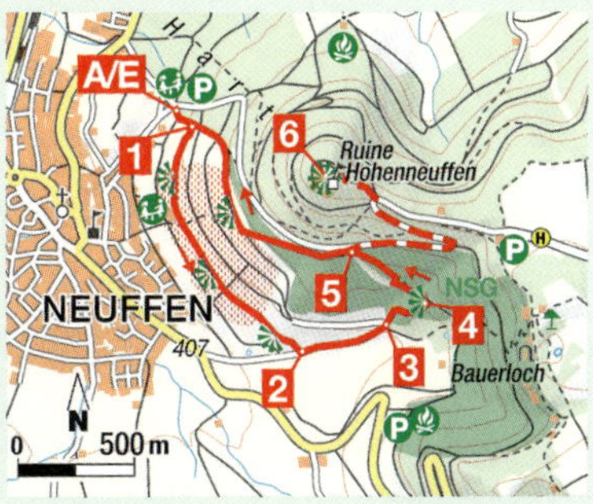

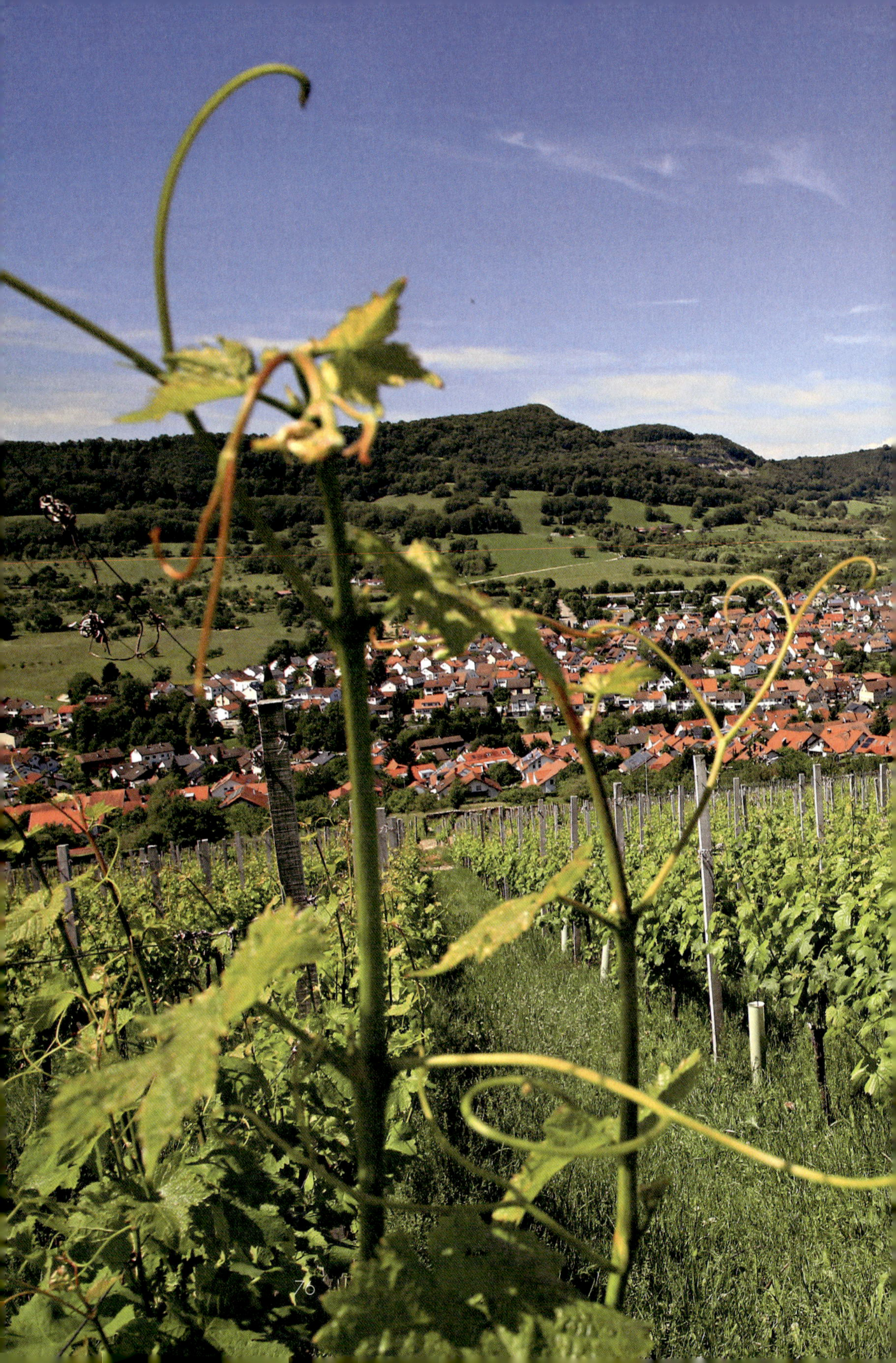

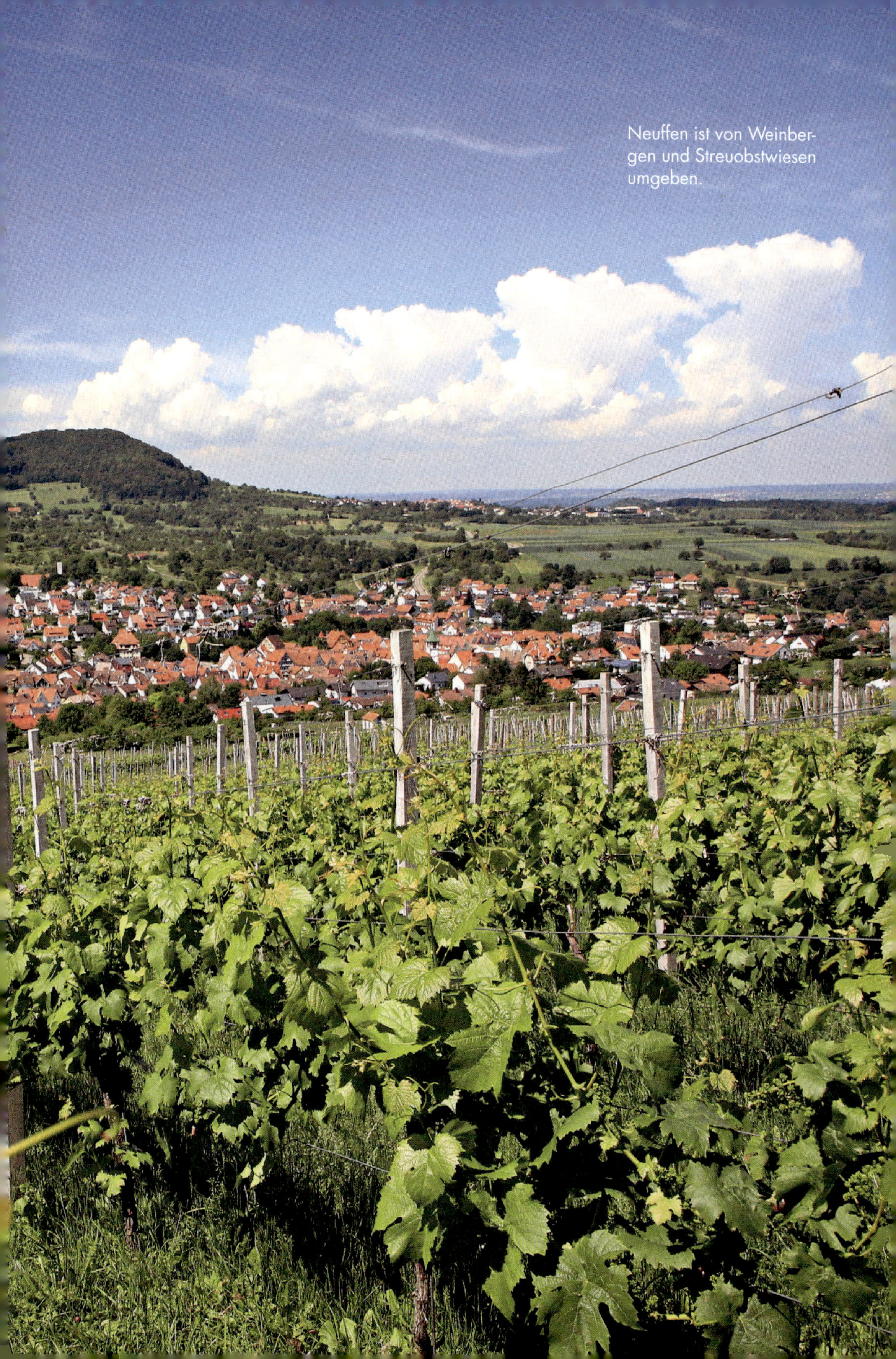

Neuffen ist von Weinbergen und Streuobstwiesen umgeben.

14 Von Beuren auf den Philosophenweg

Aussicht vom Feinsten

- mittel
- 2.15 Std.
- 180 Hm
- 8 km

Beuren hat mit dem Thermalbad, dem Freilichtmuseum und dem historischen Ortsbild nicht nur zentrumsnahe Attraktionen, sondern auch eine prächtige Wanderumgebung zu bieten. Vor allem der Abhang des zur Ruine Hohenneuffen hochziehenden Bergmassivs bietet sich hierzu an.

Über Balzholz in die Höhe Vom Parkplatz bei der Panorama Therme gehen wir zum Wanderschild Brückleswiesen/Friedhof (449 m), wo wir uns rechts in Richtung »Balzholz« halten. Gleich darauf biegen wir am Schild Brückleswiesen (448 m) links ab. Nach dem Spielplatz Rauffwäldle (447 m) geht unser Weg in einen Wiesenpfad über.

Der Weg nach Beuren führt durch Weinberge; im Hintergrund thront die Ruine Hohenneuffen.

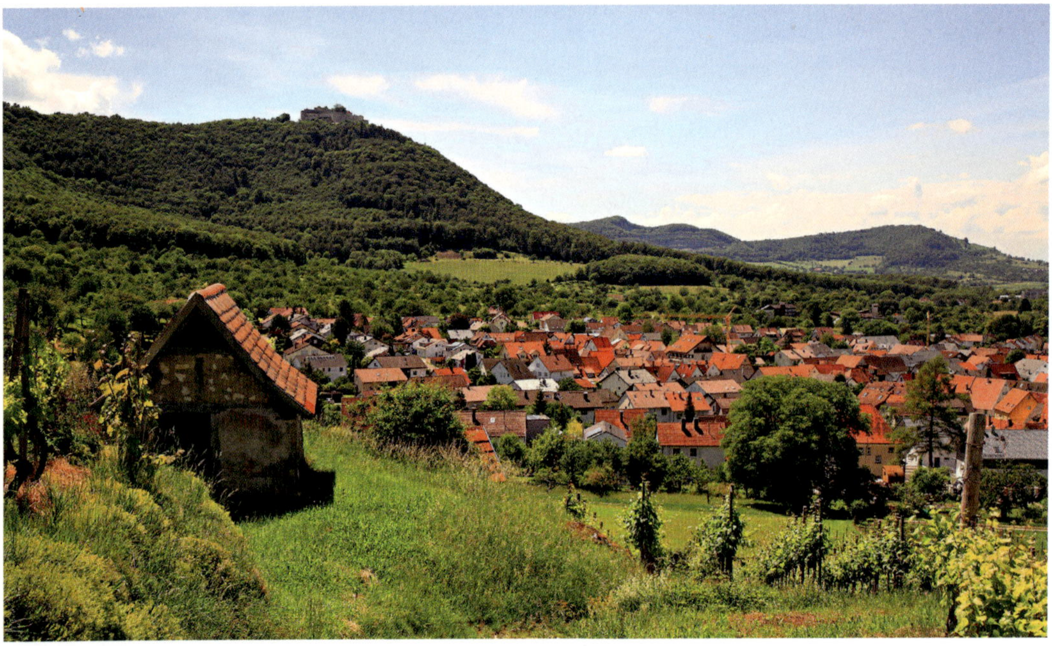

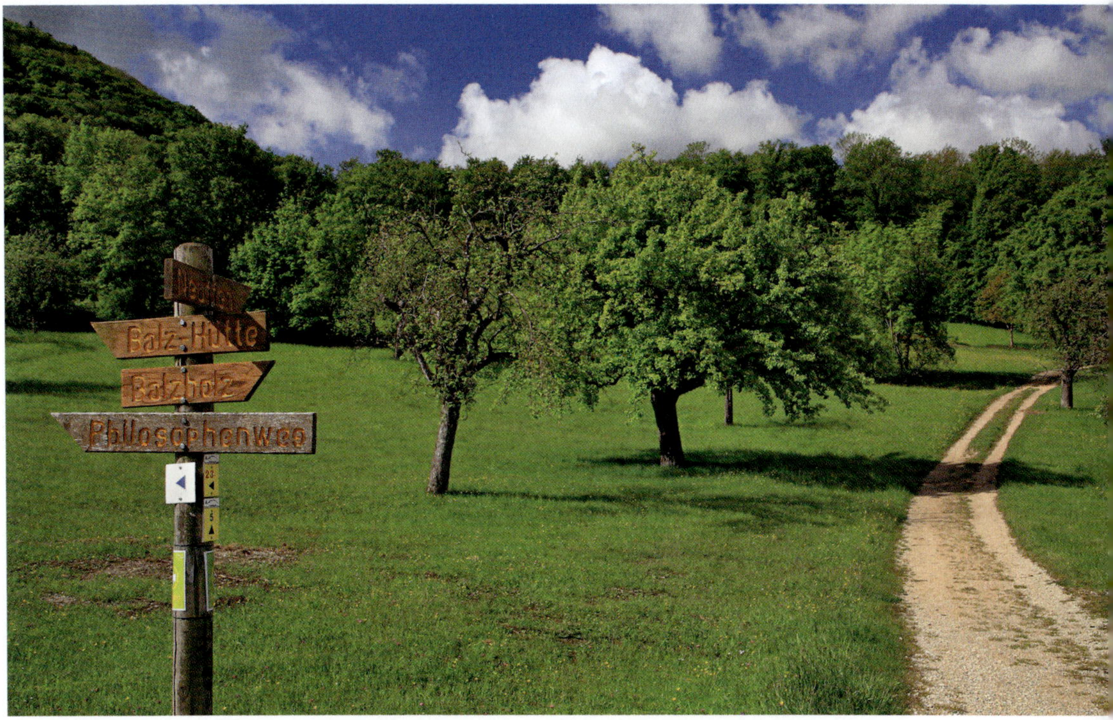

Beim Aufstieg führt der Weg durch Streuobstwiesen.

Vor dem ersten Haus von Balzholz werden wir am Schild **Balzholz** (437 m) 1 nach links verwiesen. Beim Schild Höhenweg (448 m) und den Wohnhäusern überqueren wir diesen Weg und wandern danach durch Streuobstwiesen weiter. Am Schild mittlere Schlossgasse (454 m) halten wir uns links in den querenden Asphaltweg. Es geht an einem kleinen Weiher vorbei. An der Kreuzung nach dem Wasserbehälter spazieren wir geradeaus auf dem Schotterweg weiter, als Zeichen orientieren wir uns am blauen Dreieck sowie an der Richtung »Philosophenweg«.

Weiter zum Philosophenweg Wir wandern jetzt hinauf zu einer Waldecke, an der die Balzhofer Hütte steht, dabei ist auch eine Grillstelle. Hier haben wir den ersten grandiosen Ausblick dieser Wanderung. Wir gehen geradeaus weiter, dann halten wir uns an der Verzweigung links in den eben weiterführenden Weg. Später steigt es etwas an, wir kommen in den Wald und treffen dort auf den querenden **Philosophenweg** 2.

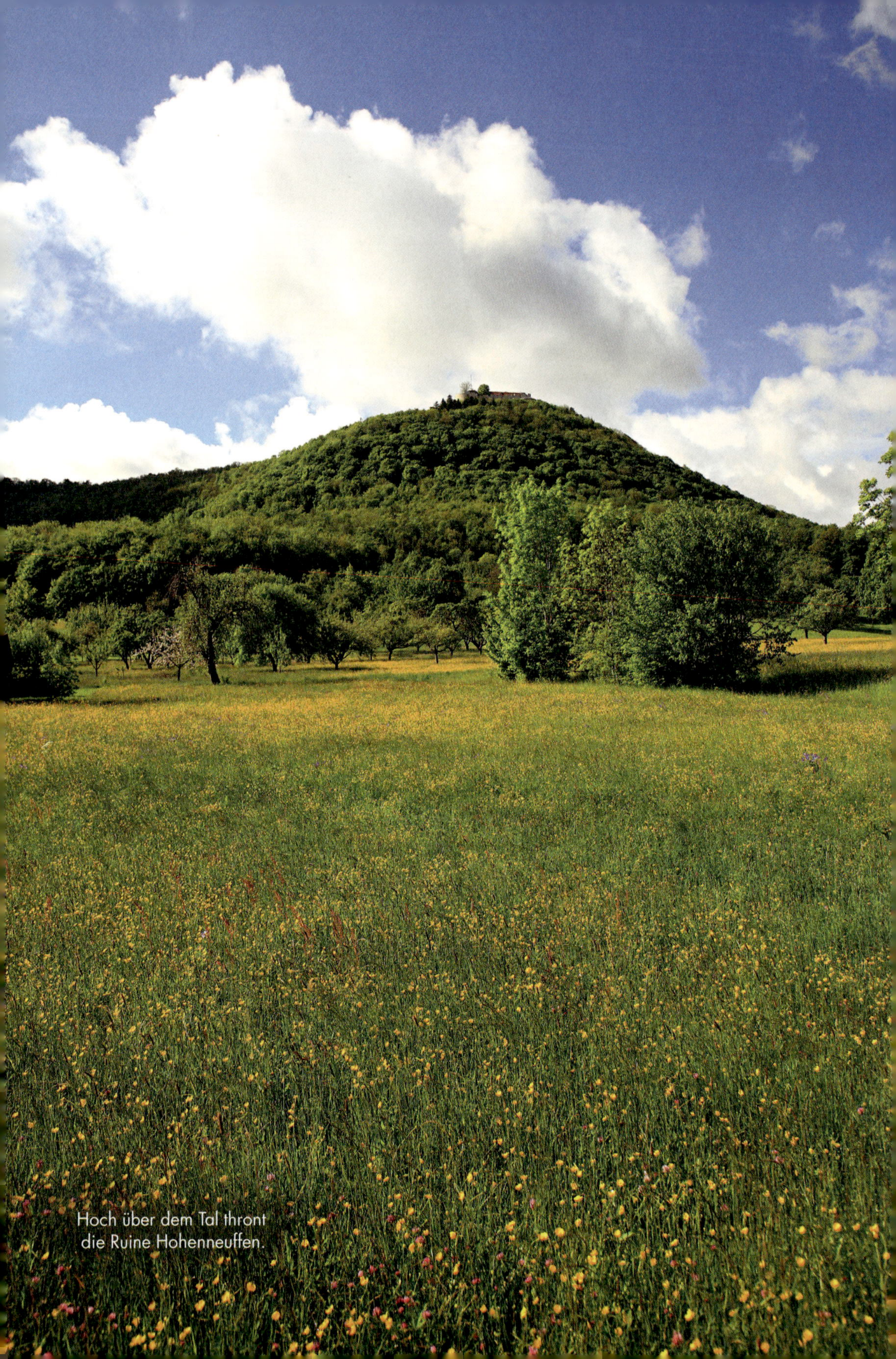

Hoch über dem Tal thront
die Ruine Hohenneuffen.

Ihm folgen wir nun nach links und wandern eine ganze Weile auf ihm. Teilweise gehen wir im Wald, teilweise außerhalb oder am Waldrand, was uns herrliche Blicke auf Beuren und das Albvorland bietet. Mit Auf und Ab und ein paar Windungen sowie vorbei an den Schildern westlich Skilift (534 m) und Klingenberg (534 m) verlassen wir schließlich den Wald.

Über den Tobelsee in die Weinberge Wir kommen zu der kleinen Seehütte, wo wir am Schild südlich Tobelweiher (504 m) rechts abbiegen. Es geht hinunter zu dem idyllischen **See** ❸, dann an ihm vorbei. Wir passieren das Schild nördlich Tobelweiher (498 m) und kommen zum Schild östlich Beurenberg (500 m). Hier biegen wir links ab. Wo am Schild Beurenberg (509 m) der Schöne Weg links abgeht, behalten wir unsere Richtung bei.

Am Schild **nördlich Beurenberg** (505 m) ❹ biegen wir links ab. Nun wird der Wegverlauf etwas kompliziert, im Prinzip müssen wir aber nur den reichlich angebrachten Zeichen des hochgehberge-Wanderwegs folgen. Wir halten uns beim Schild obere Weinberge (504 m) wieder links,

Idylle am Tobelsee

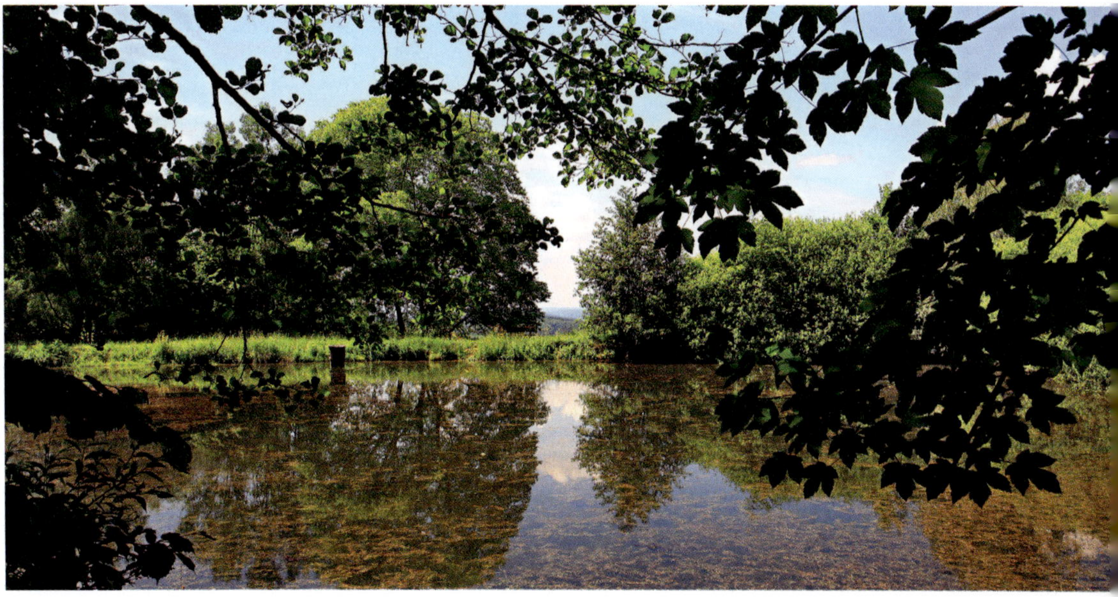

dann gleich danach rechts. Kurz darauf werden wir am Schild obere Weinberge (495 m) nach rechts verwiesen. Anschließend biegen wir am Schild obere Weinberge (494 m) links ab. Beim Schild mittlere Weinberge (485 m) überqueren wir einen Asphaltweg und kommen zu einer kleinen steinernen Schutzhütte. An ihr gehen wir mit dem Schild mittlere Weinberge (482 m) rechts vorbei, danach wandern wir auf einem schmalen Pfad durch die Weinberge hinab zu einem Asphaltweg.

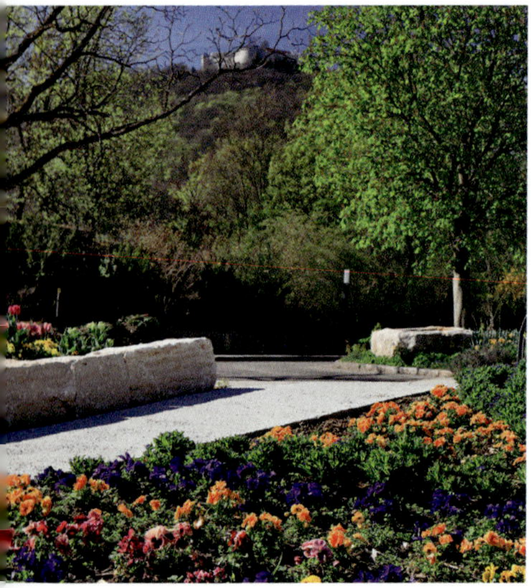

Hinter den Blumenbeeten des Thermalbads hat man einen Blick zur Ruine Hohenneuffen.

Über das Hohbölle zurück Dort biegen wir am Schild untere Weinberge (477 m) rechts ab und halten uns gleich danach beim Schild untere Weinberge (474 m) links. Am nächsten Asphaltweg orientieren wir uns beim Schild südwestlich Beurenberg (471 m) rechts. Beim Schild Hohler Weg (465 m) gehen wir in Richtung Hohbölle geradeaus weiter.

Gleich darauf biegen wir am Schild nördlich Hohbölle (467 m) rechts ab auf einen Naturweg. Beim Schild nordöstlich Hohbölle (491 m) wandern wir auf dem Schotterweg nach rechts. Es folgt das Schild **Hohbölle** (495 m) 5, an dem wir auf einem Asphaltweg geradeaus weiterspazieren. Nach etwas Bergab nehmen wir beim Schild bei Neufferackerstraße (479 m) den links abgehenden Naturweg. Beim Schild Bleicherweg (473 m) halten wir uns links, dann gleich darauf am Schild Bleicherweg (474 m) rechts.

Kurz vor einem Asphaltweg biegen wir am Schild östlich Hohenneuffenstraße (469 m) rechts ab auf einen Wiesenweg. Am Schild Hohenneuffenstraße (454 m) halten wir uns links, gleich danach am Schild Hohenneuffenstraße (455 m) nehmen wir den nach rechts führenden Asphaltweg. Beim Schild östlich Herbstwiesen (460 m) orientieren wir uns rechts 6, beim Schild südöstlich Panorama Therme (452 m) gehen wir nach links weiter und sind kurz danach zurück am Ausgangspunkt.

Wichtiges zur Tour

Tourencharakter
Wir wandern auf Pfaden und geschotterten Wegen. Bis auf die Strecke zwischen Ende Balzholz und dem Philosophenweg wandern wir auf dem hochgehberge-Wanderweg hochgehfestigt.

Ausgangspunkt/Endpunkt
Beuren, Am Thermalbad, 449 m

Höchster Punkt
Mitte des Philosophenwegs, 605 m

Anfahrt
Auto: A8 bis Ausfahrt Wendlingen und über Nürtingen und Frickenhausen, oder A8 bis Ausfahrt Kirchheim unter Teck-Ost und dann über Owen. In Beuren der Beschilderung zum Thermalbad folgen.
GPS 48.566137, 9.396960
Bus & Bahn: Bahn bis Metzingen, Neuffen oder Nürtingen, weiter mit dem Bus bis Beuren, Haltestelle Panoramatherme.
Info: www.efa-bw.de

Einkehr
Beuren

Karten
Wanderkarte W238 Metzingen, 1:25 000, Landesamt für Geoinformation und Landentwicklung Baden-Württemberg (LGL) in Zusammenarbeit mit dem Schwäbischen Albverein e. V.; Wanderkarte mit Radwegen Reutlingen Bad Urach Blatt 52-538, 1:25 000, NaturNavi

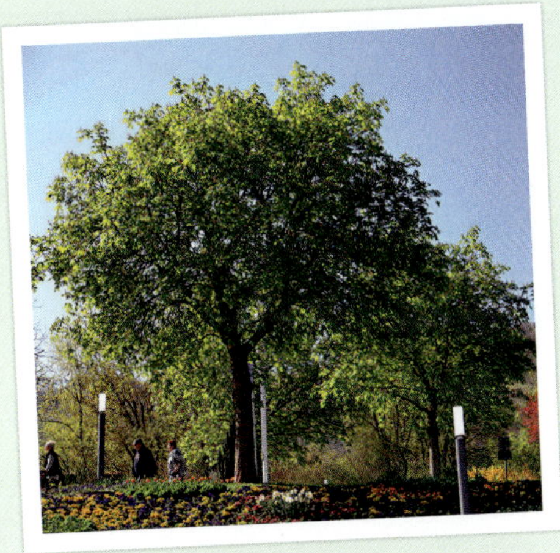

Parkartige Anlage beim Thermalbad in Beuren

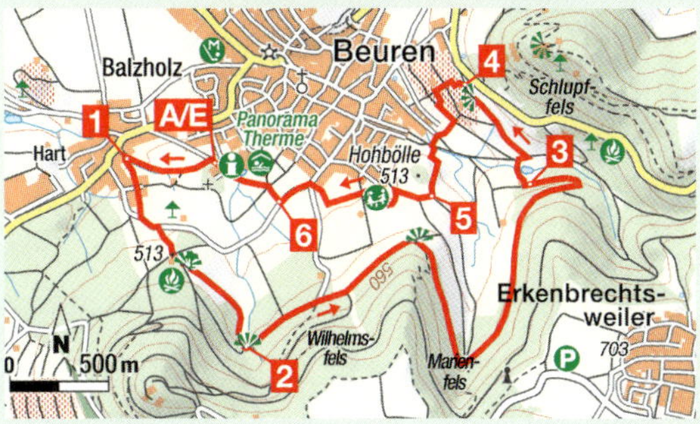

15 Rund um die Baßgeige

Ein Aussichtspunkt folgt dem nächsten

- mittel
- 1.30 Std.
- 60 Hm
- 5,1 km

Bei dieser Tour rund um die wegen ihrer Form Baßgeige genannte Berghalbinsel kommen wir an einigen Aussichtsfelsen vorbei. Zudem ist diese Wanderung auch geschichtsträchtig, berührt man doch den legendären Heidengraben. Er gehört zum wohl größten aus jener Zeit bekannten keltischen Oppidum, der sogenannten Elsachstadt.

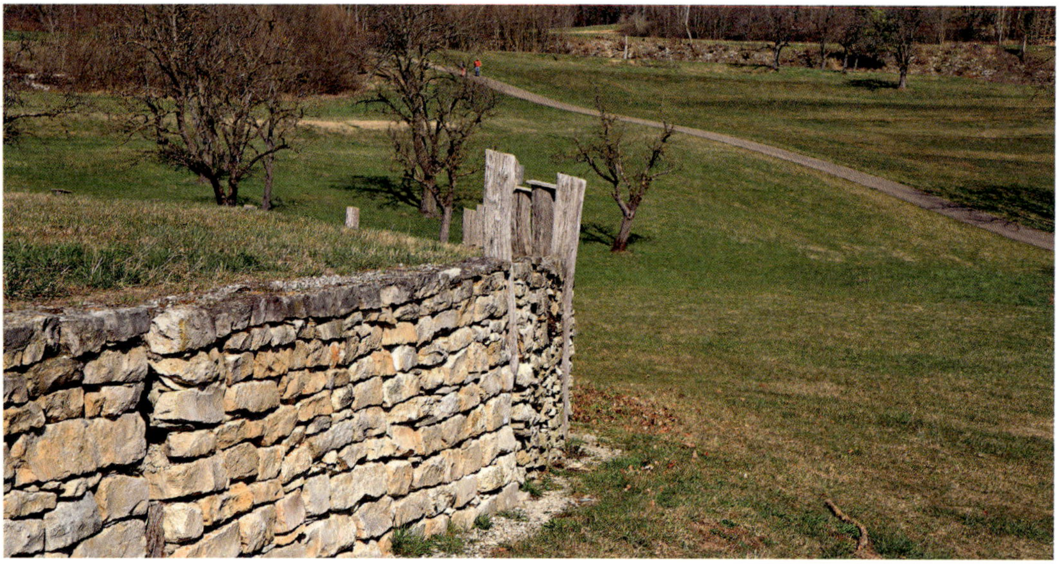

Rekonstruierte Pfostenschlitzmauer in der Anlage des Heidengrabens

Zum Tor der keltischen Stadt Gleich nach dem Parkplatz Baßgeige quert bereits der Wall der keltischen Stadt. Hier nehmen wir an der Verzweigung den rechten Weg, der uns hinab zum **Zangentor G** ❶ führt, dessen Rekonstruktion man kurz darauf bereits sieht.

Über den Friedrichsfels zum Brucker Fels Danach biegen wir am Waldrand links ab und wandern an ihm entlang sanft bergauf, die abgehenden Wege ignorierend. Als Zeichen orientieren wir uns am roten Dreieck in Richtung »Brucker Fels«.

Bald stoßen wir auf den geschotterten Halsenhauweg und gehen geradeaus weiter, gleich danach zweigt aber der Wanderweg als Pfad rechts ab. Er bringt uns hinab zum Halsenbrünnele, danach steigt es wieder an. Wir kommen zu einem Querweg, der uns nach rechts zu einer Treppe führt. Nach ihr gelangen wir zum **Friedrichsfels** (744 m) 2, von dem man einen schönen Blick hinab ins Lenninger Tal hat. Vorbei an weiteren Aussichtspunkten erreichen wir den **Brucker Fels** (727 m) 3. Vor diesem sehen wir als Kuhle den Rest eines einstigen Steinhauses.

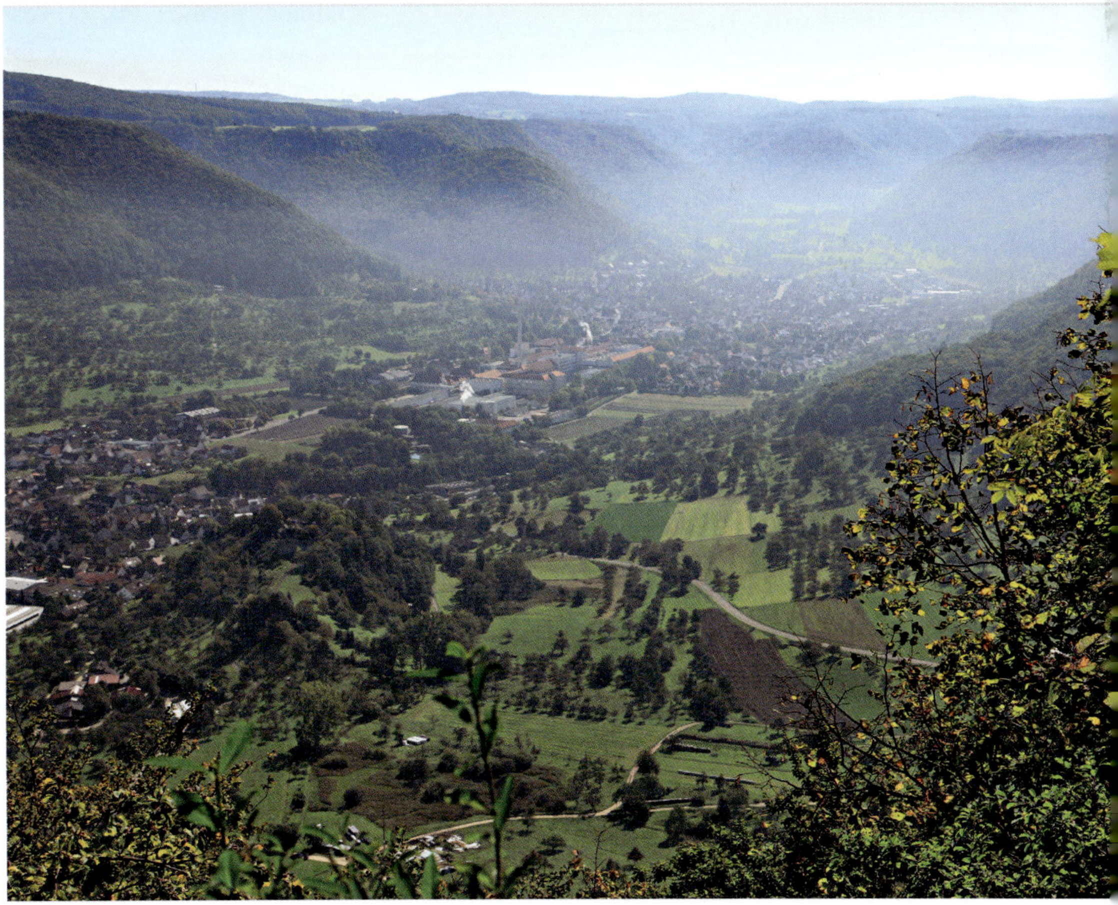

Blick vom Aussichtsfels ins Lenninger Tal

Weiter zum Beurener Fels Nach dem Brucker Fels halten wir uns links und wandern mit dem roten Dreieck bis zu einem Weg, dem wir nach rechts folgen. Er mündet nach einiger Zeit in einen anderen **Weg** ❹. Hier ist der Weg zum Beurener Fels nach rechts angezeigt, der Abstecher, nun mit dem blauen Dreieck, ist einfach etwa einen Kilometer lang. Vorbei am Schlupffels erreichen wir nach der Beurener-Fels-Hütte den **Beurener Fels** ❺.

Heidengraben

Der vor allem in der Latènezeit ausgebaute sogenannte Heidengraben ist eines der eindrucksvollsten Geländedenkmale der Alb. Die 1,3 Kilometer lange Wallanlage aus dem 1. Jahrhundert. n. Chr. sicherte und schützte die 1600 Hektar große keltische Ansiedlung Elsachstadt, ein sogenanntes Oppidum. Die langen und geraden Befestigungsanlagen, die Wälle, Mauern und Gräben sowie die besondere Art der Zangentore verraten Kenntnisse von südländischen Anlagen.

Danach gehen wir vorerst auf demselben Weg wieder zurück. Wir wandern an dem Punkt vorbei, an dem wir vorhin von links gekommen sind, und verlassen kurz darauf den Wald. Nun spazieren wir gemütlich durch die Wiesen und Felder zurück zum Parkplatz.

Blick ins Albvorland

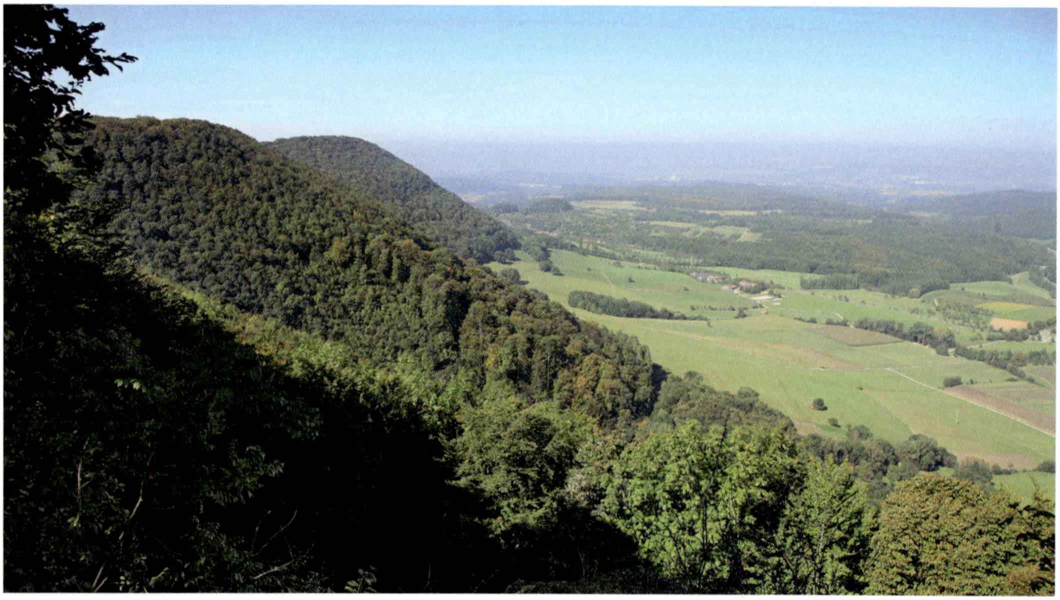

Wichtiges zur Tour

Tourencharakter
Wir wandern überwiegend auf Naturpfaden, die bei Nässe rutschig sein können.

Ausgangspunkt/Endpunkt
Erkenbrechtsweiler, Parkplatz Baßgeige, 705 m

Höchster Punkt
Nach dem Brucker Fels, 740 m

Anfahrt
Auto: A8 bis Ausfahrt Kirchheim unter Teck-Ost, dann B465 bis Owen, dort nach rechts in Richtung Beuren. Beim Freilichtmuseum links abbiegen und hinauf nach Erkenbrechtsweiler. Der Parkplatz liegt links vor dem Ort.
GPS 48.562243, 9.433257
Bus & Bahn: S-Bahn bis Kirchheim (Teck), Regionalbahn bis Unterlenningen, Bus bis Erkenbrechtsweiler, Haltestelle Untere Straße; Info: www.vvs.de

Einkehr
Erkenbrechtsweiler

Karten
Wanderkarte W238 Metzingen, 1:25 000, Landesamt für Geoinformation und Landentwicklung Baden-Württemberg (LGL) in Zusammenarbeit mit dem Schwäbischen Albverein e. V.; Wanderkarte mit Radwegen Reutlingen Bad Urach Blatt 52-538, 1:25 000, NaturNavi

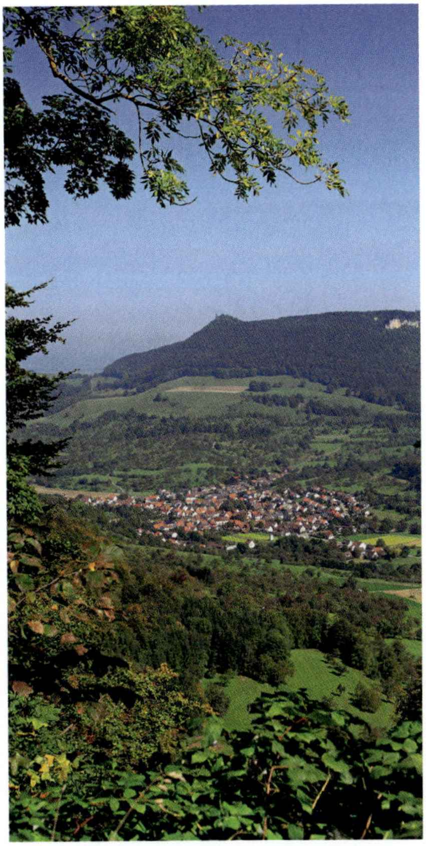

Im Hintergrund ist hinter dem Lenninger Tal die Ruine Teck zu sehen.

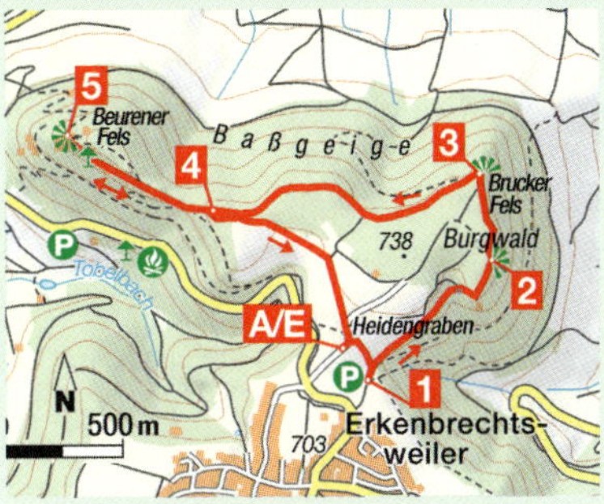

16 Viel Aussicht um den Hohenneuffen

Aussicht, Kelten und eine Burgruine

- mittel
- 3 Std.
- 200 Hm
- 10,9 km

Mit dem Heidengraben mitsamt den Grabhügeln beim Burrenhof, der historischen Schanze und der Burgruine Hohenneuffen findet der historisch und geologisch interessierte Wanderer bei dieser Tour einige Besonderheiten vor, zum Beispiel einen Vulkanschlot, den ebenfalls auf den Vulkanismus zurückgehenden Molachsee und eine alte Schanze.

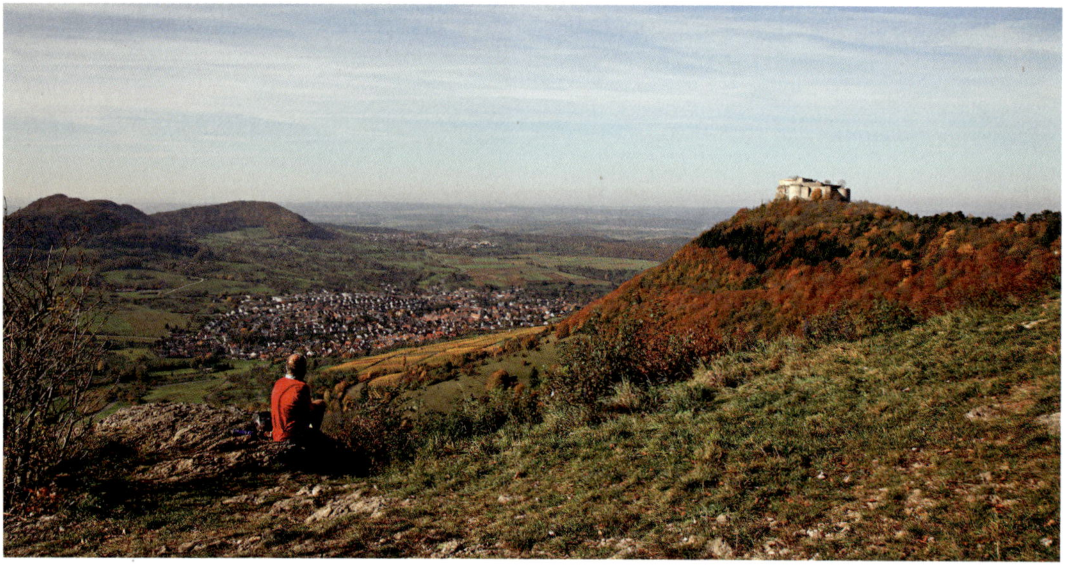

Auf dem Weg entlang des Albtraufs sieht man immer wieder zur Ruine Hohenneuffen.

Über die Brille zum Vulkan Am Parkplatz westlich des Burrenhofes nehmen wir den asphaltierten Weg, der von der Straße in westliche Richtung wegzieht und uns zum Waldrand bringt. Dort machen wir nach links einen kurzen Abstecher zur »**Brille**« (1).

Danach gehen wir wieder etwas zurück und betreten am Wanderschild Heidengraben (719 m) den Wald. Gleich links steht eine Informationstafel, die auf den Schlot des Schwäbischen Vulkans hinweist, den man mit einem kurzen Abstecher erreichen kann.

Wenn wir weiter dem Pfad folgen, kommen wir zum Wall des Heidengrabens, auch er wird durch eine Tafel erklärt. Nun wandern wir auf einem Pfad bis zur **Blauer-Rank-Hütte** 2; hier finden wir eine Tafel zur Barnberghöhle.

Wir halten uns links, bleiben vor der Lichtung weiter links auf dem Pfad und kommen zum Trauf. Hier hat man einen prächtigen Blick über die Alb und ins Albvorland, gut zu erkennen ist zum Beispiel die Achalm bei Reutlingen. Wenn wir etwas weiter nach rechts gehen, zweigt bald ein

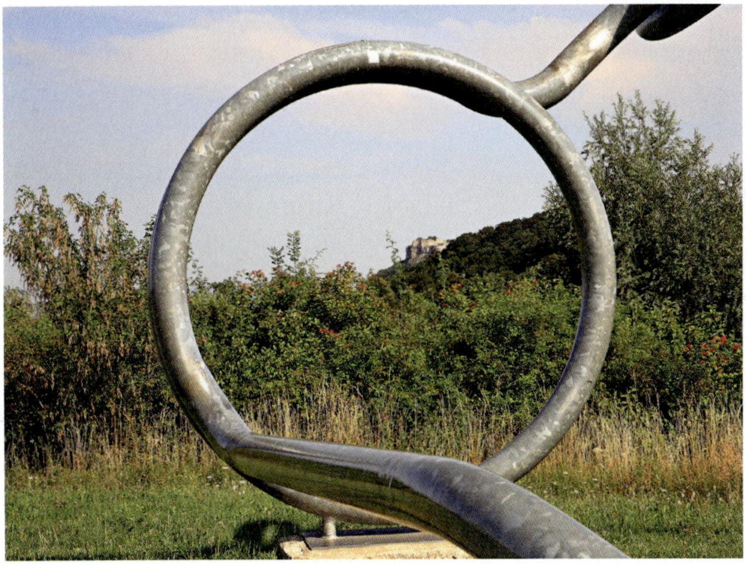

Auch durch das Kunstwerk »Brille« ist Hohenneuffen zu erkennen.

steiler Steig nach links ab. Auf ihm gehen wir vorsichtig hinab. Nach einer ersten kleineren Höhle treffen wir auf die **Barnberghöhle** 3, in die man hineingehen kann.

Danach steigen wir wieder hinauf zum Trauf und gehen nach links weiter. Er zieht nach einiger Zeit nach rechts. Bald trifft von rechts wieder der mit dem roten Dreieck markierte ursprüngliche Weg ein. Beim Schild Beim Molachsee (705 m) nehmen wir den oben nach links weiterführenden Pfad. Nach kurzem Bergauf kommen wir an Höllenlöchern vorbei. Kurz darauf können wir nach rechts zum **Molachsee** 4 hinausgehen.

Aussichtsreich am Trauf entlang zur Ruine Ansonsten wandern wir geradeaus weiter. Es geht nun etwas hinauf, dann sind wir am Startplatz der Gleitschirmflieger. Hier bietet sich eine prächtige Aussicht: Wir sehen entlang des Albtraufs, zum Hörnle mit der Wunde des ehemaligen Steinbruchs, nach Neuffen und nach rechts zur Ruine Hohenneuffen.

Die »Brille«

Das Kunstwerk »Brille« wurde von Karl Schwarz für die Gemeinde Hülben geschaffen; am Sockel sind die Namen der Sponsoren angeschrieben. Durch das linke »Brillenglas« kann man gut zur Ruine Hohenneuffen sehen.

Etwas später kommen wir zu einer Wiese mit dem Schild Bei der Schanze (732 m). Wir gehen geradeaus weiter. Links des Weges gibt es weitere Felsen. Am Parkplatz der **Ruine Hohenneuffen** biegen wir links ab und wandern hinauf zu ihr 5.

Über Erkenbrechtsweiler Danach spazieren wir wieder hinab zum Parkplatz, biegen aber jetzt links ab. Nun wandern wir im Prinzip entlang des Traufs. Bald erreichen wir den **Wilhelmsfels** 6, von dem aus wir die Ruine von einer anderen Seite aus sehen, außerdem blickt man nach Beuren und ins Albvorland. Danach folgt ein weiterer Aussichtspunkt, anschließend hat man vom Gleitschirmfliegerstartplatz ein weiteres Mal eine großartige Fernsicht.

Wir folgen immer wieder den Wanderzeichen, die jedoch nicht durchgehend angebracht sind. Man kann nach der Abzweigung nach »Beuren« rechts aus dem Wald hinausgehen und dann dem Waldrand folgen. Eine andere Möglichkeit ist, dass man weiter geradeaus wandert und vor den dolinenartigen Löchern rechts zum Waldrand abzweigt.

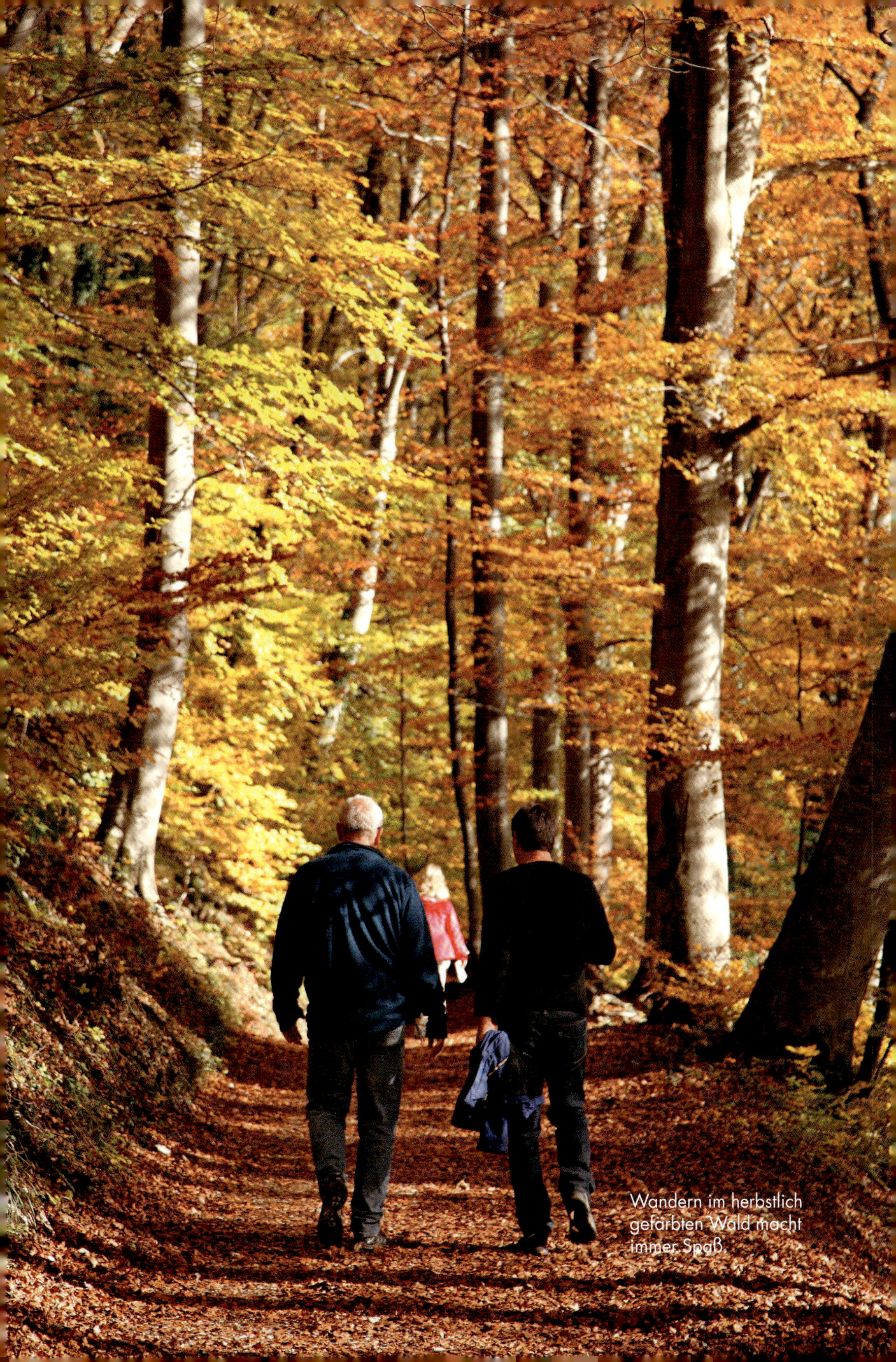

Wandern im herbstlich gefärbten Wald macht immer Spaß.

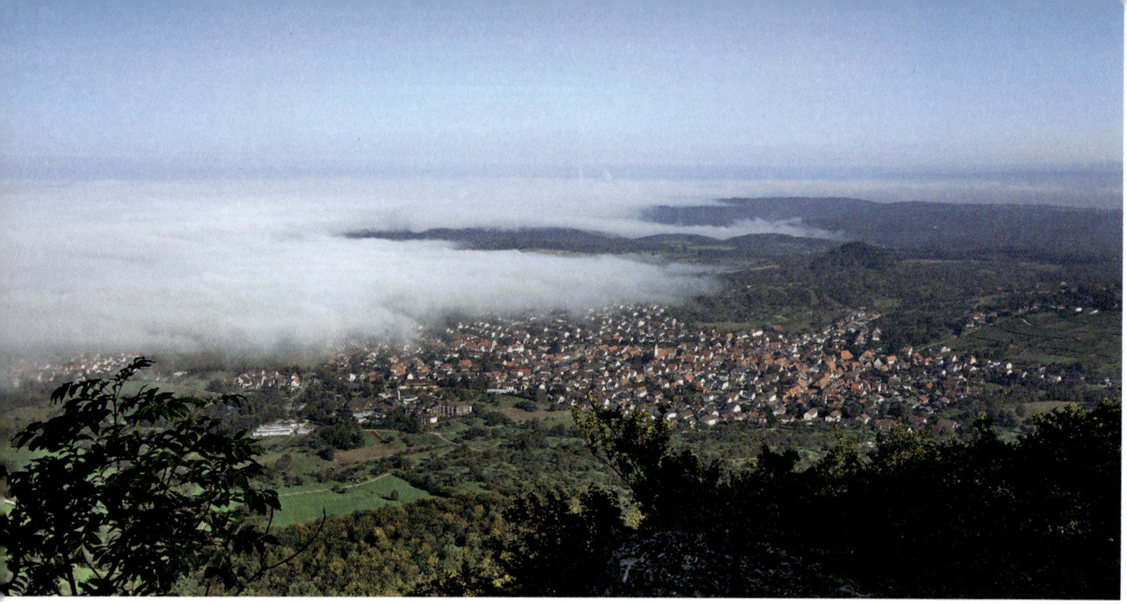

Frühmorgendlicher Blick vom Wilhelmsfels ins Albvorland

Wir marschieren kurz am Waldrand entlang, dann führt der Pfad nach links hinein. Mit leichtem Auf und Ab gehen wir durch den Wald weiter. Nach dem Wald zieht der Weg erst nach links, dann zweigt er rechts ab und bringt uns durch die Felder zum Ortsrand von **Erkenbrechtsweiler** 7. Dort biegen wir rechts ab und spazieren etwas später in der Straße Ob der Halde zur K1244. Nach dieser steigt es etwas an, der Weg beschreibt einen Rechts-, dann einen Linksknick und wir wandern am Steinbruch entlang.

Burrenhof

Der Name des erst 1838 entstandenen Burrenhofes kommt von den hallstattzeitlichen Grabhügeln in seiner Umgebung, den Burren (Hügeln). Dies sind mindestens 25 bis 30 aus der Zeit vom 8. bis zum 5. Jahrhundert v. Chr. stammende Tumuli, die sich östlich des Hofes beiderseits der Straße befinden. In ihnen hat man im 19. Jahrhundert mehrfach gegraben und viele Funde wie Schmuckstücke und eine Radnabe gemacht, die aber nicht mehr alle erhalten sind.

Nach diesem treffen wir auf einen querenden Weg, der mit dem Zeichen rote Raute markiert ist. Wir halten uns links, zweigen aber kurz darauf rechts ab 8. Nun gehen wir, begleitet von den Stationen des Astropfads, zurück Richtung Ausgangspunkt.

Links der Straße steht der **Burrenhof**. Vor ihm sehen wir einige Grabhügel aus der Zeit des Heidengrabens. Bleiben wir nun parallel zur Straße, kommen wir wieder zum Parkplatz.

Wichtiges zur Tour

Tourencharakter
Wir wandern fast eben auf Pfaden und festen Wegen.

Ausgangspunkt/Endpunkt
Erkenbrechtsweiler, Parkplatz Burrenhof, 715 m

Höchster Punkt
Ruine Hohenneuffen, 745 m

Anfahrt
Auto: A8 bis Ausfahrt Kirchheim/Teck, dann auf der B465 durchs Lenninger Tal bis Owen, dort nach rechts in Richtung Beuren. Beim Freilichtmuseum nach links hinauf nach Erkenbrechtsweiler, durch den Ort hindurch und weiter zum Burrenhof. GPS 48.537735, 9.411578. Ein Ausweichparkplatz ist der Parkplatz unterhalb der Ruine Hohenneuffen.
Bus & Bahn: Bahn bis Bad Urach, Bus bis Hülben Rathaus, Zuweg ca. 30 Min. zum Burrenhof (www.efa-bw.de), oder Bahn über Kirchheim/Teck nach Owen, dann mit dem Bus bis Erkenbrechtsweiler, Haltestelle Burrenhof

Einkehr
Burrenhof, Ruine Hohenneuffen

Karten
Wanderkarte Kirchheim unter Teck, 1:25 000, Hrsg. Schwäbischer Albverein e. V., Kartografie: Landesamt für Geoinformation und Landentwicklung Baden-Württemberg (LGL); Wanderkarte mit Radwegen 52-538, Reutlingen Bad Urach, 1:25 000, NaturNavi

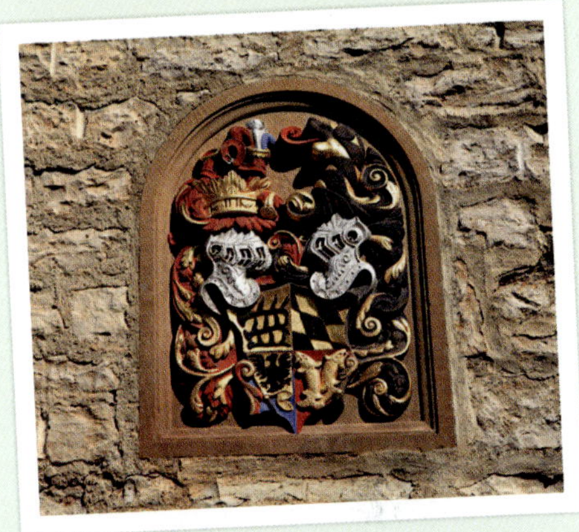

In der Ruine Hohenneuffen sieht man ein prächtiges Wappen der Württemberger Herrscher.

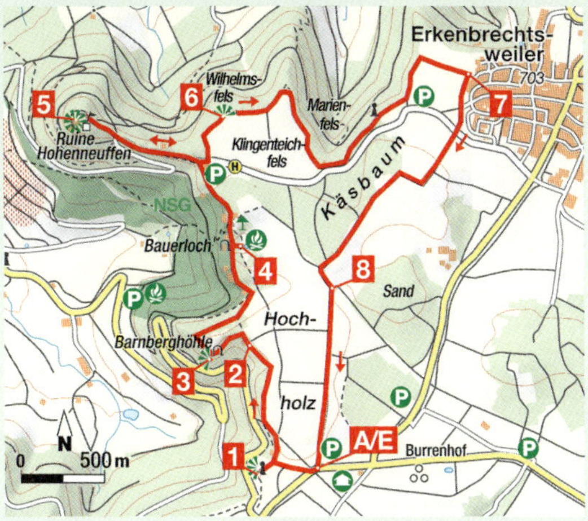

17 Hinauf zur Teck

Mit Aussicht zur Burg

- mittel
- 2.30 Std.
- 250 Hm
- 8 km

Die Gegend zwischen dem Neidlinger Tal und dem Lenninger Tal – ja sogar noch darüber hinaus – ist im Frühjahr weithin bekannt für ihre Kirschbaumblüte. Aber egal, wann man hier wandert, man kann sich immer an einer prächtigen Landschaft erfreuen.

Hinab und hinauf zum Sattelbogen Gleich am Anfang der Wanderung am Parkplatz muss man sich entscheiden: Will man den kurzen Abstecher zum Hörnle zuerst oder am Ende der Tour machen? Lohnenswert ist er allemal, sieht man doch den Albtrauf entlang, zur Limburg und bis zu den drei Kaiserbergen. Vom **Hörnle** (1) aus hat man einen prächtigen Blick zum rechts liegenden Breitenstein, hinab ins Lautertal mit Bissingen, zum Kegel der Limburg, zum

Hoch über dem Lenninger Tal thront die Ruine Teck.

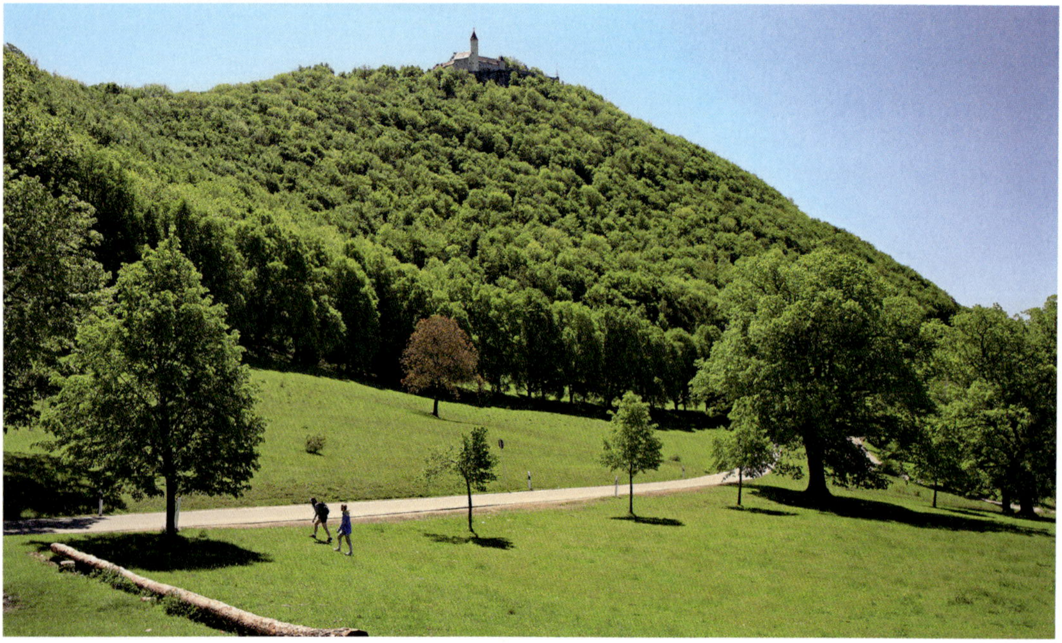

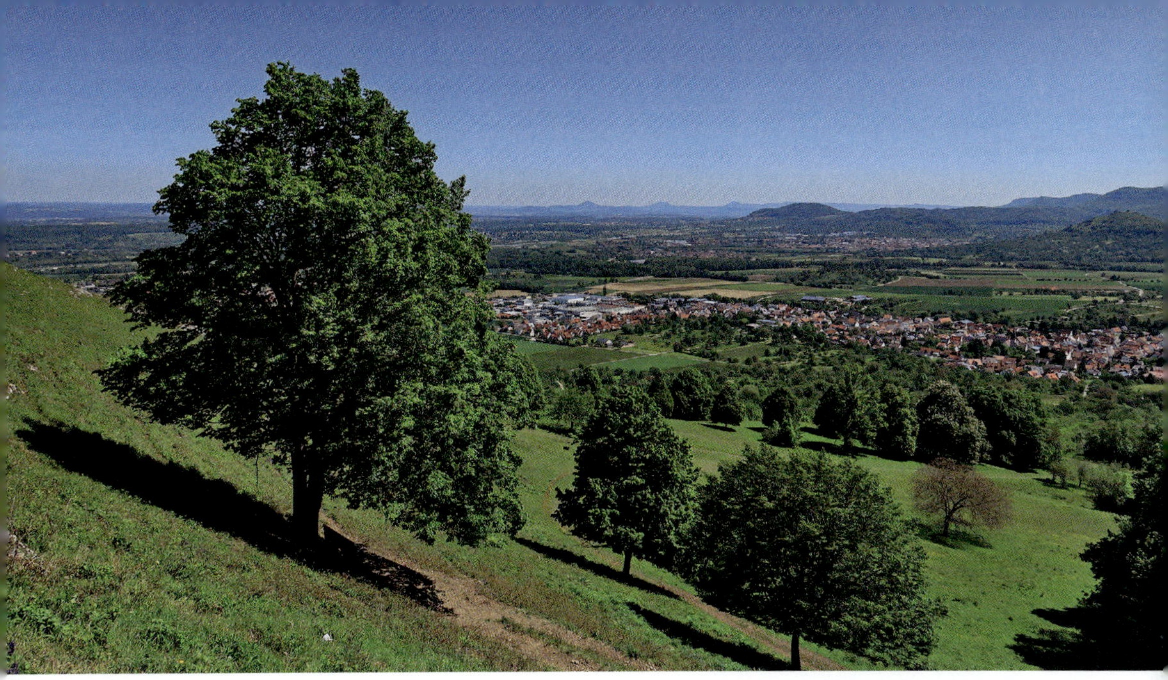

Neidlinger Tal und sogar bis zu den drei Kaiserbergen im Hintergrund. Hier findet man auch ein kleines Denkmal, von den »dankbaren Bissingern« König Wilhelm zu Ehren errichtet.

Blick über Bissingen zur östlichen Alb, im Hintergrund sind die drei Kaiserberge zu sehen.

Danach nehmen wir den Weg, der am Beginn des Parkplatzes an den Infotafeln beginnt und über eine prächtige Baumallee links der Zufahrtsstraße zum **Parkplatz Hohenbol** ❷ führt. Den Hohenbol kann man sogar besteigen. Die Kiefern auf seiner Spitze wurden 1916 gepflanzt und haben dem Berg den Spitznamen »Zahnbürste« eingebracht.

Kurz danach halten wir uns auf der querenden Straße links in Richtung »Parkplatz Bölle«. Auf dem Parkplatz werden wir auch auf einen ehemaligen Startplatz eines Schrägaufzugs hingewiesen, mit dem in den letzten Jahren des Zweiten Weltkriegs Segelflugzeuge nach oben zum Gelben Fels befördert wurden. An seinem Endpunkt kommen wir später vorbei. Nach dem Parkplatz wandern wir hinter einer Schranke auf einem geschotterten Weg weiter.

Es geht erst bergab, dann hinauf zum **Sattelbogen** ❸, der nach einer Schranke links liegt. Zuerst sollten wir aber ein paar Meter auf die andere Bergseite gehen; hier haben wir einen prächtigen Blick zum Breitenstein und in Richtung Bissingen.

Auf schmalem Pfad zur Burg Teck Danach folgen wir dem roten Dreieck in Richtung »Gelber Fels Teck«. Es steigt nun immer an der linken Hangseite mäßig an. Oben kommen wir am Ende des Schrägaufzugs vorbei. Rechts des Weges liegt eine niedrige rechteckige Mauer. Danach erreichen wir den aussichtsreichen Gelben Fels. Nach diesem folgen wir dem Pfad weiter bis zu einem festen querenden Weg. Nach links wandern wir hinauf zur Burg Teck.

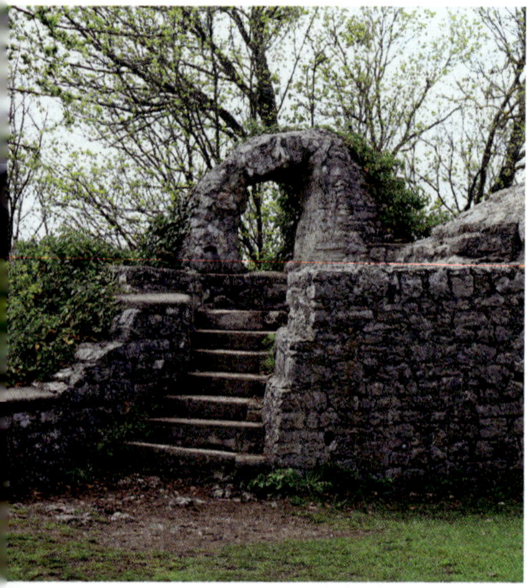

Auf der Teck erinnern spärliche Mauerreste an die alte Burg.

Rückweg über die Sybillenhöhle Nach einer Besteigung des Aussichtsturms – und vielleicht einer Einkehr im Wanderheim des Schwäbischen Albvereins – können wir entweder auf demselben Weg zum Abzweig zurückkehren oder wir machen eine Variante über die **Sybillenhöhle** ❹. Hierzu geht, wenn man die Ruine verlässt, nach links ein Pfad ab. Anfangs fällt er etwas und ist auch mit Treppenstufen versehen. Direkt unter der Ruine kann man nach links hinauf zur Höhle steigen. Von dort sieht man hinab ins Lenninger Tal, und je nach Stand der Frucht auf dem Feld erkennt man sogar die sagenumwobene Sybillenspur. Auf ihr soll Sybille mit ihrem von Katzen gezogenen Wagen auf der Flucht vor ihren bösen Söhnen abgefahren sein; die Spur, die immer etwas reichlicher Frucht trägt, soll sie der Bevölkerung zurückgelassen haben. Profanere Geister haben herausgefunden, dass sich unter den Spuren wohl Reste römischer Gemäuer verbergen.

Nach der Höhle folgen wir dem Weg weiter. Er zieht unterhalb der Ruinenanlage nach links und bald stoßen wir auf den Zufahrtsweg. Wir folgen ihm nach rechts abwärts, danach beschreibt er eine scharfe Linkskurve und wir wandern, zeitweise recht steil, hinab zum Ausgangspunkt.

Wichtiges zur Tour

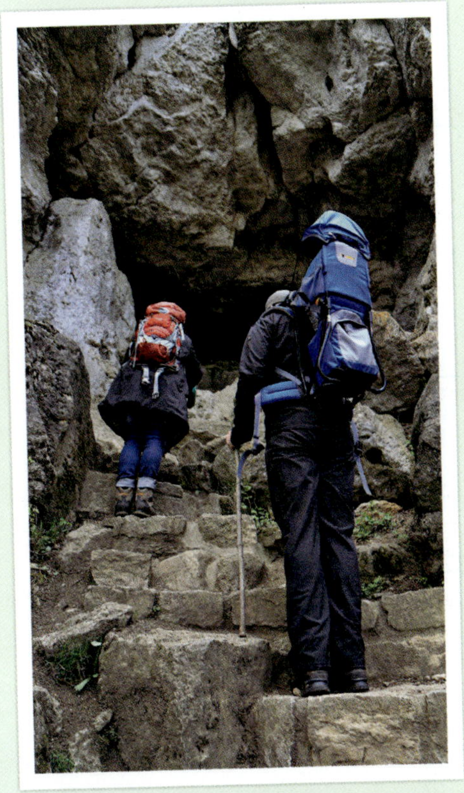

Am Eingang zur Sybillenhöhle

Tourencharakter
Ab Sattelbogen bis unterhalb der Burg Teck Pfade, ansonsten geschotterte und asphaltiere Wege

Ausgangspunkt/Endpunkt
Owen, Wanderparkplatz Hörnle, 605 m

Höchster Punkt
Burg Teck, 775 m

Anfahrt
Auto: A8 bis Ausfahrt Kirchheim unter Teck-Ost, dann auf der B465 bis Owen, im Ort der Beschilderung zur Teck folgen. GPS 48.596069, 9.474183. Ausweichparkplätze sind die Parkplätze Hohenbol und Bölle, die beide auf der Wanderstrecke liegen.
Bus & Bahn: S-Bahn bis Kirchheim/Teck, R-Bahn bis Owen, dann zu Fuß der Beschilderung zur Teck folgen; Info: www.efa-bw.de

Einkehr
Ruine Teck, Owen

Karten
Wanderkarte W238 Metzingen, 1:25 000, Landesamt für Geoinformation und Landentwicklung Baden-Württemberg (LGL) in Zusammenarbeit mit dem Schwäbischen Albverein e. V.; Wanderkarte mit Radwegen Blatt 54-539 Göppingen Kirchheim unter Teck, 1:25 000, NaturNavi

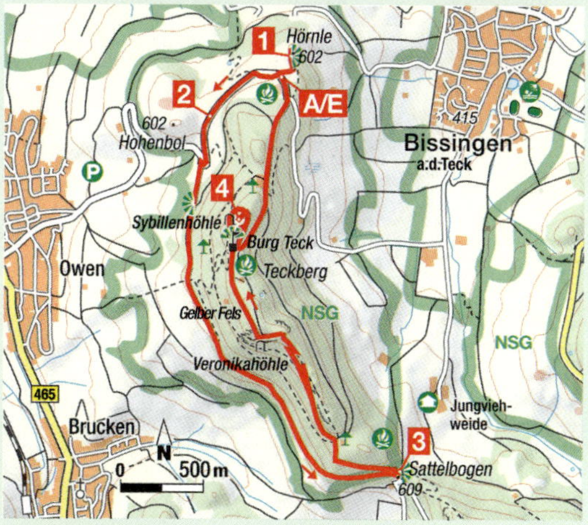

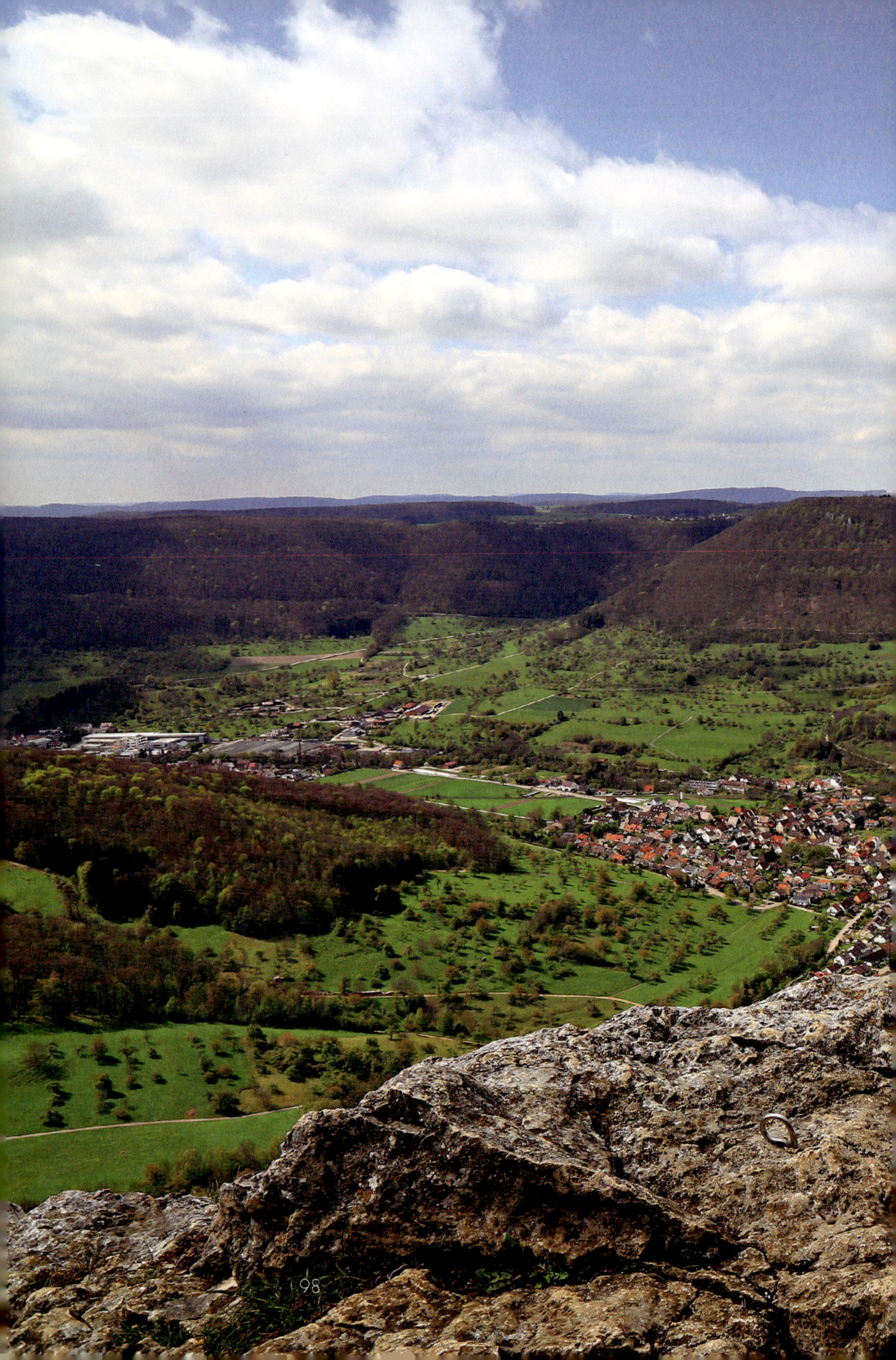

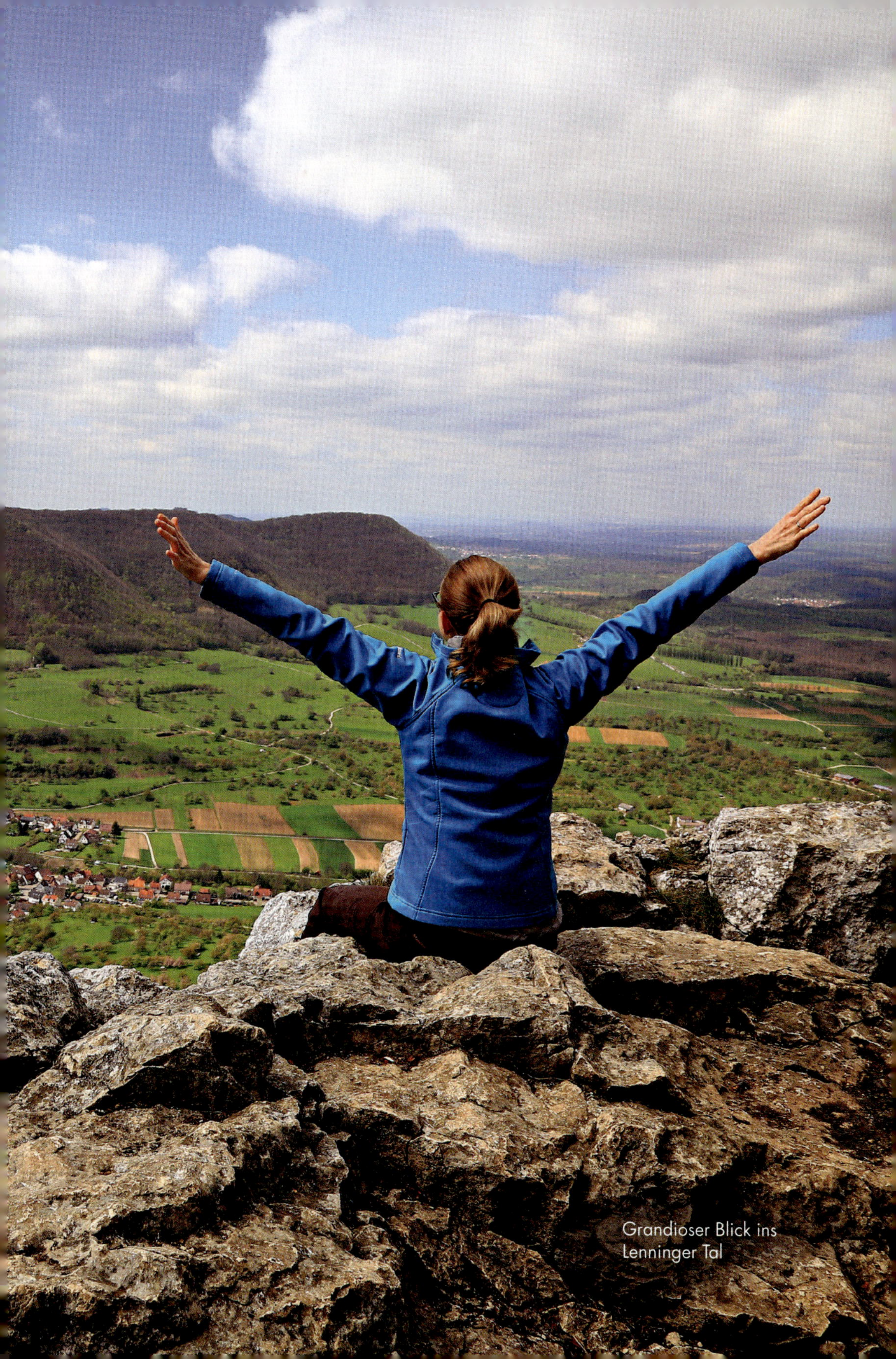

Grandioser Blick ins Lenninger Tal

18 Über den Breitenstein

Wo es schon Mörike gefiel

- leicht
- 1.20 Std.
- 100 Hm
- 4,5 km

Einer der schönsten Hotspots in Sachen Aussicht in der Region Stuttgart ist der Breitenstein bei Ochsenwang. Der Ausblick von dem Felsmassiv, das fast senkrecht ins Albvorland abfällt, ist großartig. Man sieht von der Teck über das Vorland in Richtung Stuttgart bis zu den drei Kaiserbergen.

Zum Zweiburgenblick Wir gehen vom Wanderschild Wanderparkplatz Breitenstein (788 m) am Rand des Bergmassivs bergauf. Nach rechts haben wir bereits eine Aussicht zurück nach Ochsenwang. Nach links können wir gleich darauf einen kurzen Abstecher machen; von hier sieht man links die Ruine Rauber aus dem Wald herausragen, rechts in der Senke liegt der Sattelbogen, danach weiter rechts die Ruine Teck.

Über den Breitenstein Der Weg zieht nun nach rechts und wir wandern direkt am **Steilabfall** ❶ entlang; ein Aussichtsfelsen folgt hier dem anderen. Auf einer Metallrosette sind die Punkte eingeschrieben, die man sehen kann.

Zum Auchtert Schließlich fällt der Weg und wir kommen zum Schild vor Breitenstein Ost (775 m). Rechts davon liegt eine der typischen Dolinen der Schwäbischen Alb. Jetzt fällt der Weg kurz steil ab zum Schild Breitenstein Ost (775 m). Hier gehen wir geradeaus weiter, nun wieder leicht ansteigend zum Schild Pferch (783 m). Der asphaltierte Weg knickt rechts ab, wir steigen aber auf einem Pfad kurz an zum **Auchtert** (813 m) ❷.

Letzter Aussichtsfels, der Mörikefels Danach wandern wir auf Pfadspuren über die grasige Hochfläche, begleitet von

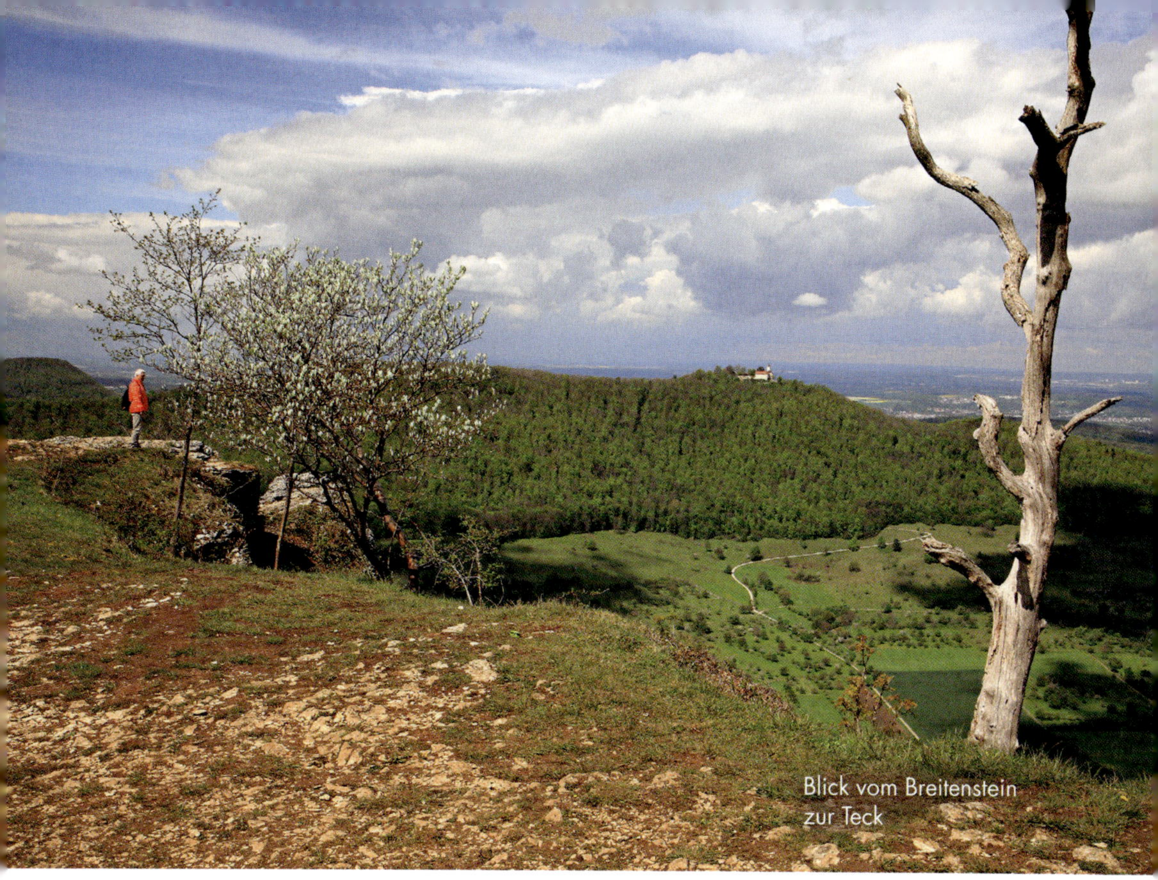

Blick vom Breitenstein zur Teck

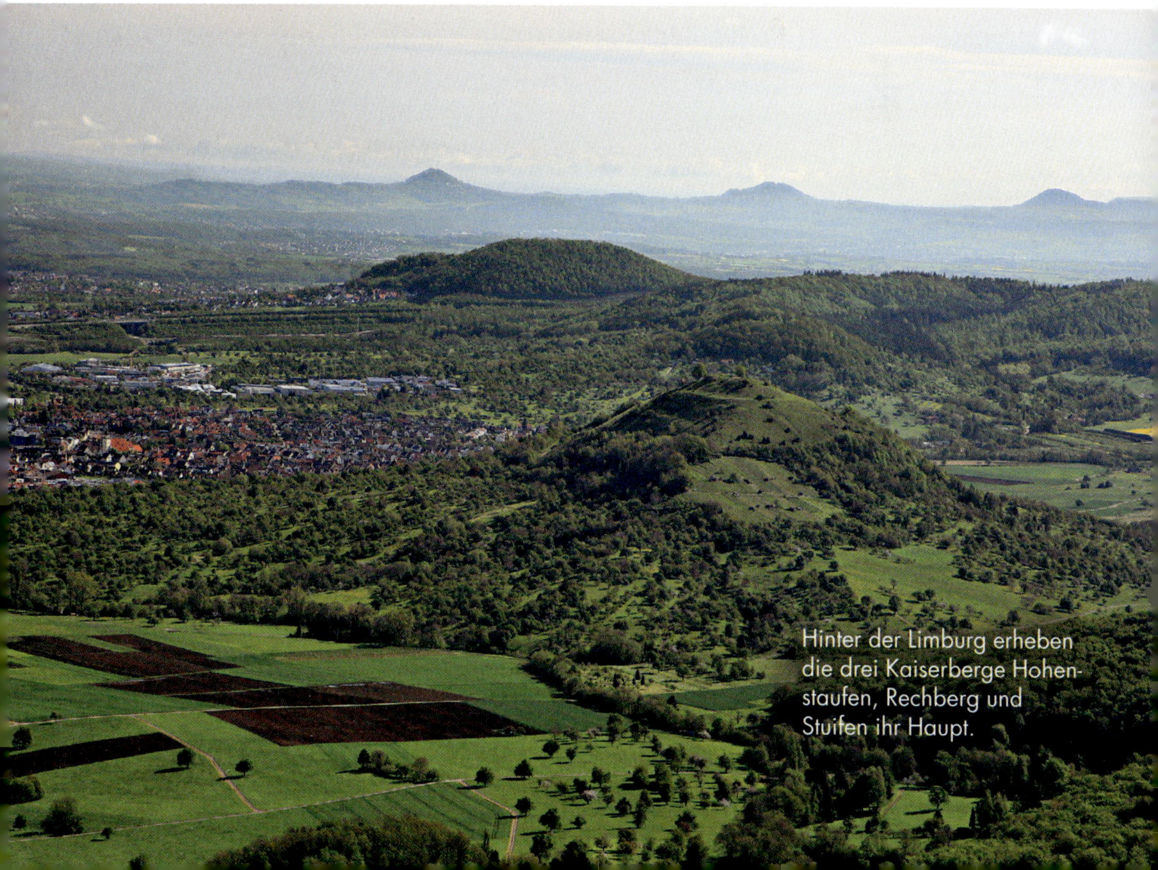

Hinter der Limburg erheben die drei Kaiserberge Hohenstaufen, Rechberg und Stuifen ihr Haupt.

einigen Dolinen. Am Waldrand spazieren wir mit dem Zeichen blaue Raute geradeaus weiter und kurz darauf in den Wald. Etwas später liegt links des Weges der **Mörikefels** (774 m) **3**. Zu ihm hinaus geht es auf einer schmalen Felsnase, an der es links und rechts steil abfällt – hier ist Vorsicht geboten!

Über Ochsenwang zurück Nach diesem letzten Aussichtsfels wandern wir noch kurz geradeaus weiter, dann biegen wir bei nächster Gelegenheit rechts ab. Der Weg bringt uns zum Waldrand, kurz danach stoßen wir auf einen asphaltierten Weg. Hier biegen wir rechts ab **4**. Bald zieht der Weg nach links und wir spazieren rechts am Ortsrand von Ochsenwang entlang.

Der Weg verläuft schließlich nach links in den Ort hinein. Wir folgen ihm bis zur rechts liegenden Hüle. Sie ist mit der Skulptur eines Bauern, der seinem Ochsen Wasser in den Trog schüttet, recht schön gestaltet. Am Ende der Hüle halten wir uns am Schild Eduard-Mörike-Straße Ochsenwang (769 m) rechts. Nach der Bushaltestelle biegen wir vor der Kirche und dem Feuerwehrhaus rechts ab **5** und verlassen das Dorf. Rechts am Friedhof vorbei kommen wir in die Wiesen. Am Schild südöstlich Breitenstein (789 m) biegen wir links ab und gelangen zurück zum Ausgangspunkt.

Auf dem Weg von Ochsenwang zum Breitenstein

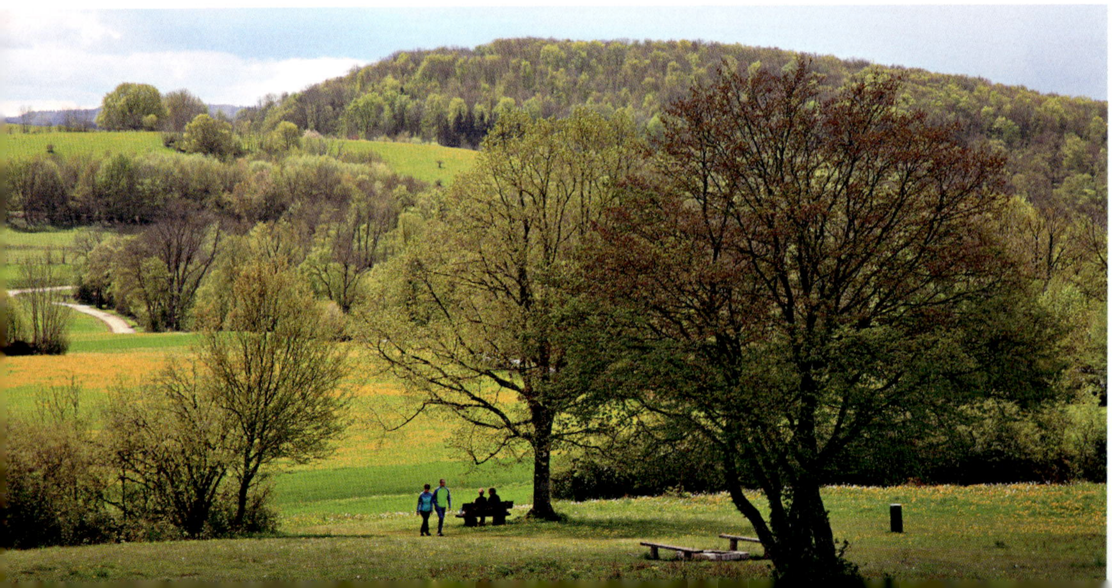

Wichtiges zur Tour

Tourencharakter
Wir wandern auf Pfaden und geschotterten Wegen.

Ausgangspunkt/Endpunkt
Bissingen an der Teck-Ochsenwang, Wanderparkplatz Breitenstein, 788 m

Höchster Punkt
Auchtert, 813 m

Anfahrt
Auto: A8 bis Ausfahrt Kirchheim unter Teck-Ost, dann kurz auf der B465 und über Nabern und vorbei an Bissingen nach Ochsenwang. Der Parkplatz liegt gleich oben auf der Albhochfläche, links der Straße, noch vor Ochsenwang.
GPS 48.580563, 9.502217
Bus & Bahn: S-Bahn bis Kirchheim/Teck, Bus nach Ochsenwang, Haltestelle Bissinger Straße; Info: www.vvs.de

Einkehr
Ochsenwang

Karten
Wanderkarte W238 Metzingen, 1:25 000, Landesamt für Geoinformation und Landentwicklung Baden-Württemberg (LGL) in Zusammenarbeit mit dem Schwäbischen Albverein e. V.; Wanderkarte mit Radwegen Blatt 54-539 Göppingen Kirchheim unter Teck, 1:25 000, NaturNavi

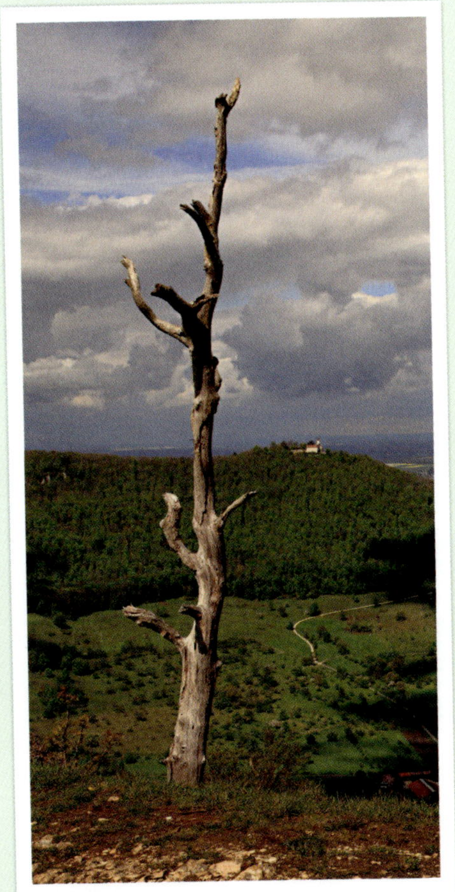

Gegenüber dem Breitenstein liegt der von seiner Burg überragte Teckberg.

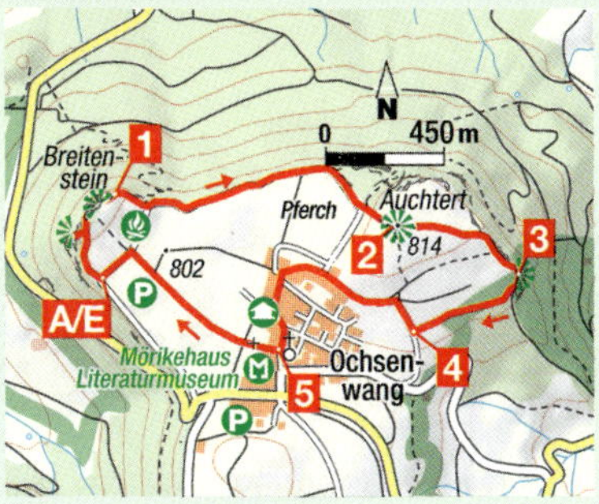

19 Um die Limburg

Zum höchsten Weinberg Württembergs

mittel

1.40 Std.

210 Hm

5,2 km

Es geht zwar kräftig aufwärts bei dieser Tour, zumal wenn man bis zur Spitze der Limburg hinaufsteigen will, aber die prächtige Aussicht lohnt es. Wir wandern erst durch Streuobstwiesen, danach durch Weinberge und um den Limburggipfel gibt es eine karge und winddurchwehte Heidelandschaft. Interessant unterwegs sind auch die verschiedenen Tafeln des Natur- und Kulturlehrpfads.

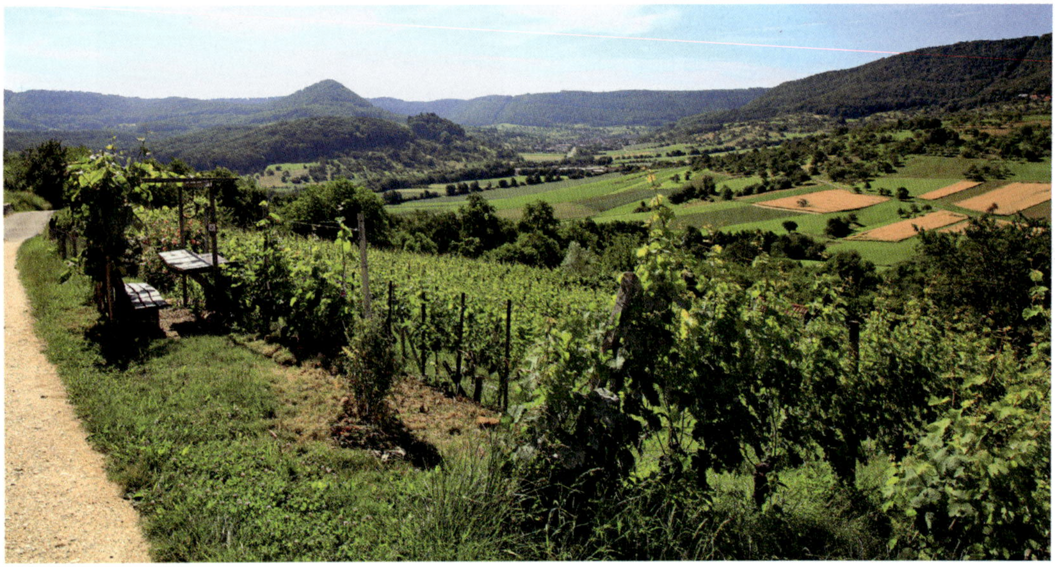

Ein Teil der Abhänge der Limburg ist von Weinbergen bewachsen.

Hinauf zum Weinberg Wir gehen vom Wanderparkplatz aus in Richtung Ort, biegen aber mit dem Wanderzeichen blauer Winkel gleich darauf rechts ab in die Weinsteige. Ihr folgen wir nun aufwärts. Es geht am Friedhof und dem Wanderschild Parkplatz Friedhof Weinsteige (398 m) vorbei, danach wandern wir aufwärts, bis wir an der **Infotafel zum Thema Schwäbischer Vulkan** **1** nach links in den Lägeler Weg verwiesen werden.

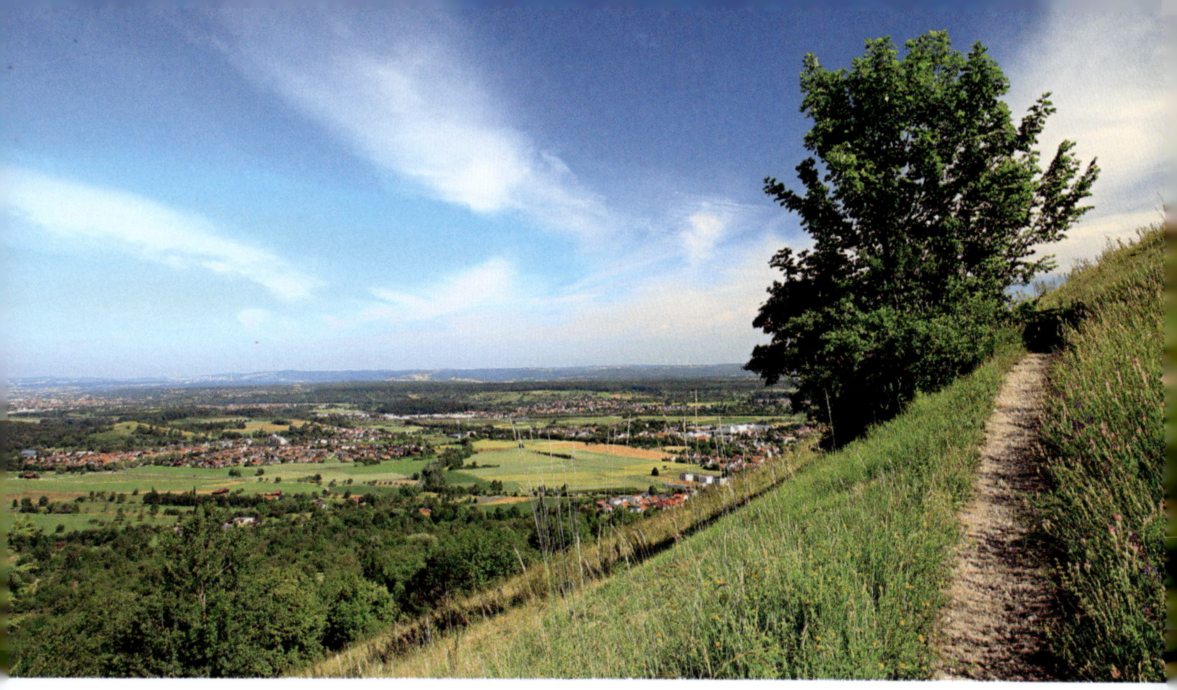

Ein schmaler Pfad führt hinauf zum Gipfel der Limburg.

Auf ihm wandern wir nun durch prächtige Streuobstwiesen. Zudem sehen wir im Rückblick zur Teck, nach links ins Albvorland. Wir folgen dem Weg immer weiter rund um den Gipfel der Limburg, den wir rechts immer wieder erblicken. Wo links die Mönchsteige abgeht, wandern wir nach rechts weiter. Bald steigt der Weg sanft an. Schließlich kommen wir an eine Stelle, an der links ein grasiger Weg in Richtung einer kleinen Hütte und der Teck verläuft. Wir wandern aber geradeaus weiter.

Kurz danach folgen wir an einer Verzweigung dem Schild Lehrpfad nach rechts, gleich danach durchqueren wir die Weinberge der Limburg. Wie wir auf einer Tafel lesen können, sind es die höchsten Württembergs.

Auf oder um den Gipfel Nach den Weinbergen zweigt an der **Tafel Weinbau an der Limburg** 2 der Weg zum Gipfel rechts ab. Wer den weiteren steilen Anstieg vermeiden will, geht hier geradeaus in Richtung »Weinsteige« weiter, später treffen beide Varianten wieder zusammen. An Höhenunterschied werden hierbei etwa 60 Meter eingespart.

Wer sich rechts hält, steigt erst steil an, dann trifft er auf einen querenden Weg. Ihm folgt er mit dem Schild Christian

Kazmaierwegle nach rechts. Nun geht es in Serpentinen steil hinauf zum Gipfel der **Limburg** 3. Die Aussicht zur Teck, zum Breitenberg, nach Osten in Richtung Erkenberg und ins Albvorland wird dabei immer prächtiger. Schließlich sind wir am Gipfel angelangt, wo Bänke zu einer ausgiebigen Rast und dem Genuss der Aussicht locken.

Steil hinab Danach folgen wir dem Steig, der rechts der Informationstafel zur Geschichte der Limburg in Serpentinen hinabführt. Nachdem es etwas nach links gegangen ist, kommen wir zu einer Kreuzung 4. Von links kommen hier diejenigen Wanderer, die den Gipfel umgangen haben. Wir biegen rechts ab beziehungsweise gehen praktisch geradeaus weiter und sind bald auf dem Anstiegsweg. Nun wandern wir auf bekanntem Weg zurück zum Ausgangspunkt.

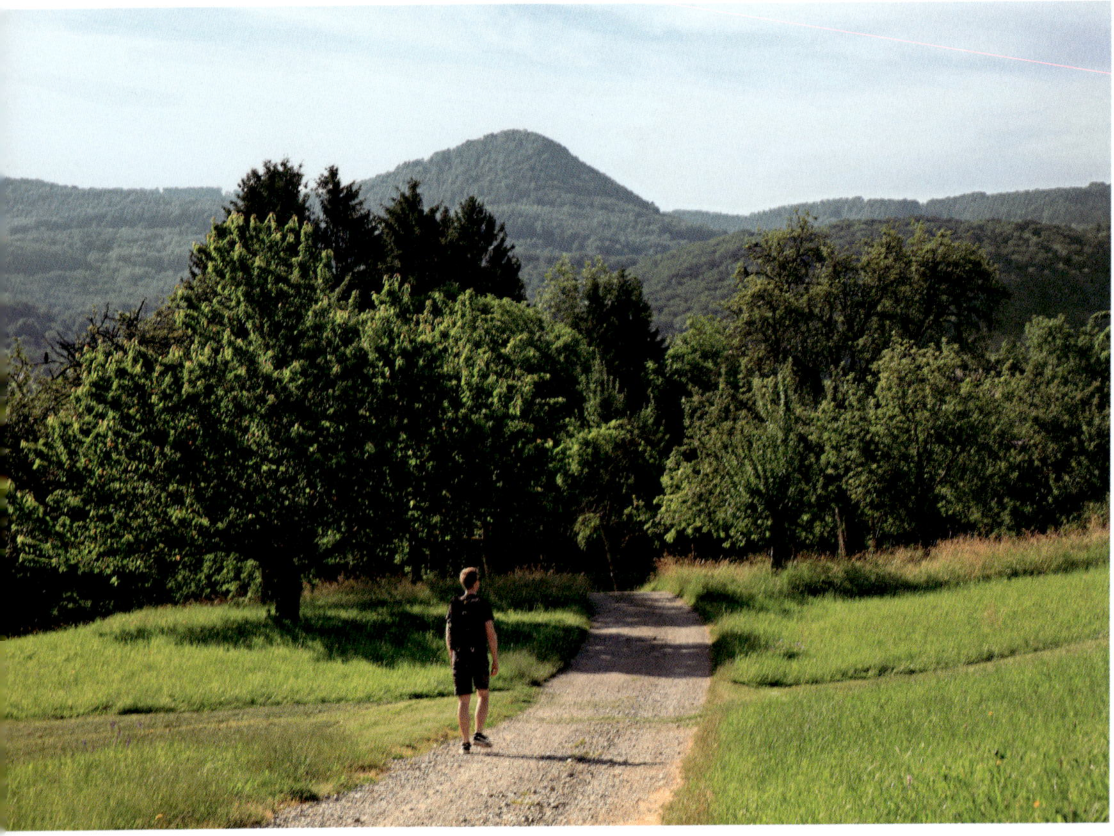

Um die Limburg führt die Wanderung auch durch Streuobstwiesen.

Wichtiges zur Tour

Tourencharakter

Die Wanderung verläuft auf festen Wegen und Pfaden. Für den steilen Auf- und Abstieg zum Gipfel der Limburg auf Pfaden sollte man trittsicher und schwindelfrei sein. Bei Nässe, Eis und Schnee sollte man diese Strecke nicht begehen. Man kann diesen Abschnitt aber auch auslassen.

Ausgangspunkt/Endpunkt

Weilheim an der Teck, Wanderparkplatz Alte Bissinger Straße, 385 m

Höchster Punkt

Limburg, 598 m

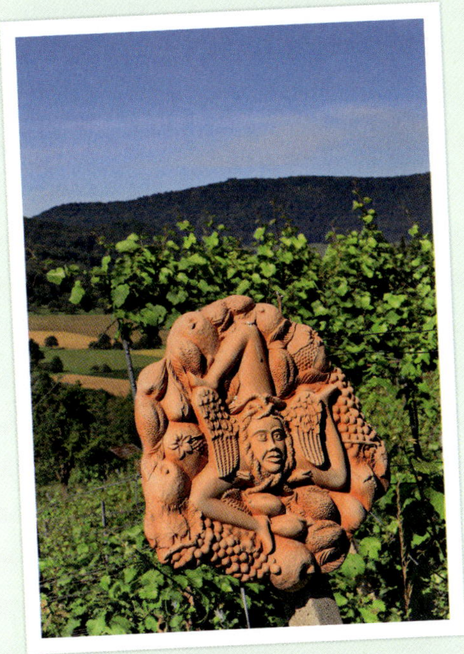

Schmuck im Weinberg

Anfahrt

Auto: A8 bis Ausfahrt Aichelberg, dann nach rechts nach Weilheim an der Teck. GPS 48.613351, 9.528997. Einen Ausweichparkplatz findet man in der Weinsteige am Friedhof.

Bus & Bahn: S-Bahn bis Kirchheim/Teck, Bus bis Weilheim, Haltestelle Weinsteige; Info: www.vvs.de

Einkehr

Weilheim

Karten

Wanderkarte Kirchheim unter Teck, 1:25 000, Hrsg.: Schwäbischer Albverein e. V., Kartografie: Landesamt für Geoinformation und Landentwicklung Baden-Württemberg (LGL); Wanderkarte mit Radwegen Blatt 54-539 Göppingen Kirchheim unter Teck, 1:25 000, NaturNavi

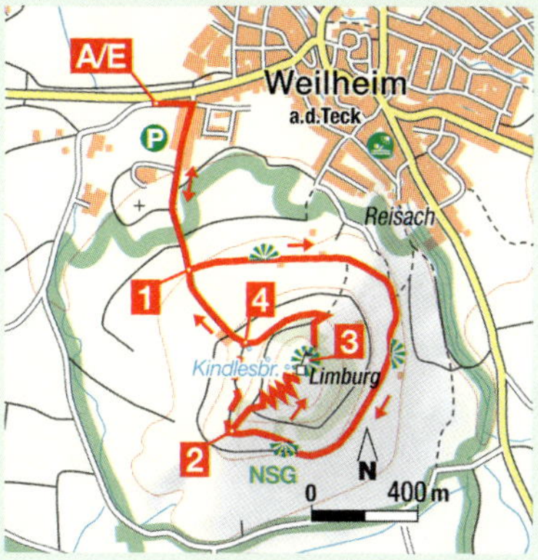

20 Über das Torfmoor zum Randecker Maar

Blick in den Vulkanschlot

- leicht
- 1.45 Std.
- 100 Hm
- 6,7 km

Wo hat man schon Gelegenheit, gefahrlos in einen Vulkanschlot blicken zu können? Natürlich auf der Schwäbischen Alb, und zwar ins Randecker Maar. Zudem sieht man noch weiter, bis zum Berg Limburg, auch ein Überbleibsel des einstigen Vulkanismus, sowie ins Albvorland, ja sogar bis zu den Kaiserbergen auf der Ostalb.

Über den Mönchberg Wir nehmen den vor dem Wanderparkplatz nach rechts abgehenden und ansteigenden Asphaltweg. Er führt uns hinauf auf den **Mönchberg** ❶. Unterwegs haben wir immer wieder einen Blick über den Ziegelhof zum Randecker Maar und weiter nach Ochsenwang. Der helle Felsen rechts im Wald ist der Mörikefels. Danach geht es wieder hinab zu einer Freifläche mit Feldern. Wir halten uns links, dann rechts und wandern an den Feldern vorbei. An der nächsten Waldecke biegen wir rechts ab und kommen zum **Parkplatz Quiekereck** (778 m) ❷.

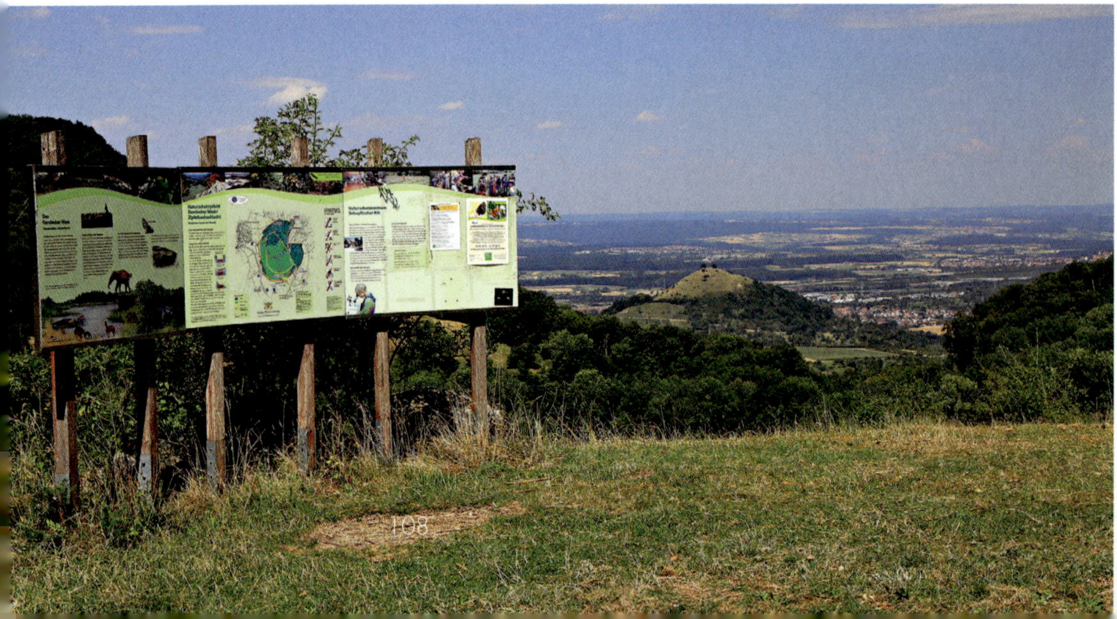

Durch eine Lücke im Vulkankrater sieht man hinter dem Randecker Maar die Limburg.

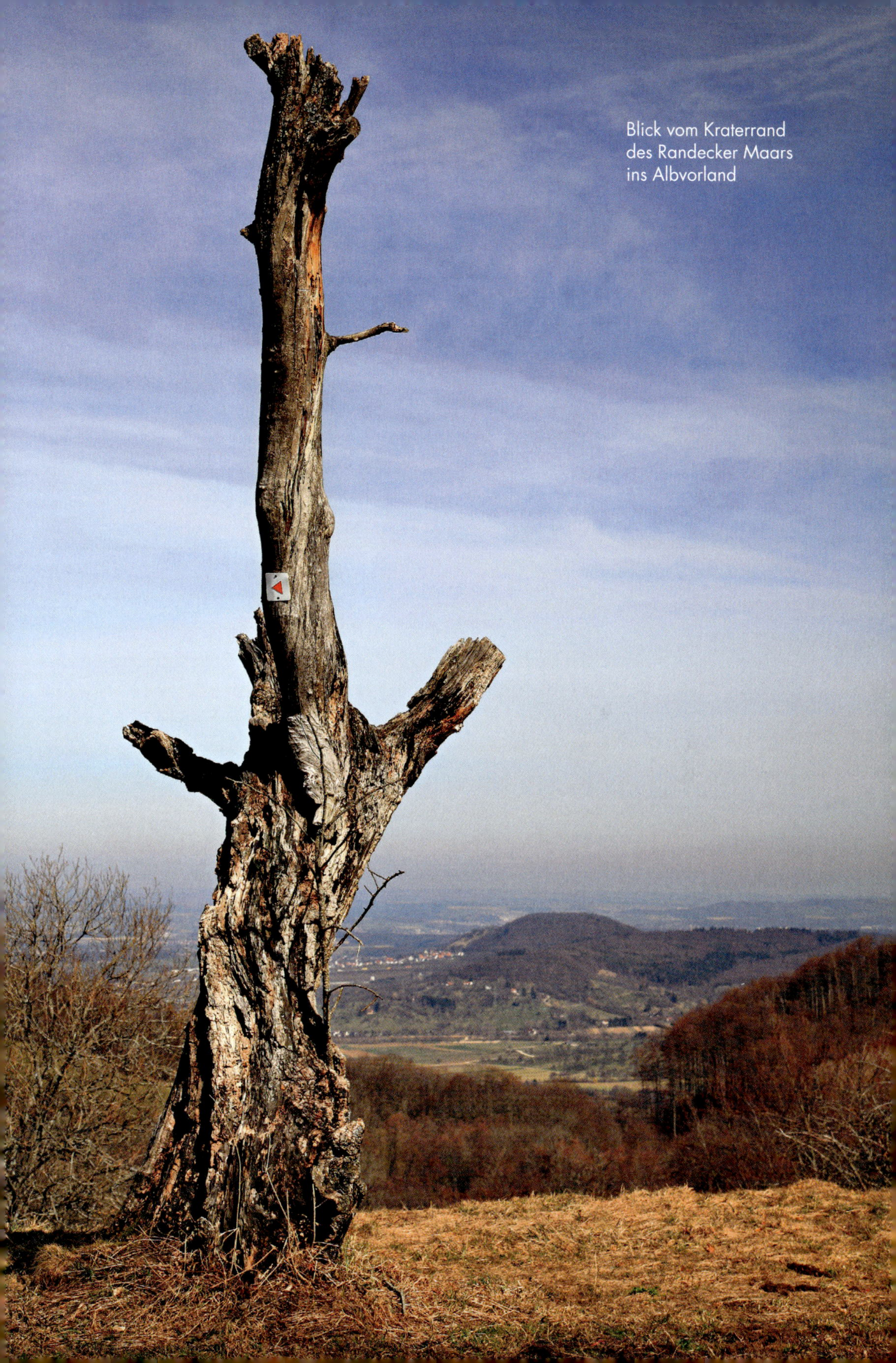

Blick vom Kraterrand des Randecker Maars ins Albvorland

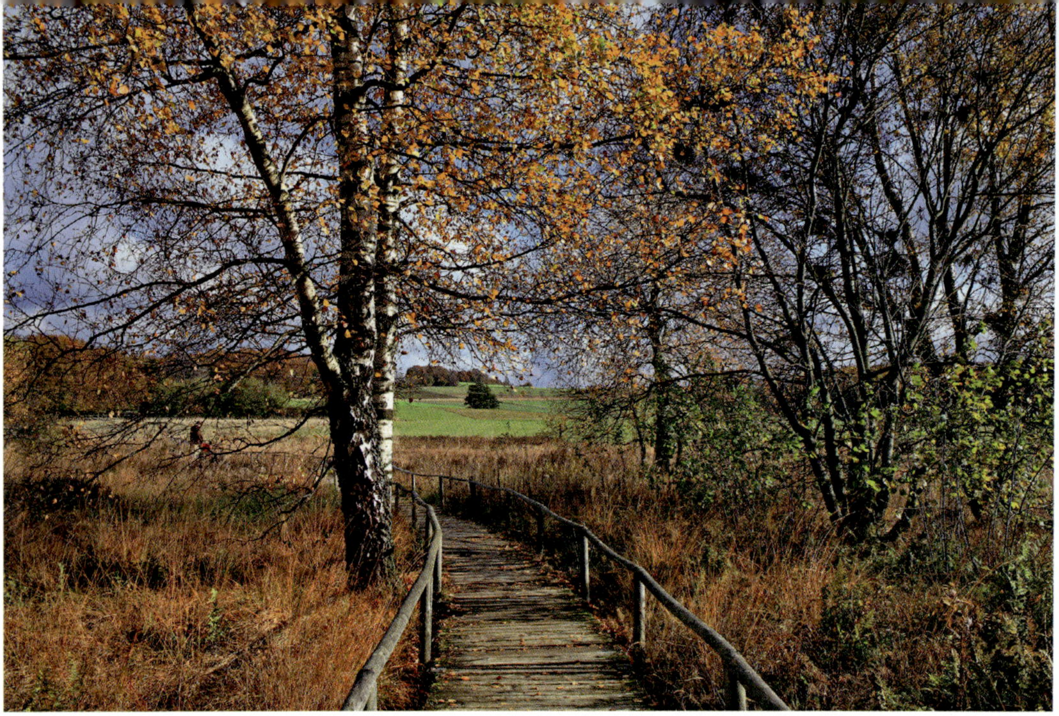

Durch das Torfmoor führt ein Bohlenweg.

Weiter zum Torfmoor Vor der L1212 führt durch den Wald ein mit der roten Raute markierter Pfad zu einem Schotterweg, dann geht es auf diesem nach links hinauf zu einer Kreuzung. Hier bietet sich uns ein schöner Blick zum Torfmoor und zum Otto-Hoffmeister-Haus. Wir gehen hinab, überqueren die L1212 und wandern weiter bis zur nächsten **Kreuzung** 3. Hinter ihr finden wir den kleinen Kreuzstein. Wir biegen rechts ab. Vor dem Otto-Hoffmeister-Haus gehen wir nach links zum **Torfmoor** 4, auch Torfgrube oder Schopflocher Moor genannt, das wir auf einem Bohlenweg überqueren.

Über das Randecker Maar zurück Danach wandern wir weiter bis zu einem festen Weg. Ihm folgen wir nach rechts, teilweise mit schöner Fernsicht. Nach einem Waldstück links und einem rechts unten liegenden Hof biegen wir rechts ab 5 auf den nach rechts ziehenden Weg und kommen nach einer ausgeprägten Kurve hinab zum Wanderparkplatz Randecker Maar. Wir überqueren die Straße und wandern auf einem herrlichen Panoramaweg oberhalb des Vulkankraters des **Randecker Maars** 6 bis zur Ziegelhütte. Danach überqueren wir die L1212 und gelangen zurück zum Ausgangspunkt.

Wichtiges zur Tour

Tourencharakter
Wir wandern auf festen Wegen.

Ausgangspunkt/Endpunkt
Bissingen an der Teck, Parkplatz Mönchberg, östlich vom Hof Ziegelhütte und der L1212, 768 m

Höchster Punkt
Auf der Anhöhe nach dem Parkplatz Quiekereck, vor der Überquerung der L1212, 797 m

Anfahrt
Auto: A8 bis Ausfahrt Kirchheim unter Teck-Ost, dann B465 bis Dettingen, dort links ab, durch Nabern, vorbei an Bissingen, danach rechts ab nach und hinauf nach Ochsenwang. Vor oder nach dem Otto-Hoffmeister-Haus links ab auf die L1212, am Hof Ziegelhütte nach rechts. GPS 48.569087, 9.534216. Ausweichparkplätze findet man an den Parkplätzen Quiekereck und Randecker Maar sowie beim Otto-Hoffmeister-Haus.
Bus & Bahn: S-Bahn bis Kirchheim/Teck, Bus bis Schopfloch Torfgrube, Info: www.vvs.de

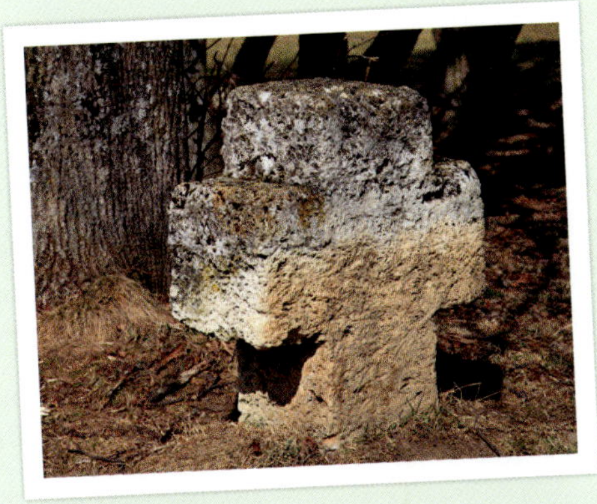

Zu dem alten Sühnekreuz gibt es eine sagenhafte Geschichte.

Einkehr
Otto-Hoffmeister-Haus, evtl. Hof Ziegelhütte

Karten
Wanderkarte W238 Metzingen, 1:25 000, Landesamt für Geoinformation und Landentwicklung Baden-Württemberg (LGL) in Zusammenarbeit mit dem Schwäbischen Albverein e. V.; Wanderkarte mit Radwegen Blatt 54-539 Göppingen Kirchheim unter Teck, 1:25 000, NaturNavi

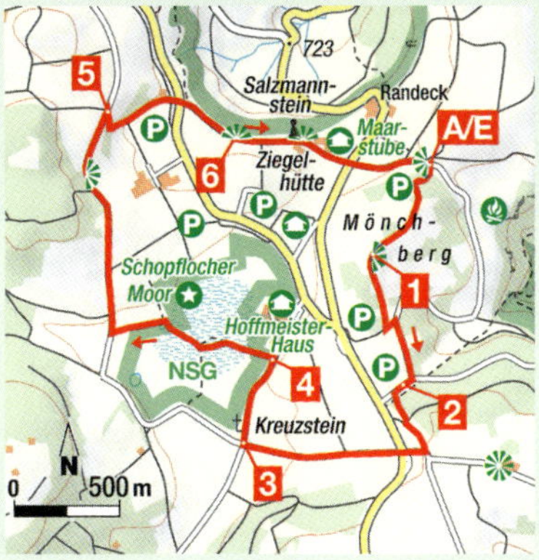

21 Am Trauf des Bläsibergs entlang

Eine Landschaft wie im Park

- mittel
- 2 Std.
- 70 Hm
- 7,2 km

Wir wandern in der ersten Hälfte der Tour auf schmalem Pfad am Trauf entlang und kommen immer wieder an Aussichtspunkten vorbei. Diese bieten uns schöne Blicke nach Neidlingen, zum Erkenberg, zur Limburg und ins Albvorland. Zurück gehen wir durch eine Wiesen- und Felderlandschaft, die mit ihren aufgelockerten Gehölzen an einen englischen Landschaftspark erinnert.

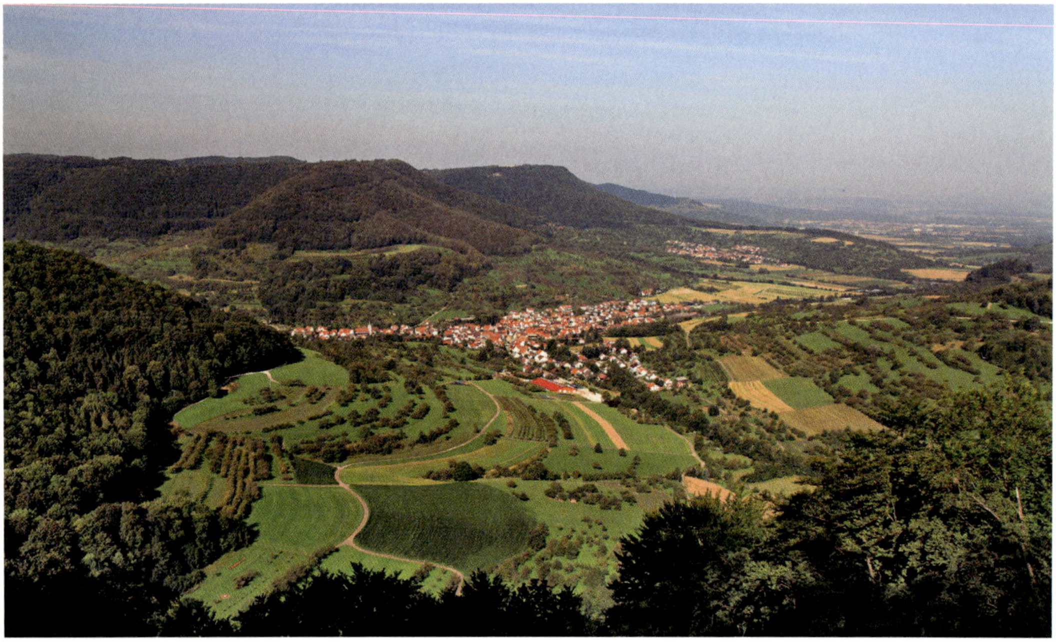

Vom Bläsiberg sieht man die typische Ausprägung des Albtraufs.

Von Aussichtspunkt zu Aussichtspunkt Wir folgen ab dem Wanderparkplatz mit den Wanderzeichen des Albvereins beziehungsweise dem Albtraufgängerweg dem am Parkplatz vorbeiführenden Asphaltweg, der leicht bergab zu einer **Verzweigung** ❶ vor den Feldern verläuft. Als Ziel ist »Boßler Jahrhundertstein« angegeben. Hier nehmen wir den links in den Wald führenden Schotterweg (Alte Steige), zweigen aber mit den Wanderzeichen kurz darauf rechts ab auf einen Pfad.

Nun geht es meist im Wald mit leichtem Auf und Ab immer am Trauf entlang. Unterwegs passieren wir verschiedene Aussichtspunkte, zum Teil mit Bank. Wo der Weg nach »Häringen« links abgeht **2**, folgen wir dem rechts weiterführenden Pfad. Schließlich queren Elektroleitungen den Weg, kurz danach stoßen wir auf einen **geschotterten Feldweg** **3**. Hier biegen wir rechts ab. Der Weg führt kurz darauf am Wald entlang, dann knickt er rechts und vor den Elektroleitungen links ab. Nun unterqueren wir zweimal die Elektroleitungen.

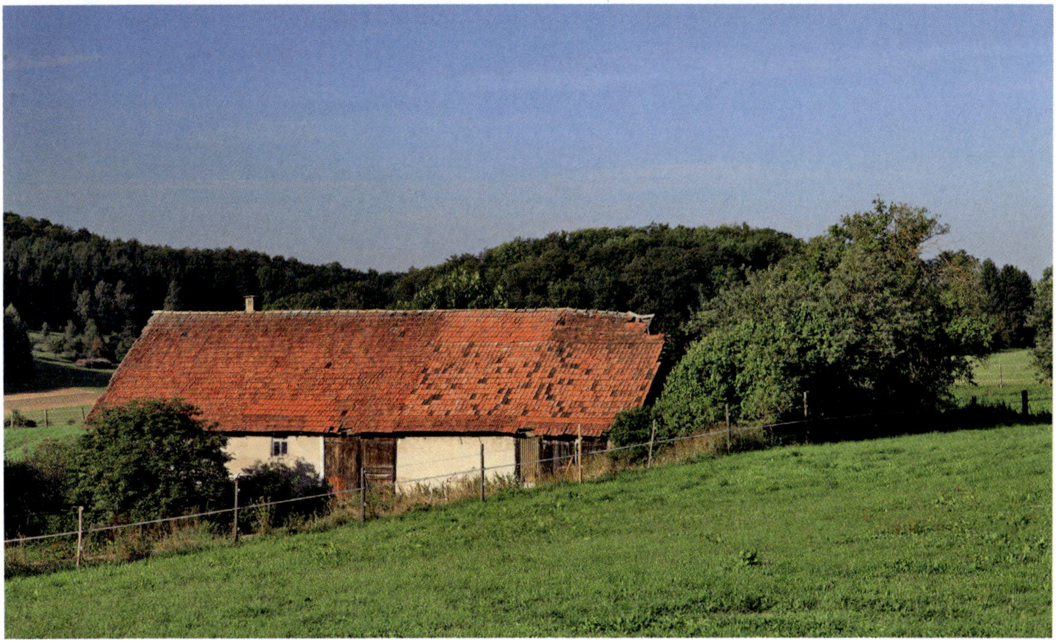

Alter Hof in den Wiesen

Danach zweigt am Sickenbühl nach rechts ein Schotterweg ab, welcher mit dem Zeichen des Albtraufgängerwegs beziehungsweise in Richtung »Reußenstein« markiert ist. Wir unterqueren nun ein weiteres Mal die Elektroleitungen, dann zieht der Weg vor dem Wald mit dem Trauf nach links.

Nun wandern wir immer geradeaus auf diesem Schotterweg, bis wir wieder zu der **Verzweigung** **1** kommen, die wir noch vom Anfang her kennen. Nach links geht es zurück zum Ausgangspunkt.

Wiesen, Felder und Waldstücke bestimmen die Hochfläche des Bläsibergs.

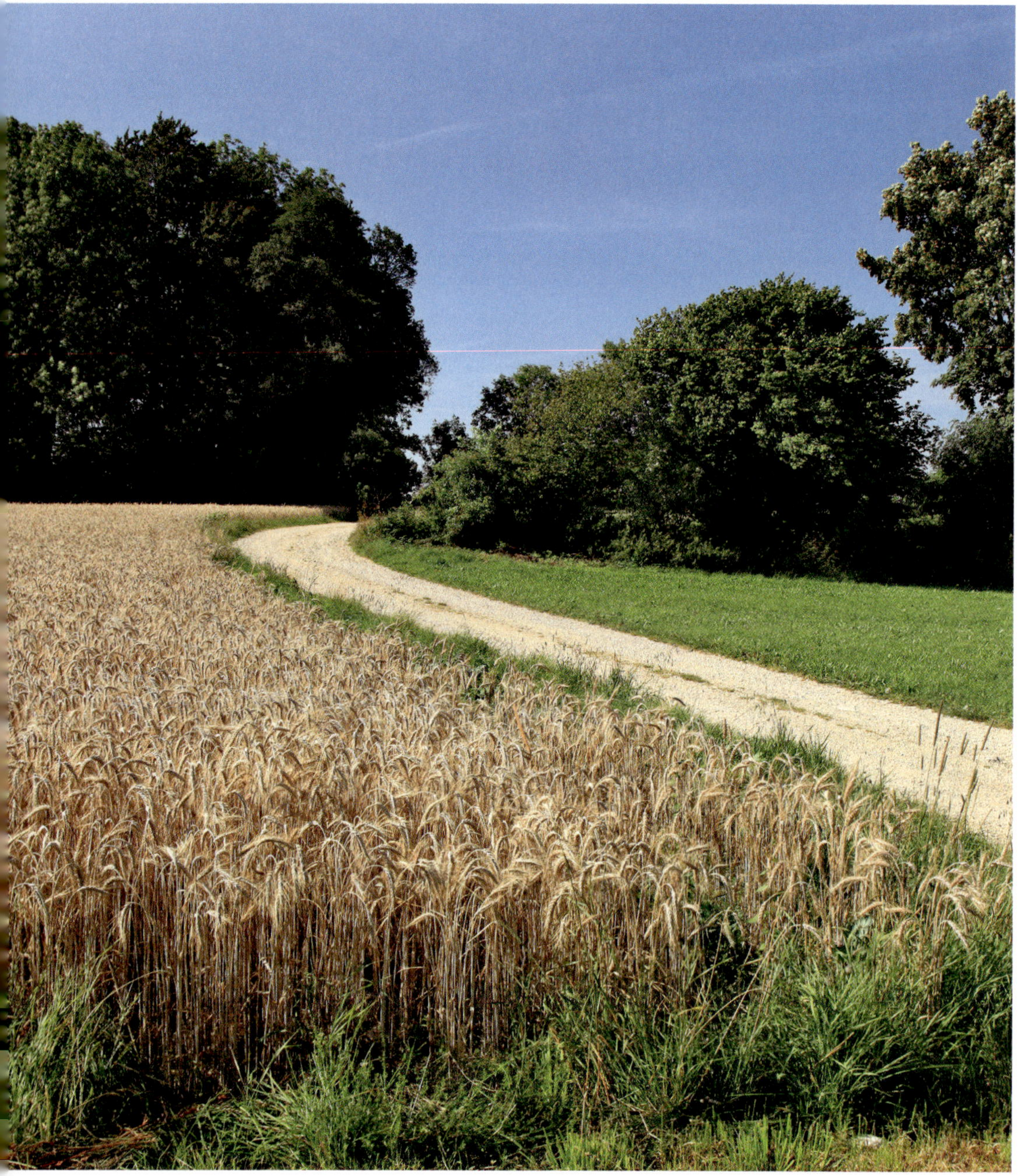

Wichtiges zur Tour

Tourencharakter
Wir wandern auf einem Naturpfad und festen Wegen. Bei Eis und Schnee ist der Weg entlang des Traufs nicht zu empfehlen.

Ausgangspunkt/Endpunkt
Wiesensteig, Parkplatz Eckhöfe, 748 m

Höchster Punkt
Am Umdrehpunkt, 779 m

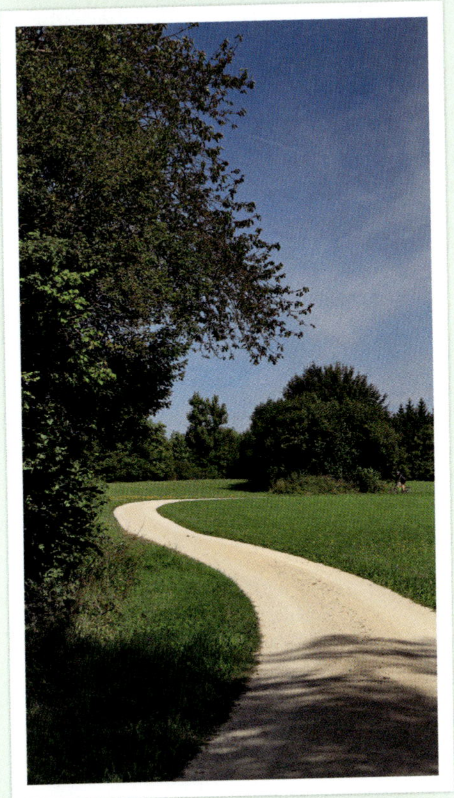

Ein fester Weg führt zurück zum Ausgangspunkt.

Anfahrt
Auto: A8 bis Ausfahrt Aichelberg, dann über Weilheim, danach auf der L1200 durch Neidlingen auf die Höhe zum Parkplatz.
GPS 48.571942, 9.592335
Bus & Bahn: keine geeignete Verbindung

Einkehr
Bläsiberg

Karte
Wanderkarte W238 Metzingen, 1:25 000, Landesamt für Geoinformation und Landentwicklung Baden-Württemberg (LGL) in Zusammenarbeit mit dem Schwäbischen Albverein e. V.

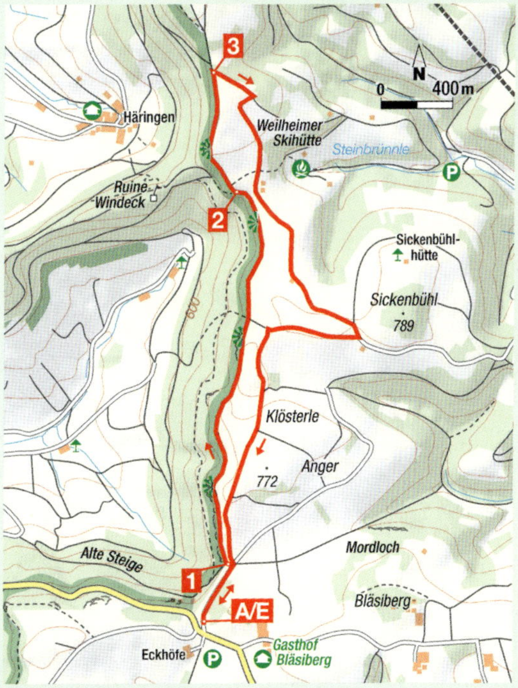

22 Über die Spielburg zur Ruine Hohenstaufen

Aussicht, Geschichte und Geologie

- mittel
- 1.20 Std.
- 180 Hm
- 3,8 km

Die Vielfalt, die diese kurze Wanderung bietet, ist erstaunlich: Abgesehen von der prächtigen Aussicht, die man immer wieder hat, wird uns bei der Spielburg eine geologische Besonderheit geboten, danach steigen wir auf zur geschichtsträchtigen Ruine Hohenstaufen, die an das bedeutende deutsche Herrschergeschlecht erinnert.

Zum Gipfelkreuz Wir wandern von dem kleinen Wanderparkplatz aus geradeaus ortsauswärts. Nach dem rechts liegenden Gehölz beginnt rechts das Gelände der Spielburg. Nach links bietet sich uns bereits eine erste freie Sicht ins Albvorland. Wir ignorieren die rechts abgehenden Pfade und gehen so lange, bis wir links Bänke sehen und rechts die Wiese der Spielburg durch einen Balken gesperrt ist (1).

Blick von der Ruine Hohenstaufen ins flache Vorland

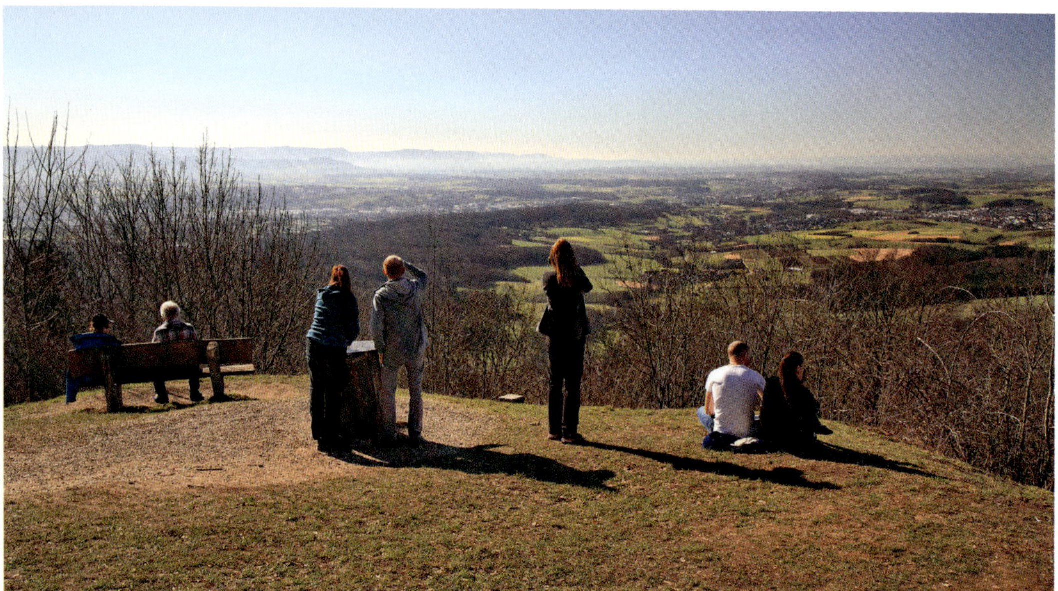

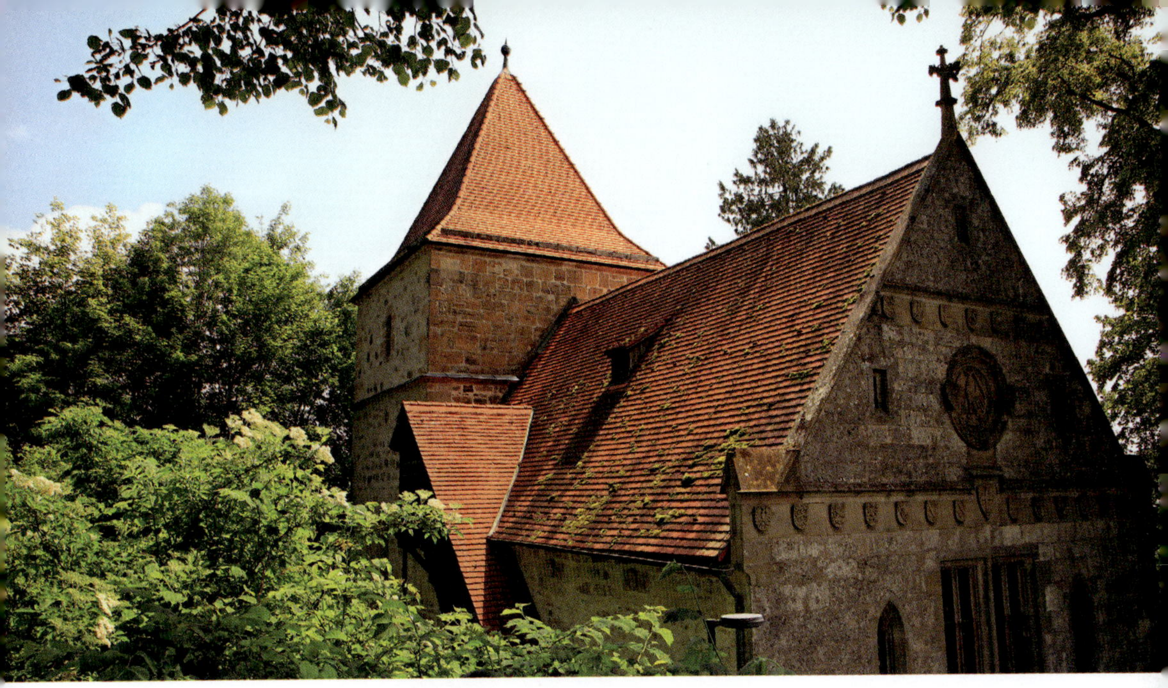

Auch die Barbarossakirche erinnert an die Staufer.

Nun haben wir zwei Möglichkeiten: Die einfachste sieht so aus, dass wir geradeaus weiter bis zu einem Querweg gehen. Hier biegen wir rechts ab und wandern bis zum Wanderschild Naturschutzgebiet Spielburg (584 m) nach einem Haus auf der linken Seite. Dabei kann man teilweise auch rechts des Weges auf einem unbefestigten Weg gehen und einen Abstecher zum rechts liegenden **Gipfelkreuz** 2 machen.

Aussichtsreicher und interessanter, aber auch anspruchsvoller ist die folgende Variante: Wir zweigen vor der Absperrung mit dem Zeichen der Löwenpfade rechts ab. Nun steigen wir auf einem fast alpin anmutenden steilen Steig und teilweise am Steilabfall entlang hinauf bis zum **Gipfelkreuz der Spielburg** 2. Von dort gehen wir nach links hinab zu dem festen Weg und dem **Haus** 3. Rechts steht das Wanderschild Naturschutzgebiet Spielburg (584 m). Hier vereinigen sich beide Varianten wieder.

Hinauf zur Ruine Hohenstaufen Wir biegen links ab und halten uns gleich darauf an der Verzweigung rechts. Nun wandern wir auf einem Asphaltweg mit viel Aussicht und dem Zeichen des Löwenpfads Spielburg-Runde bis zu einer Kreuzung bei den ersten Häusern von **Hohenstaufen** 4. Wer auf dem Alternativparkplatz geparkt hat, geht hier nach links hinab. Ansonsten biegen wir rechts ab und steigen hinauf zum **Waldrand** 5. Hier bietet sich im Rückblick ein weiter Blick zum Rechberg und zum Stuifen.

Wir überqueren bei dem Wanderschild einen querenden Weg, gehen noch kurz geradeaus und folgen dann dem nach rechts ziehenden Weg. Er führt uns mit verschiedenen Wanderzeichen in Serpentinen immer aufwärts. Fast oben bietet sich uns durch eine Lücke im Wald ein Blick ins Vorland mit dem Wäscherschlössle. Kurz danach sind wir oben in der **Ruine Hohenstaufen** 6. Nach links kann man zur Stauferstele und der Bronzeplatte gehen, die die Aussicht erklärt. Links davon hat man noch einmal einen Blick zum Wäscherschlössle, von der Bronzeplatte aus zum Rechberg. In die andere Richtung kommt man zur Gaststätte. Anschließend kann man sich die Ruinenreste ansehen.

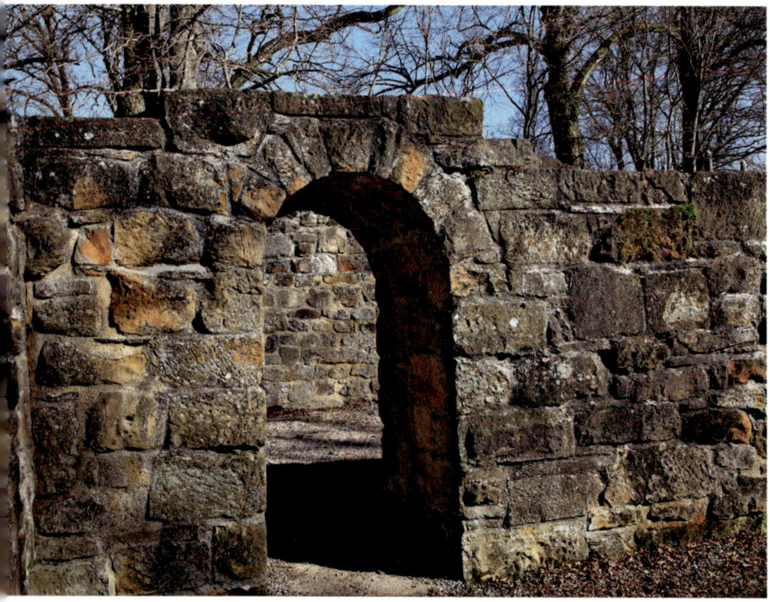

Mauerrest in der Ruine Hohenstaufen

Zurück zum Ausgangspunkt An dem Wanderschild bei der Gaststätte biegen wir links ab in Richtung »Ortsmitte«. Nun geht es steil bergab. Kurz darauf kommen wir an einer Rechtskurve zu einer Informationstafel zum Thema »Schöne Aussichten«. Danach zweigen wir scharf links ab. Wir erreichen einen Querweg vor der links stehenden **Barbarossakirche** 7, gehen geradeaus weiter zwischen den beiden Kirchen hindurch und in der Kaiserbergsteige abwärts, bis rechts die **Ailstraße** 8 abgeht. Ihr folgen wir. Nach etwas Bergab zweigt rechts der Spielbergweg ab, auf dem wir etwas bergauf bis zum Ausgangspunkt wandern.

Wichtiges zur Tour

Tourencharakter

Wir wandern meist auf festen Wegen. Zum Gipfelkreuz der Spielburg geht es auf einem steilen Pfad am Steilhang entlang; hier sollte man schwindelfrei und trittsicher sein. Der Abschnitt kann aber auch umgangen werden. Der letzte Aufstieg zur Ruine erfolgt auf einem Naturweg.

Ausgangspunkt/Endpunkt

Hohenstaufen, Wanderparkplatz Spielburgweg, 540 m

Höchster Punkt

Ruine Hohenstaufen, 684 m

Anfahrt

Auto: B10 bis Göppingen, dann auf der Hohenstaufenstraße/L1075 nach Hohenstaufen. GPS 48.739104, 9.712021. Einen Ersatzparkplatz findet man in Hohenstaufen, Schottenstraße, Parkplatz Jugendherberge/Sportplatz. GPS 48.746718, 9.722486. Vom dortigen Parkplatz gehen wir in der Schottengasse kurz nach oben, zweigen aber nach der Jugendherberge mit den Wanderzeichen auf den steil nach oben führenden Weg ab. An der Kreuzung nach den Häusern treffen wir auf den beschriebenen Wanderweg und folgen ihm bis zum Waldrand.
Bus & Bahn: Bahn bis Göppingen, dann Bus bis Hohenstaufen Rathaus/Dorfplatz; Info: www.efa-bw.de

Einkehr

Hohenstaufen, Ort und Ruine

Karten

Wanderkarte W230 Geislingen a. d. Steige, 1:25 000, Landesamt für Geoinformation und Landentwicklung Baden-Württemberg (LGL) in Zusammenarbeit mit dem Schwäbischen Albverein e. V.; Wanderkarte mit Radwegen Schorndorf Göppingen Blatt 54-540, 1:25 000, NaturNavi

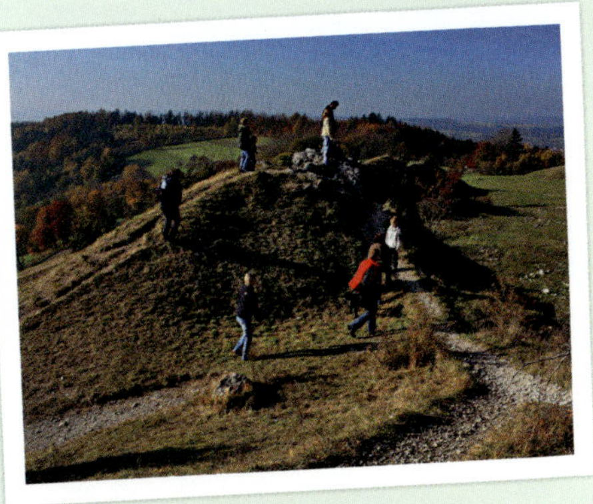

Auf der Spielburg

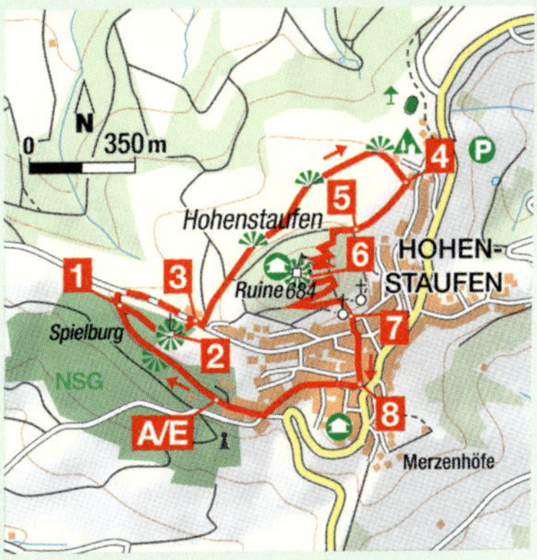

23 Über das Kalte Feld

Aussicht fast wie vom Segelflugzeug

- mittel
- 2 Std.
- 130 Hm
- 7,3 km

Diese herrliche Panoramawanderung kann in zwei Teilen unternommen werden, wobei der eine recht kurz ist und auch fast ohne Höhenunterschiede verläuft. Wir kommen an zahlreichen Aussichtspunkten vorbei, die uns schöne Blicke auf die drei Kaiserberge Hohenstaufen, Rechberg und Stuifen bieten. Dahinter reicht der Blick bis ins Albvorland.

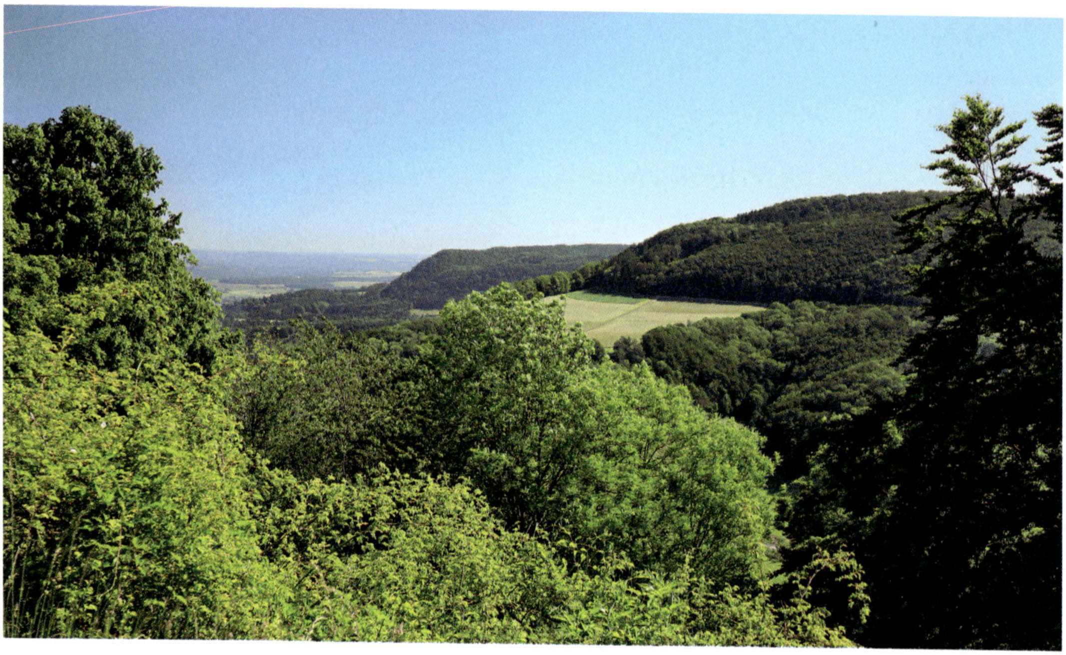

Von den verschiedenen Aussichtspunkten auf dem Kalten Feld hat man weite Blicke ins Vorland.

Zum Hornberg und zurück zum Segelflugplatz Die erste prächtige Aussicht auf den Stuifen haben wir bereits am Parkplatz. Dann gehen wir von diesem auf der Zufahrtsstraße, später links von ihr auf einem Pfad, mit dem Zeichen des Jakobsweg etwas zurück, bis links beim Wanderschild **Hornberg Ost** (666 m) 1 ein anfangs asphaltierter

Weg abgeht. Er ist mit dem roten Kreuz markiert und bringt uns zu einem Schafhaus, das wir rechts umgehen. Danach wandern wir geradeaus auf den Waldrand zu. Vor ihm zieht der Weg nach rechts. An der nächsten Verzweigung nehmen wir den linken Weg und treffen bald auf einen Querweg. Rechts davon befindet sich beim Schild **Hornberg Luginsland** (698 m) 2 der Aussichtspunkt Drei-Kaiserberge-Blick, an dem man alle drei Berge sieht.

Danach spazieren wir auf dem Weg am Trauf entlang wieder zurück, ebenfalls mit dem Zeichen rotes Kreuz. Weitere Aussichtspunkte folgen. Am nächsten sieht man den Stuifen und den Hohenstaufen. Nach dem Wald geht es kurz auf einem Wiesenweg weiter, dann sind wir wieder am Parkplatz und die erste Runde ist damit abgeschlossen.

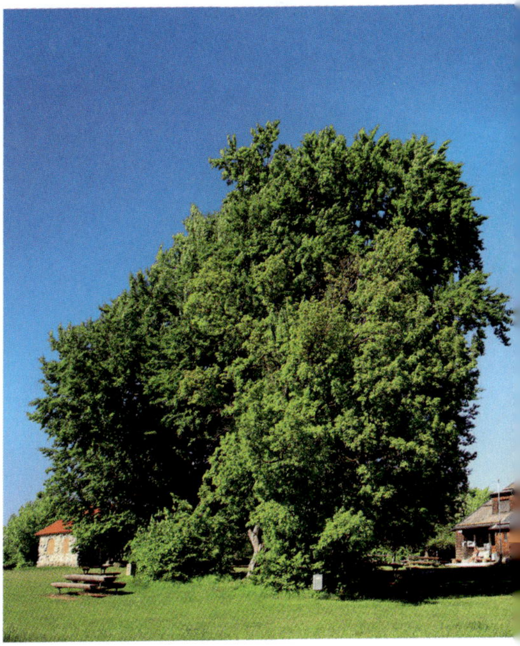

Mächtige Bäume umgeben das Franz-Keller-Haus des Schwäbischen Albvereins.

Zum Franz-Keller-Haus Wer die zweite Runde gleich anschließen will, geht vom Parkplatz aus geradeaus weiter zum Schild Hornberg Parkplatz (682 m), dann in Richtung Franz-Keller-Haus geradeaus entlang der Gebäude auf dem Asphaltsträßchen weiter. Gegenüber vom Restaurant liegt der nächste Aussichtspunkt. Nach den Gebäuden steht rechts eine Informationstafel zum Kalten Feld, danach haben wir wieder eine Aussicht, dieses Mal zum Stuifen und zum Rechberg.

Anschließend steigt es an. Am Waldrand sollten wir uns umdrehen und den Ausblick genießen. Im Wald führt uns der Weg mit vielen Wanderzeichen nach links. Kurz danach halten wir uns am Schild **Hornberg Flugplatz Süd** (718 m) 3 rechts. Nun geht es auf einem breiten Schotterweg mit dem roten Kreuz weiter aufwärts. Nach Wald und Feldern kommen wir zum Schild **Franz-Keller-Haus Ost** (781 m) 4. Hier gehen wir später nach links weiter, zuerst halten wir uns aber rechts und sind kurz darauf am **Franz-Keller-Haus** 5, einem Wanderheim des Schwäbischen Albvereins. Auch wenn geschlossen ist, sollte man an dem kleinen Gebäude die Treppe hinaufsteigen, denn von dort hat man einen guten Überblick über die Umgebung des Wanderheims mit der Wacholderheide.

Eine Tour in zwei Teilen

Die Gesamttour hat die ungefähre Form eines »Achters« und kann ausgehend vom Parkplatz Hornberg in zwei Teile aufgeteilt werden. Dabei ist die Variante zum Aussichtspunkt Drei-Kaiserberge-Blick 2,4 km lang und nimmt bei dem minimalem Höhenunterschied von etwa 30 Metern rund 40 Min. in Anspruch. Der zweite Teil ist dementsprechend 4,9 km lang, bringt 100 Hm mit sich und dauert etwa 1.20 Std.

Über das Knörzerhaus und vorbei am Flugplatz Wir nehmen dann den vom Wanderheim nach Osten geradeaus abgehenden Wiesenweg. Er bringt uns zu einem festen Weg, dem wir nach links folgen. Bald erreichen wir das bekannte Schild **Franz-Keller-Haus Ost** 4. Nach ihm gehen wir durch den Gehölzstreifen in die Lichtung, überqueren die Wiese und halten uns am Waldrand dahinter links.

Landschaftsidylle auf dem Rückweg zum Flugplatz

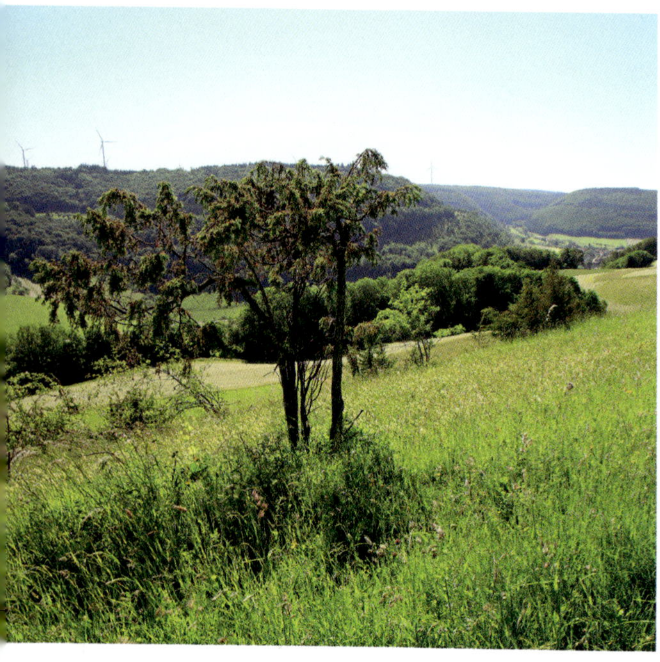

Bald erreichen wir das **Knörzerhaus** 6. An ihm wandern wir rechts vorbei. Danach erreichen wir ein querendes Asphaltsträßchen, in das wir links einbiegen 7. Ab jetzt haben wir einen herrlichen Blick auf die Berge der Ostalb, ins Albvorland und hinab ins Lautertal.

Es geht abwärts und bald stehen wir vor dem Fluggelände. An ihm wandern wir rechts vorbei und stoßen danach auf die bekannte Zufahrtsstraße zum Flugplatz, die uns nach links zurück zum Ausgangspunkt bringt.

Wichtiges zur Tour

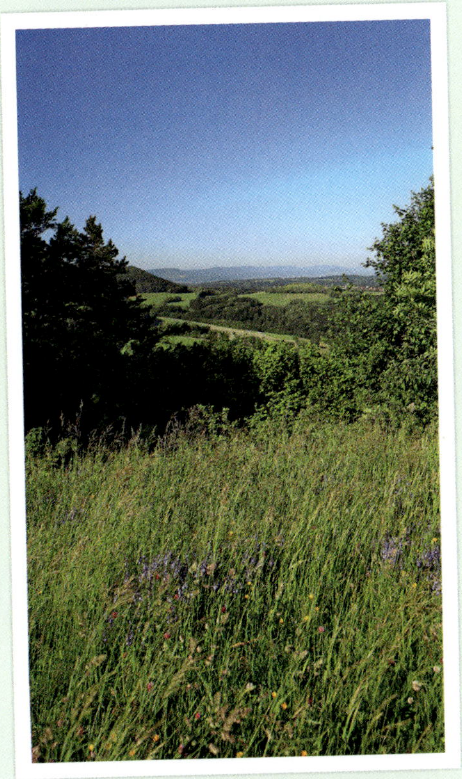

Aufgrund der extensiven Nutzung findet man hier noch zahlreiche Blumen in den Wiesen.

Tourencharakter
Wir wandern auf Pfaden und geschotterten Wegen.

Ausgangspunkt/Endpunkt
Schwäbisch Gmünd, Parkplatz Hornberg, 690 m

Höchster Punkt
Franz-Keller-Haus, 780 m

Anfahrt
Auto: B10 bis nach Süßen, dann B466 vorbei an Donzdorf bis Weissenstein, anschließend L1160 in Richtung Schwäbisch Gmünd bis zum Furtlepass, dort nach links zum Segelflugplatz.
GPS 48.747815, 9.858317
Bus & Bahn: Bahn bis Schwäbisch Gmünd, dann Bus bis Haltestelle Furtlepass; Info: www.efa-bw.de

Einkehr
Segelflugplatz, Franz-Keller-Haus, Knörzerhaus

Karte
Wanderkarte W230 Geislingen a. d. Steige, 1:25 000, Landesamt für Geoinformation und Landentwicklung Baden-Württemberg (LGL) in Zusammenarbeit mit dem Schwäbischen Albverein e. V.

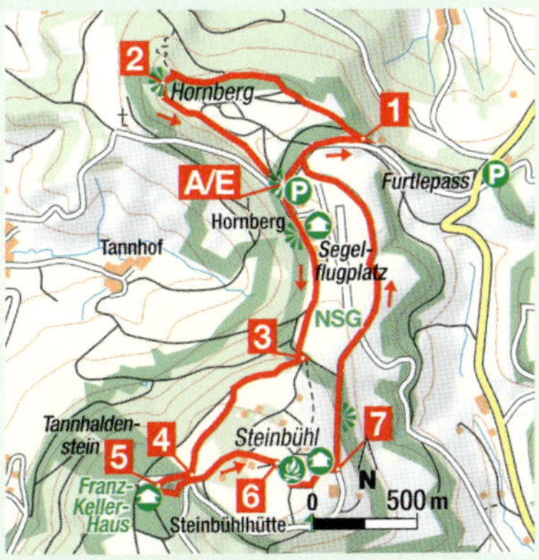

24 Tierstein, Badfels und mehr

Hoch über dem Filstal

- mittel
- 1.30 Std./3.15 Std.
- 70 Hm/100 m
- 5,6 km/11,4 km

Die Wanderung bietet uns prächtige Aussichtsfelsen, mit schönen Blicken hinab ins Filstal und auf die gegenüberliegenden Berge. Der Rückweg verläuft durch eine herrliche Wiesenlandschaft und durch Wald. Am Anfang sind die Wege zwar nicht auf den amtlichen Karten verzeichnet, dafür können wir aber den Zeichen der Löwenpfade folgen.

Durch Wiesen und Wald Wir folgen vom Wanderparkplatz Aimer aus kurz dem Sträßchen nach Süden. Gleich darauf zweigen wir aber mit dem Zeichen der Löwenpfade links ab. Auf dieses Zeichen müssen wir bis zum Weg am Trauf achten. Wir wandern auf einem schönen Grasweg durch die Wiesen und am Waldrand entlang. Im Wald spazieren wir dann auf einem unbefestigten, aber gut zu gehenden Weg weiter. Bald schwenken wir in einen festen Weg rechts ein und kommen zum Waldrand. Dort werden wir nach links auf einen schmalen Pfad verwiesen. Er

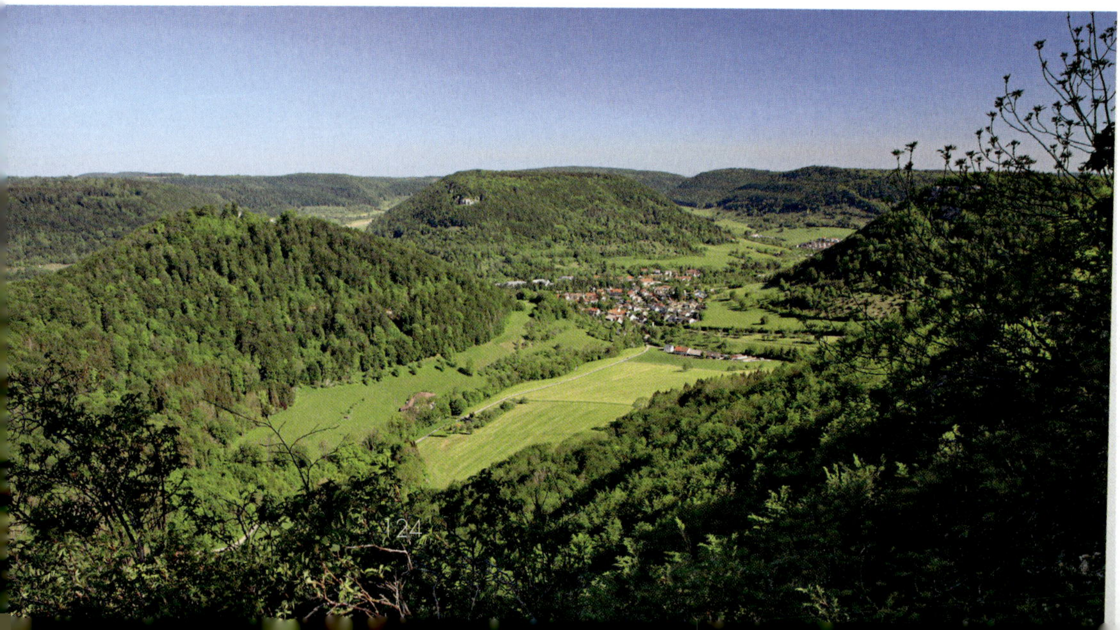

Blick vom Badfelsen durch das Filstal

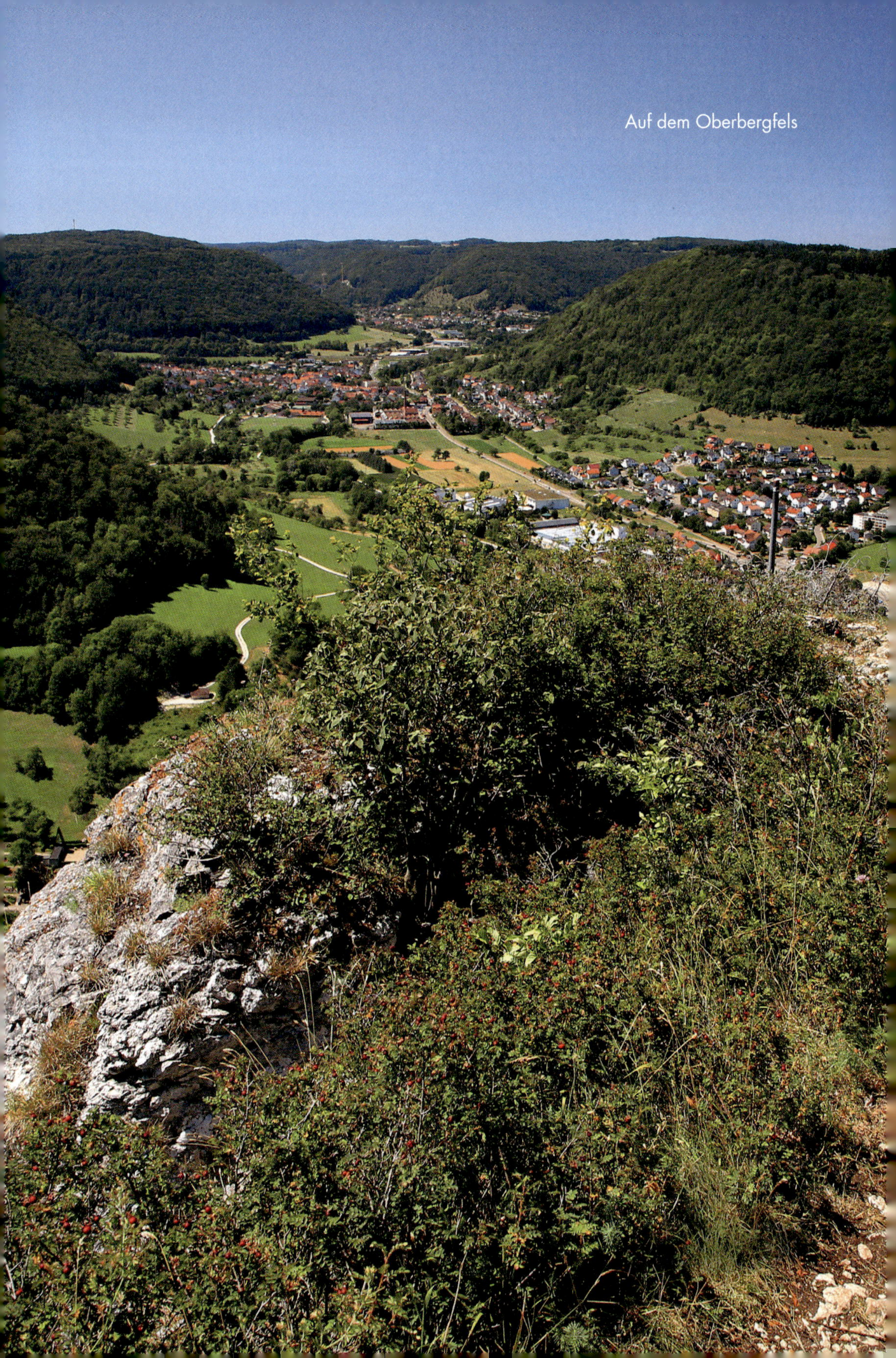

Auf dem Oberbergfels

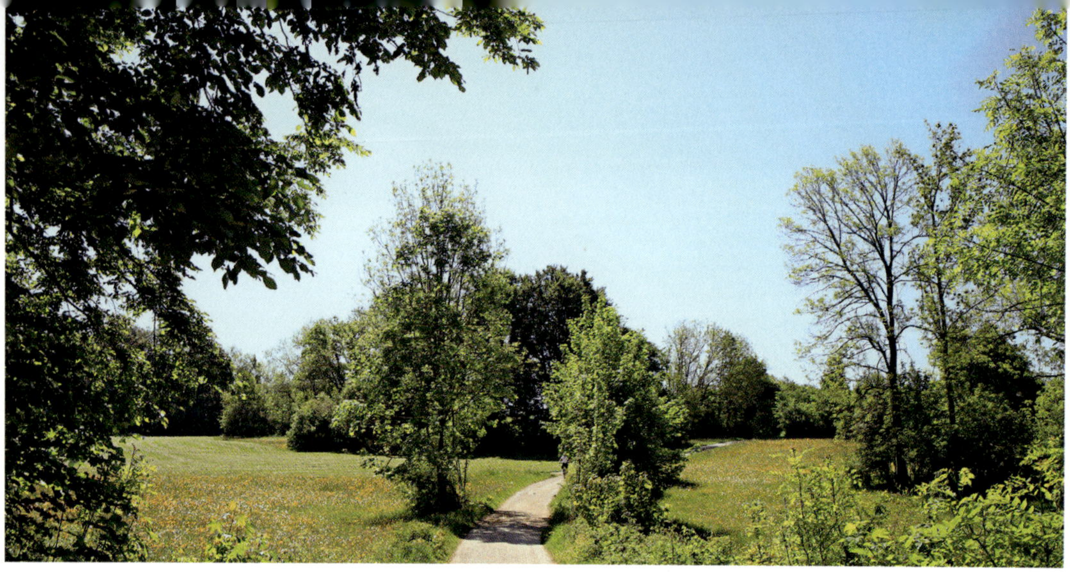

Am Anfang und am Ende der Tour wandert man durch eine idyllische Wiesenlandschaft.

bringt uns hinab zum Trauf und zu einem querenden Weg. Hier steht auch ein **Wanderschild** 1.

Aussichtsfelsen (fast) ohne Ende Wir gehen nun mit der roten Gabel nach rechts zum **Badfelsen** 2. Hier bietet sich uns von der Bank eine Aussicht, schöner ist es allerdings, wenn man dem schmalen Pfad links der Bank hinaus zu dem Felskopf folgt.

Jetzt muss man sich überlegen, ob man die Wanderung verlängern möchte: Wer will, folgt dem Weg mit der roten Gabel bis zur Schonterhöhe; kurz nach dem Parkplatz, noch vor der K1436, gibt es einen **Aussichtspunkt** 3. Wer noch Kraft in den Beinen und Lust auf weitere Aussichtspunkte hat, überquert die Straße und wandert weiter bis zum **Oberbergfelsen** 4, vielleicht sogar bis zum **Eckfelsen** 5. Danach kehrt man auf demselben Weg zum **Badfelsen** 2 zurück.

Zurück über den Tierstein Dort angekommen, wandern wir geradeaus weiter. Am **Tierstein** 6 haben wir nicht nur einen Blick ins Filstal, sondern auch zum Drackensteiner Hang und zur Autobahn A8. Nun folgen wir dem Wanderzeichen nach links. Die rote Gabel bringt uns zu einem querenden breiten Forstweg. Auf ihm verlassen wir den Wald und spazieren in wenigen Minuten durch eine schöne Wiesenlandschaft zurück zum Ausgangspunkt.

Wichtiges zur Tour

Tourencharakter
Wir wandern meist auf Pfaden und unbefestigten Wegen. Sie sind gut zu begehen, allerdings ist die Tour bei nassem Wetter, Eis und Schnee nicht zu empfehlen.

Ausgangspunkt/Endpunkt
Bad Ditzenbach, Wanderparkplatz Aimer, 753 m

Höchster Punkt
Kurz nach dem Start im Wald, 782 m

Anfahrt
Auto: Auf der A8 bis Ausfahrt Mühlhausen, dann auf der B466 nach Gosbach und in der Neuen Steige hinauf zum Wanderparkplatz Aimer.
GPS 48.568358, 9.688795
Bus & Bahn: keine geeignete Verbindung

Einkehr
Auf der Tour keine, aber es gibt Möglichkeiten in Bad Ditzenbach

Karte
Wanderkarte W238 Metzingen, 1:25 000, Landesamt für Geoinformation und Landentwicklung Baden-Württemberg (LGL) in Zusammenarbeit mit dem Schwäbischen Albverein e. V., Wanderkarte mit Radwegen Geislingen an der Steige Blatt 56-539, 1:25 000, NaturNavi

Information
www.badditzenbach.de

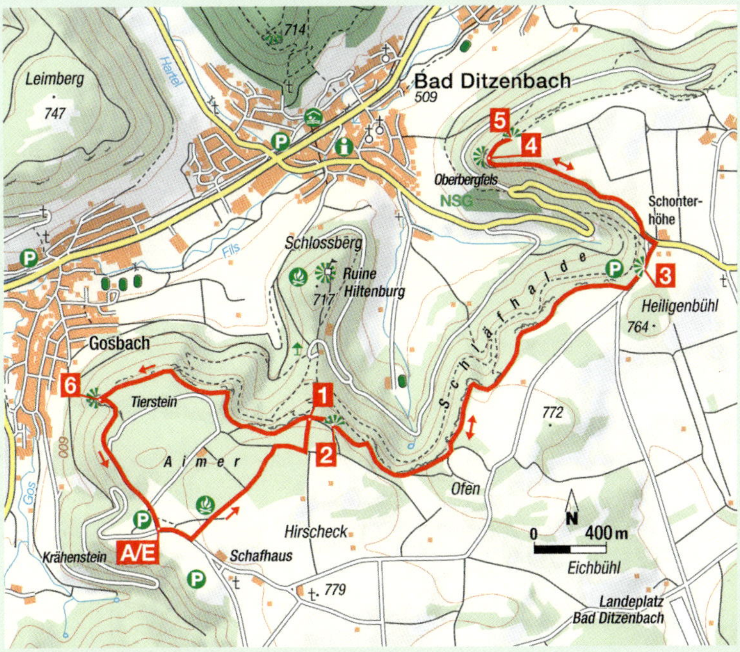

25 Rundweg um den Michelsberg

Rundum Aussicht

- mittel
- 2.50 Std.
- 150 Hm
- 9,8 km

Der Landkreis Göppingen hat mit seinen »Löwenpfaden« wunderschöne Wanderungen ausgeschildert. Eine der schönsten ist die »Felsenrunde«. Insgesamt ist diese aber recht anstrengend und lang, steigt man doch vom Filstal aus hinauf auf den Michelsberg. Dieser Wandervorschlag beschreibt daher nur den schönsten und einfachsten Teil des gesamten Löwenpfads.

Über die Felder zur Aussicht Wir gehen vom Wanderparkplatz aus zur Altenstädter Straße und folgen vor ihr dem Feldweg nach Südosten bis zum **Waldrand** 1. Dort treffen wir auf die ausgeschilderte Felsenrunde, der wir jetzt bis kurz vor dem Ende unserer Wanderung folgen. Nun halten wir uns rechts und spazieren mit den Wanderzeichen am Trauf entlang.

Auch auf der Hochfläche des Michelsbergs lässt es sich gut wandern.

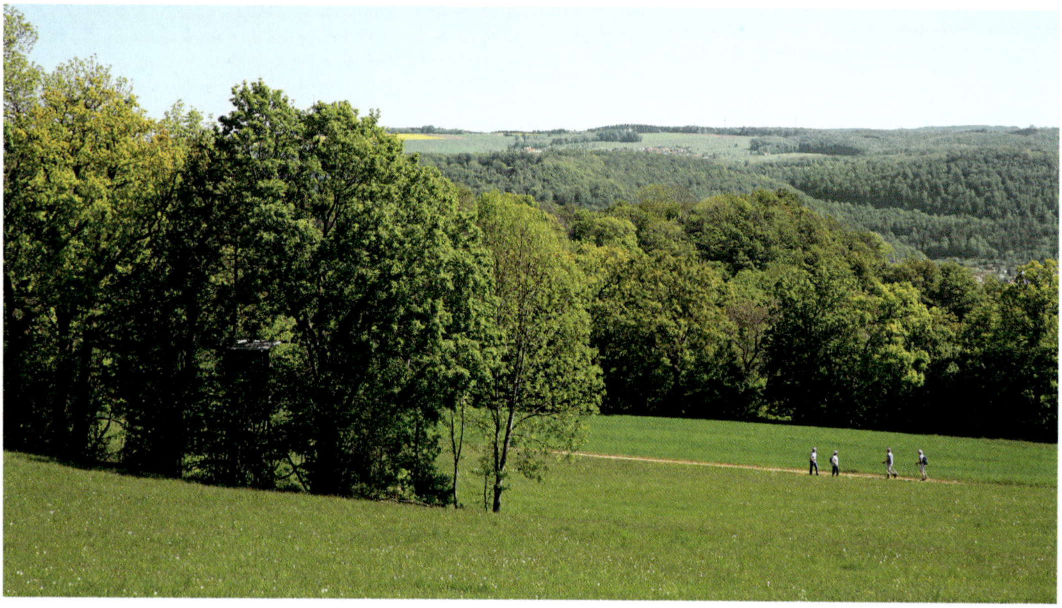

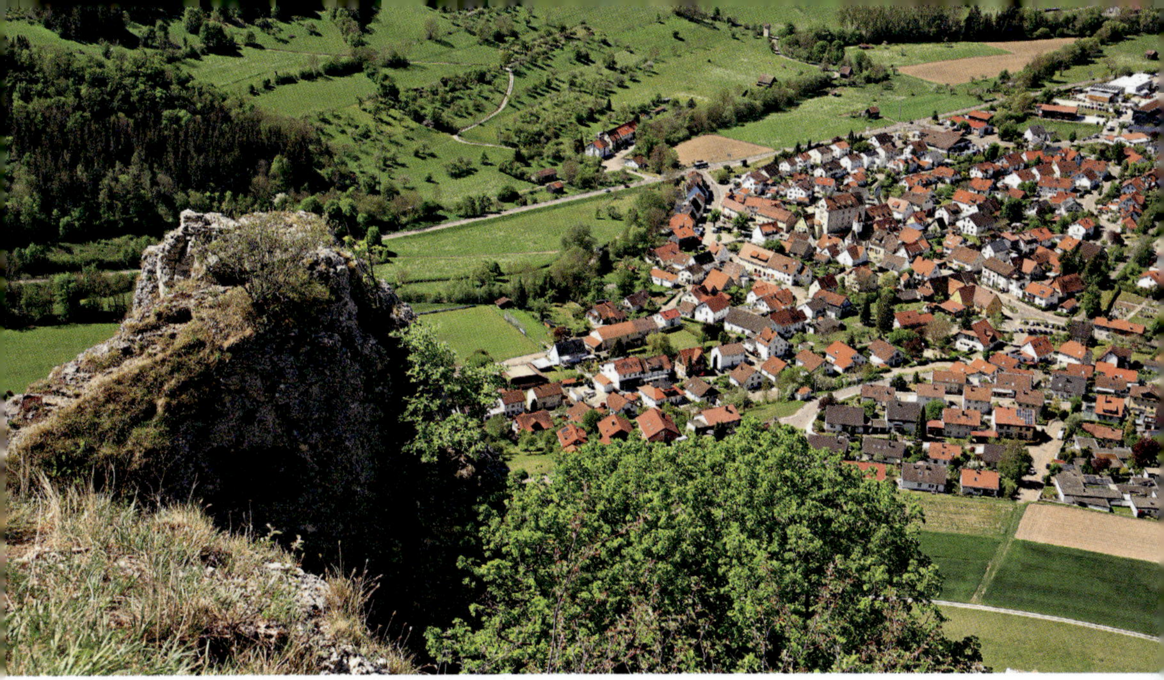

Der Weg führt an einem Kranz von beeindruckenden Felsen vorbei.

Jetzt beginnen die Felsen Schon bald sind wir am **Jungfraufels** (2), danach am **Aussichtspunkt Hausener Fels** (3), wo der Weg rechts abknickt. Etwas später geht es in Richtung »Aussichtspunkt Sandgrube« links ab. Nach sanftem Bergab wandern wir nach rechts weiter (4), gleich danach halten wir uns wieder rechts, nun etwas ansteigend. Wir werden nach links in ein Wäldchen verwiesen.

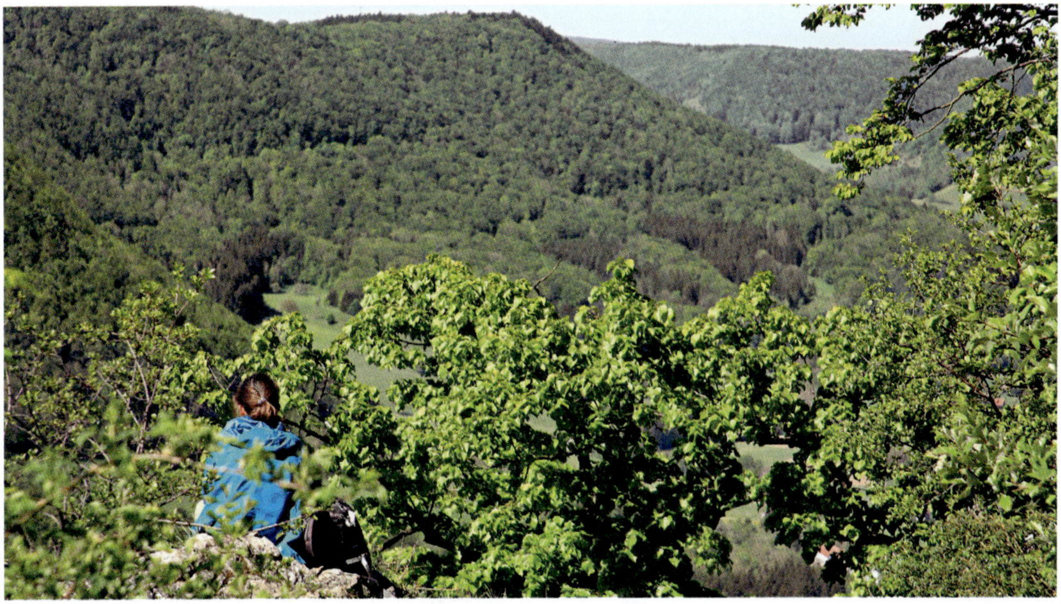

Rast mit Aussicht

Etwas später können wir vor dem Sendemast nach rechts einen kurzen Abstecher zum **Aussichtspunkt Sandgrube** 5 machen. Danach gehen wir zurück und wandern geradeaus weiter. Wir treffen auf einen festen Feldweg, dem wir nach links in Richtung Oberböhringen folgen. Vor dem Ort geht es rechts ab auf einen Feldweg. Am nächsten querenden Feldweg biegen wir links ab. Er führt uns als Michael-Knoll-Straße nach Oberböhringen hinein. Nach der **Kreuzung** 6 gehen wir in der Von-Krafft-Straße gerade-

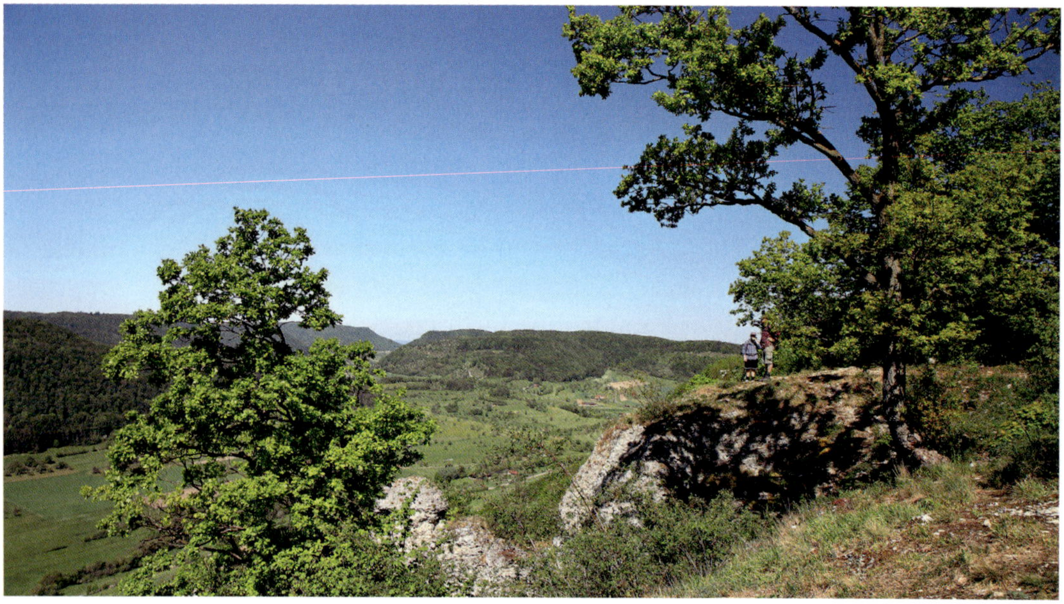

Auf den steil abfallenden Felsnasen ist manchmal Vorsicht geboten.

aus weiter. An der Schranke beim Golfplatz behalten wir unsere Richtung bei, werden aber gleich nach links zum Restaurant verwiesen.

Über den Ramsfels zurück

An diesem spazieren wir links über den Parkplatz vorbei. Danach kommen wir zum Waldrand. Hier biegen wir rechts ab in Richtung »Ramsfels«. Wo der Schotterweg nach rechts zieht, wandern wir nach links auf einem Pfad im Wald weiter zum **Ramsfels** 7. Hier knickt der Weg rechts ab. Später erreichen wir eine **Straße** 8. Sie bringt uns nach rechts zurück zu unserem Ausgangspunkt.

Wichtiges zur Tour

Tourencharakter
Wir wandern meist auf Pfaden, ansonsten auf festen Wegen.

Ausgangspunkt/Endpunkt
Bad Überkingen-Oberböhringen, Wanderparkplatz, wo die Altenstädter Straße am südöstlichen Ortsrand abknickt, 730 m

Höchster Punkt
Sendemast beim Aussichtspunkt Sandgrube, 745 m

Anfahrt
Auto: B10 bis Geislingen an der Steige, dann kurz nach Stadtbeginn rechts ab in die Oberböhringer Straße.
GPS 48.616199, 9.782518
Bus & Bahn: Bahn bis Geislingen an der Steige, weiter mit dem Ruftaxi bis Bad Überkingen, Haltestelle Oberböhringen oder Oberböhringen Michelsberg;
Info: www.efa-bw.de

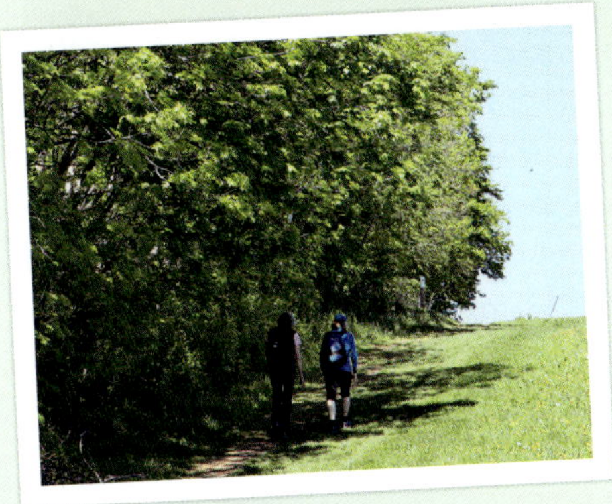

Auf dem Michelsberg

Einkehr
Oberböhringen

Karten
Wanderkarte W230 Geislingen a. d. Steige, 1:25 000, Landesamt für Geoinformation und Landentwicklung Baden-Württemberg (LGL) in Zusammenarbeit mit dem Schwäbischen Albverein e. V., Wanderkarte mit Radwegen Geislingen an der Steige Blatt 56-539, 1:25 000, NaturNavi

Information
www.loewenpfade.de,
www.bad-ueberkingen.de

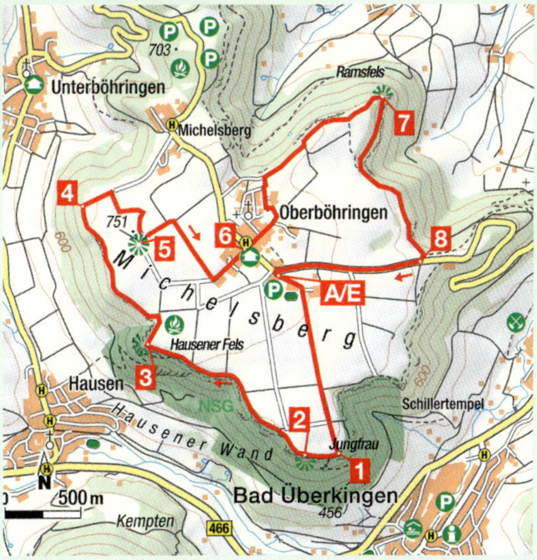

26 Wandern über Geislingen an der Steige

Aussichtspunkte und das Ostlandkreuz

- mittel
- 2 Std.
- 140 Hm
- 7,4 km

Das mächtige Ostlandkreuz bietet einen der schönsten Blicke hinab nach Geislingen, in dessen verschiedene Täler und seine Bergumrahmung. Aber auch der Bodenfels, der Geiselstein und der Tiroler Felsen sind herrliche Aussichtspunkte.

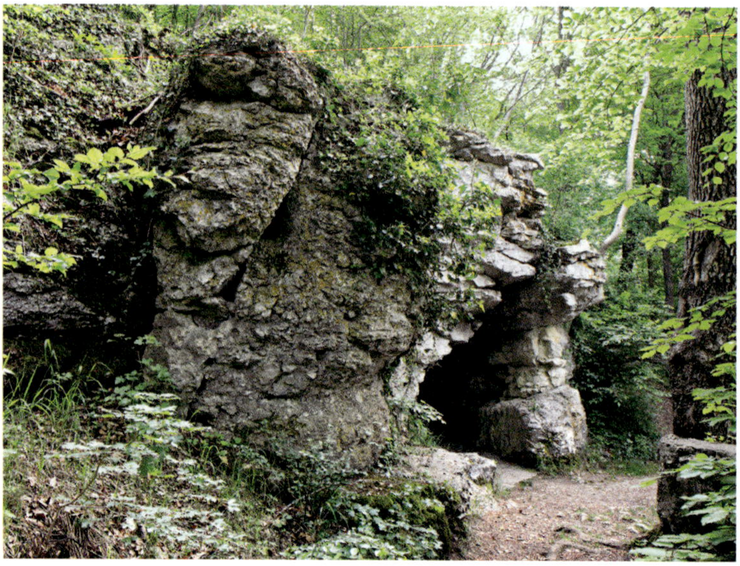

Am Eingang der Kahlensteinhöhle

Vom Bodenfels zum Ostlandkreuz Bei den ersten Parkplätzen nach der Landstraße liegt links der Bodenfels mit einer prächtigen Aussicht. Von diesen Parkmöglichkeiten aus folgen wir der Beschilderung und der roten Gabel erst auf einem Pfad, später auf der Straße in Richtung »Ostlandkreuz«. Sind die wenigen Parkmöglichkeiten am Bodenfels belegt, fahren wir weiter bis zum letzten Parkplatz. Da wir auf dem Rückweg an den ersten Parkmöglichkeiten vorbeikommen, können wir auch dann noch zum Bodenfels nach links gehen.

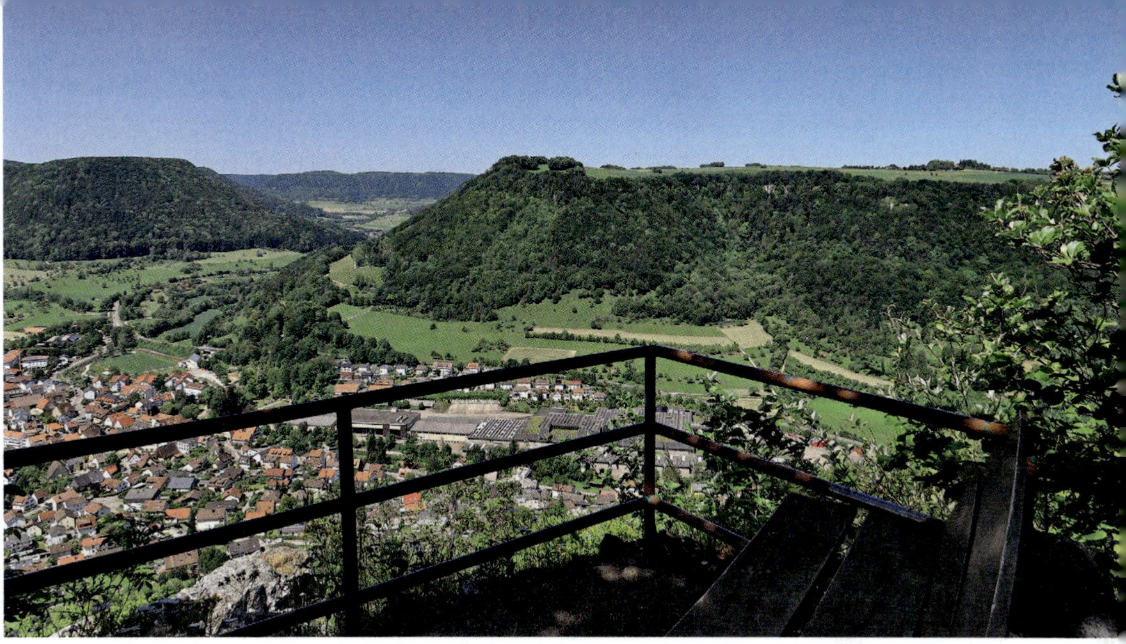

Vom Kahlenstein bietet sich ein weiter Blick durch das Filstal.

Am letzten Parkplatz vor der Schranke halten wir uns links zum »Ostlandkreuz«. Auf der großen Freifläche zweigen wir links ab auf einen Wiesenweg und kommen zur Schildwacht (665 m) und dem **Ostlandkreuz** 1.

Zum Geiselstein Danach orientieren wir uns rechts und nehmen mit der gelben Gabel den zweiten Weg nach dem Wegweiser. Nach einer Weile zweigen wir vom breiten Weg links auf einen Pfad ab 2 und kommen zum Wanderschild Geiselstein (648 m). Hier gehen wir zuerst nach links zum **Geiselstein** 3, der nach einem Holzpavillon direkt über der Bahnlinie auf der bekannten Geislinger Steige liegt. Der Felsklotz rechts im Wald ist der Tiroler Felsen.

Danach wandern wir zurück zum Wanderschild. Wer möchte, kann jetzt nach links einen Abstecher (einfach 0,7 km) zum **Tiroler Felsen** 4 machen, danach aber wieder hierher zurückkehren.

Über den Kahlenstein zurück Ansonsten folgen wir der Beschilderung zum »Parkplatz Geiselsteinhaus«. Wir gehen links am Spielplatz und dem Wanderheim des Schwäbischen Albvereins vorbei und kommen zum Parkplatz. Von ihm aus spazieren wir immer geradeaus weiter, bis wir auf die **L1230** 5 stoßen.

Ihr folgen wir jetzt etwas nach links, zweigen aber bald in den rechts abgehenden Feldweg ein **6**. Er bringt uns zum Wald, wo wir auf einen Pfad stoßen, der mit der roten Gabel markiert ist. Hier halten wir uns links und erreichen bald das Schild Kahlenstein (671 m). Dort gehen wir nach links bergab. Der **Kahlenstein** **7** hat mehrere Aussichtspunkte, die prächtige Blicke nach Bad Überkingen, ins Filstal und zum Michelsberg gegenüber bieten. An einem finden wir eine Bank, die von einem Geländer geschützt ist. Links davon liegt der Südfelsen mit mächtigen Felsformationen. Dort in der Nähe liegt auch die durch ein Gitter verschlossene Kahlensteinhöhle.

Danach gehen wir wieder hinauf zum Wanderschild und folgen ihm nach links in Richtung »Ostlandkreuz«. Wir wandern immer geradeaus, auch da, wo der breite Weg nach rechts zieht. Links liegt bald der **Aussichtspunkt Eichhölzle** **8**, bei dem man auch auf einer Bank ausruhen kann. Danach folgen wir der roten Gabel weiter bis zur Landstraße. Auf der anderen Seite beginnt die Zufahrtsstraße zu den Parkplätzen der Schildwacht/Ostlandkreuz. Zuerst stoßen wir auf die ersten Parkplätze beim Bodenfels – wer weiter hinten geparkt hat, wandert jetzt mit dem Wanderzeichen links der Straße an diesen Aussichtspunkten vorbei.

Blick vom Bodenfels auf Geislingen an der Steige

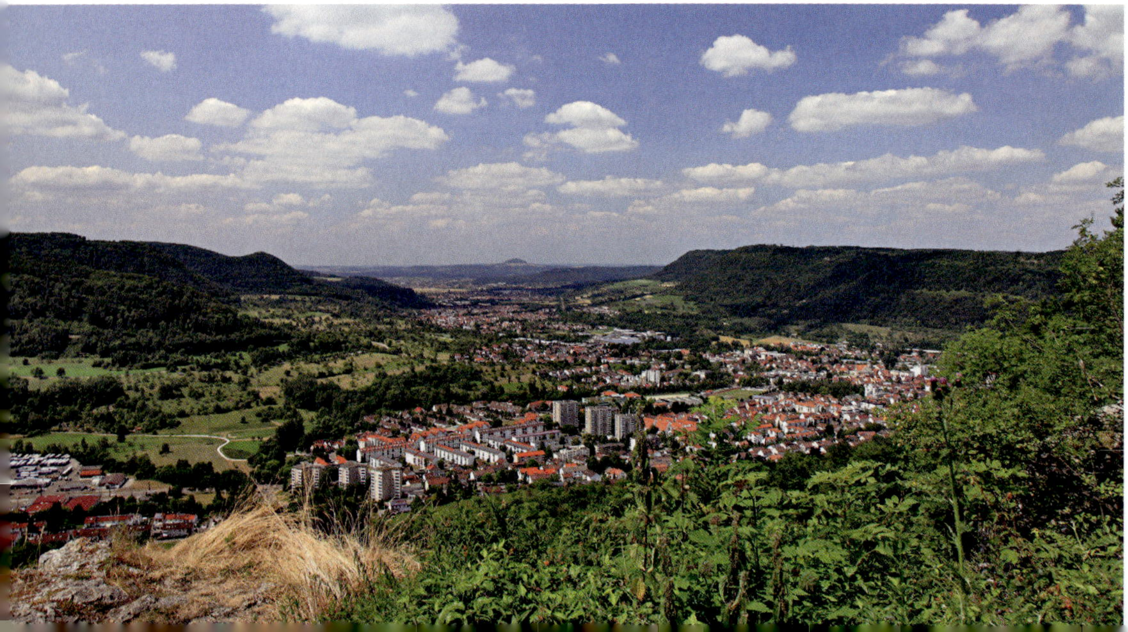

Wichtiges zur Tour

Tourencharakter
Die Wanderung findet auf festen Wegen und gut zu gehenden Pfaden statt. Zwischen Geiselstein und Tiroler Felsen kommt eine etwas rutschige Stelle, an der Wanderstöcke hilfreich für den Halt sind. Ebenso muss man auf den letzten Metern hinab zum Kahlenstein vorsichtig sein. Man sollte immer gut auf das Wanderzeichen achten.

Ausgangspunkt/Endpunkt
Geislingen an der Steige, Parkplatz vor Schildwacht, 650 m

Höchster Punkt
Vor Schildwacht, 677 m

Anfahrt
Auto: A8 bis Ausfahrt Mühlhausen, dann B466 bis Bad Ditzenbach, dort rechts ab und über Türkheim, bis wir – kurz bevor es hinab nach Geislingen geht – nach rechts zur »Schildwacht Ostlandkreuz« fahren. Danach geht es links am Waldrand entlang zum ersten Parkplatz. GPS 48.610146, 9.824540. Es gibt auf dem Zufahrtsweg zur Schildwacht und zur Geiselsteinhütte verschiedene Ausweichparkplätze. Die Wanderung ist von der ersten Parkmöglichkeit nach der L1230 beschrieben.
Bus & Bahn: keine geeignete Verbindung

Einkehr
Geiselsteinhaus

Karte
Wanderkarte W230 Geislingen a. d. Steige, 1:25 000, Landesamt für Geoinformation und Landentwicklung Baden-Württemberg (LGL) in Zusammenarbeit mit dem Schwäbischen Albverein e. V., Wanderkarte mit Radwegen Geislingen an der Steige Blatt 56-539, 1:25 000, NaturNavi

Information
www.geislingen.de

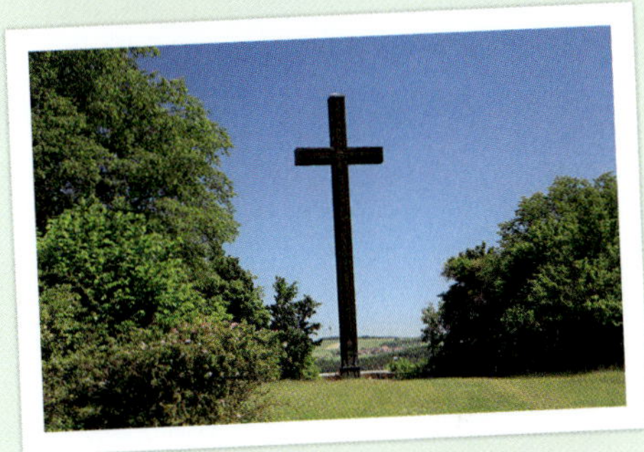

Das Ostlandkreuz erinnert an schlimme Zeiten deutscher Geschichte.

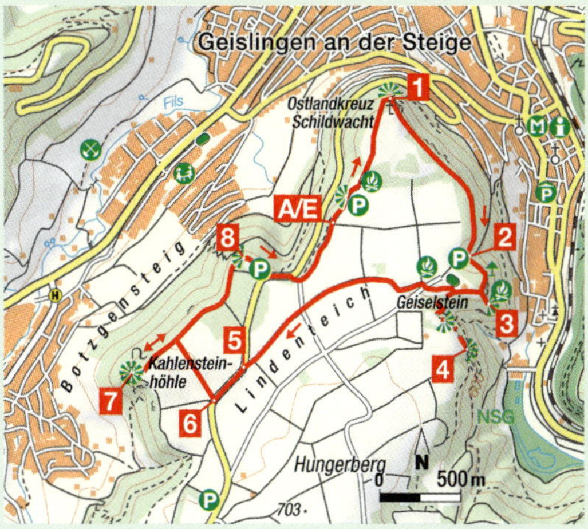

27 Filstalblick vom Tegelberg

Flach über die Hochfläche

- leicht
- 2.40 Std.
- 120 Hm
- 9,8 km

Diese Wanderung auf dem Tegelberg oberhalb des Filstales führt uns von Aussichtspunkt zu Aussichtspunkt. Am schönsten ist sicher der Blick hinab ins Filstal auf Süßen, Gingen und Geislingen an der Steige, aber auch die Sicht nach Norden ist nicht zu verachten. Hierbei sieht man auch die Ruine Scharfenberg im Vordergrund.

Flach über die Felder Ab dem Parkplatz bei Kuchalb folgen wir der Straße in Richtung »Tegelhof«, die uns, bald mit einem **Linksknick** 1, in den Wald führt. Nach diesem geht es nach links hinab zum **Tegelhof** 2, wo man einkehren kann, dann aber wieder zum Abzweig zurückkehren muss. Ansonsten folgen wir dem Wanderzeichen nach rechts in den Wald. Kurz danach zieht der breite Forstweg nach rechts.

Vom Tegelberg hat man eine weite Aussicht ins Albvorland.

Blick ins Filstal Nun zweigen wir links ab und wandern in wenigen Minuten auf einem unbefestigten, aber gut zu ge-

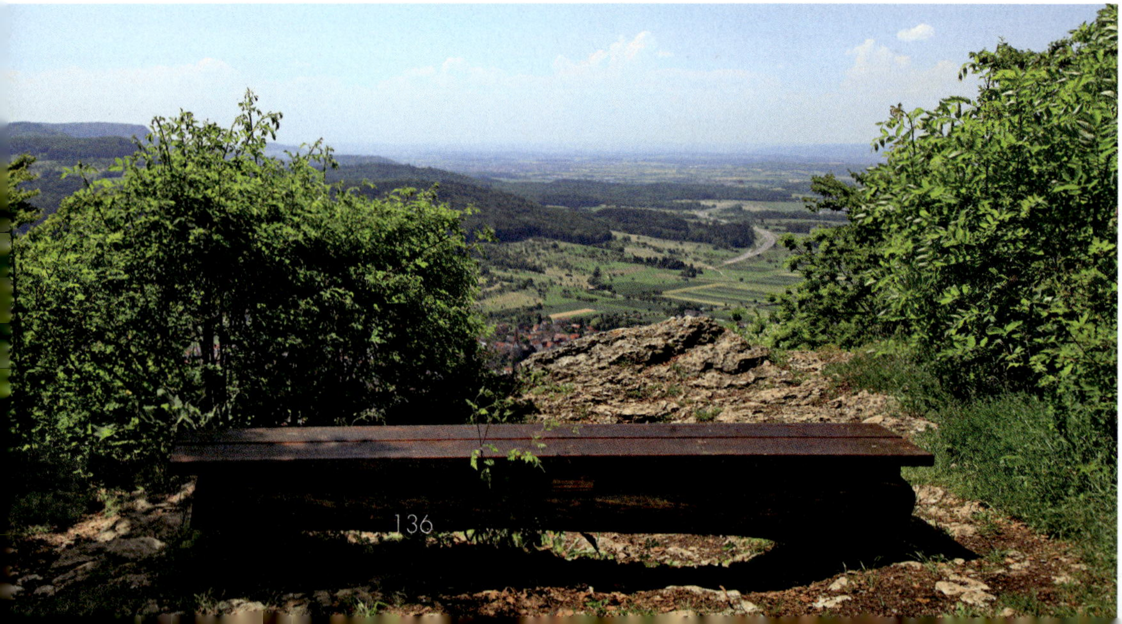

henden Weg zum **Kuhfelsen** ❸. Er bietet uns einen herrlichen Blick hinab ins Filstal: Rechts liegt Gingen, in der Mitte Kuchen und links Geislingen an der Steige.

Abstecher zum Aussichtspavillon, dann zurück Wer festes Schuhwerk anhat, kann nach links einen etwa halbstündigen Abstecher zum **Aussichtspavillon Tegelberg** ❹ machen, der direkt über Geislingen liegt. Danach kehrt man wieder zurück zum Kuhfelsen. Nun folgt man dem Weg am Trauf, der als Pfad mit leichtem Auf und Ab vorbei an weiteren Aussichtspunkten zum **Aussichtsfels Hohenstein** ❺ führt.

Hier halten wir uns rechts und gehen auf Kuchalb zu. Wo der Wald links zurückweicht, kann man auch in wenigen Minuten zur **Maierhalde** ❻ mit ihrem Kreuz wandern. Von ihr hat man eine wunderbare Aussicht hinab ins Fils- und ins Lautertal, man sieht Donzdorf und andere Orte sowie zur Ruine Scharfenberg. Die Aussicht ist auf einer Metallscheibe erklärt.

Dann halten wir uns rechts und kommen zu dem Zufahrtssträßchen, das von Donzdorf hochzieht. Nach rechts führt es uns zurück nach **Kuchalb** ❼ und weiter zum Ausgangspunkt.

Der Blick aus dem Aussichtspavillon bietet einen ganz anderen Landschaftseindruck.

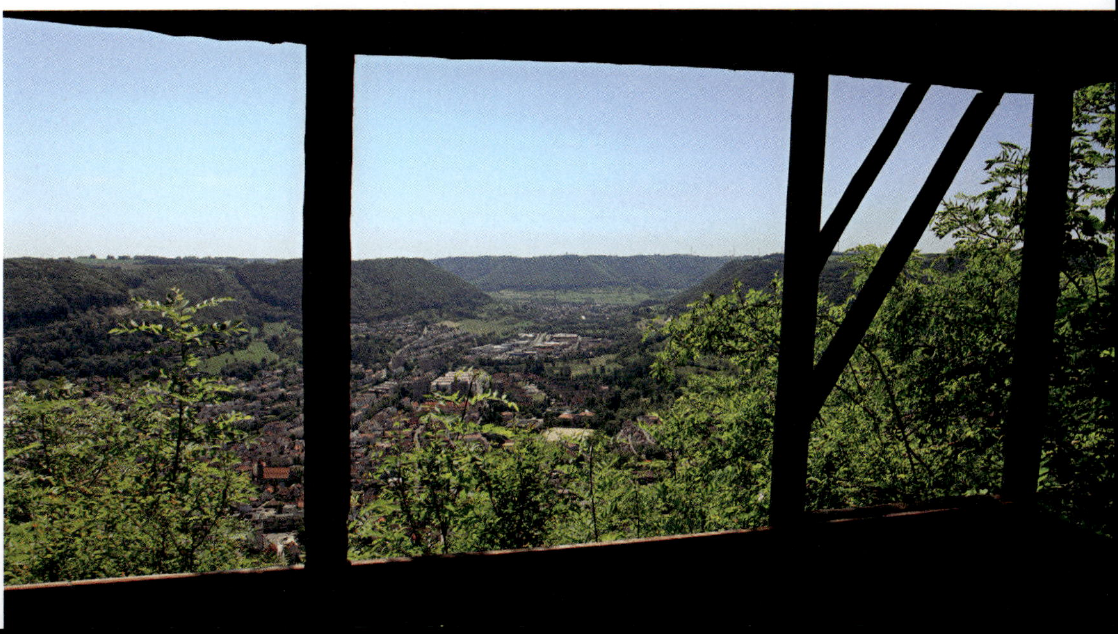

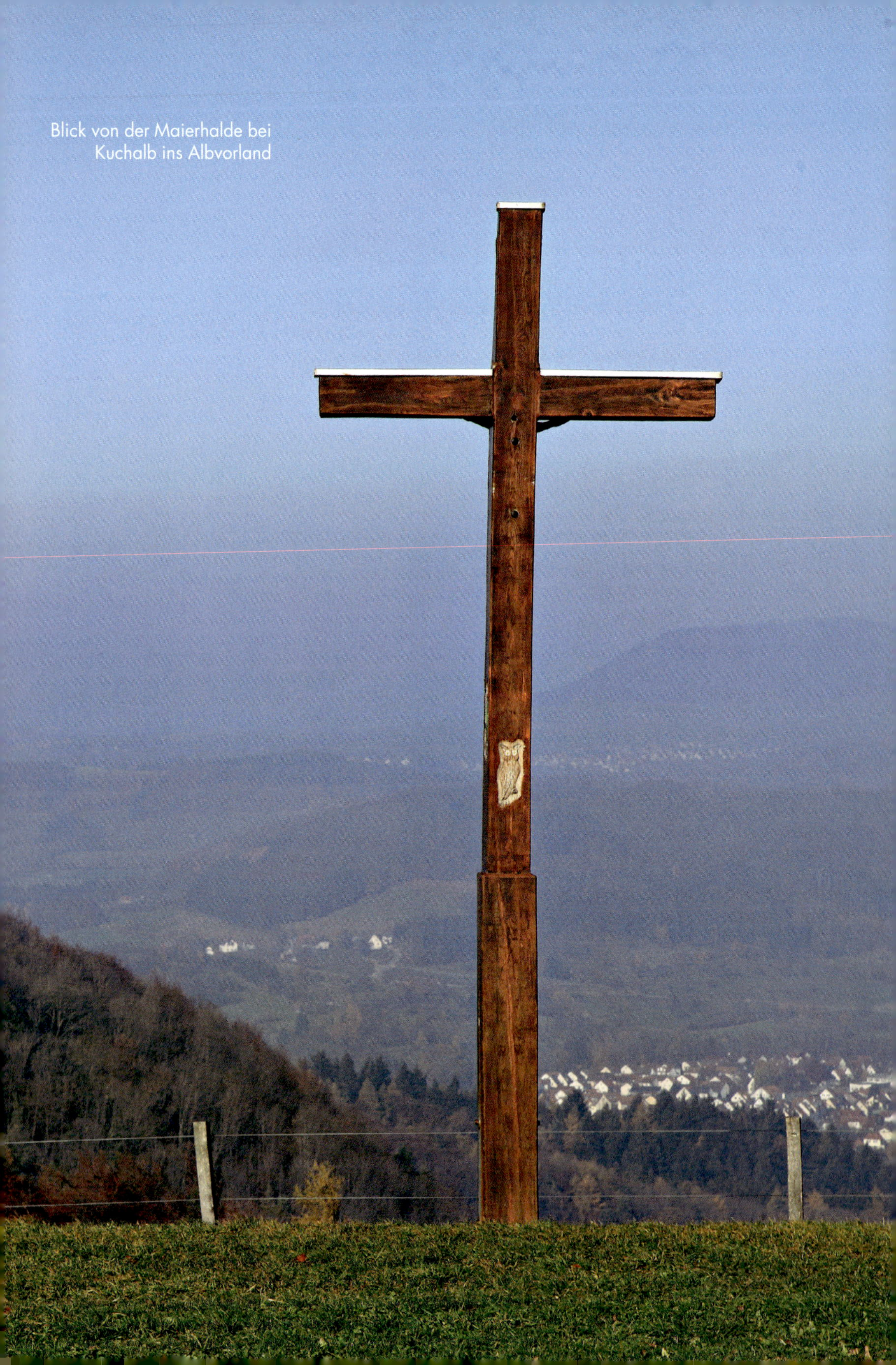

Blick von der Maierhalde bei Kuchalb ins Albvorland

Wichtiges zur Tour

Tourencharakter
Wir wandern auf Pfaden und festen Wegen.

Ausgangspunkt/Endpunkt
Donzdorf-Kuchalb, Parkplatz südlich des Weilers, 670 m

Höchster Punkt
Nach dem Kuhfels, 695 m

Anfahrt
Auto: B10 bis Süßen, B466 bis Donzdorf, weiter im Kuchalber Weg bis Kuchalb. Der Wanderparkplatz liegt etwas südlich von Kuchalb an der Straße zum Tegelhof.
GPS 48.657724, 9.815357
Bus & Bahn: keine geeignete Verbindung

Einkehr
Tegelhof, Kuchalb

Karte
Wanderkarte W230 Geislingen a. d. Steige, 1:25 000, Landesamt für Geoinformation und Landentwicklung Baden-Württemberg (LGL) in Zusammenarbeit mit dem Schwäbischen Albverein e. V.

Information
www.donzdorf.de

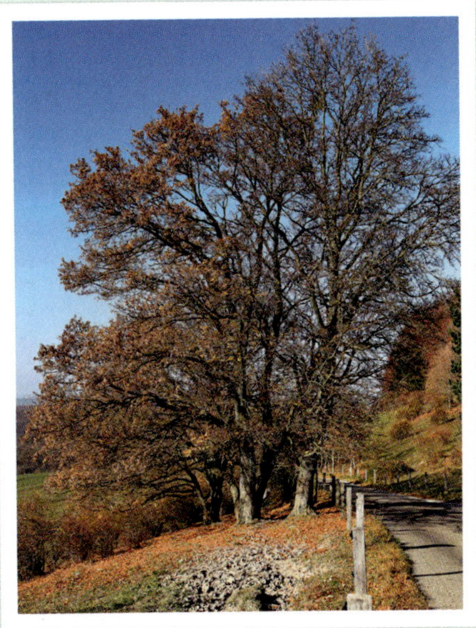

Auf dem Weg hinab nach Donzdorf

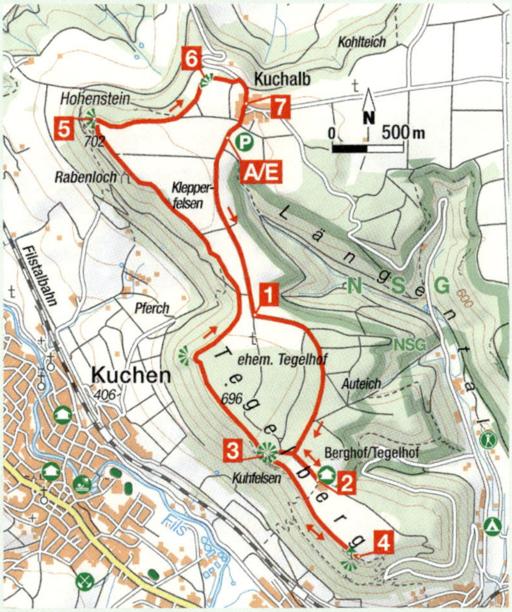

28 Blick vom Messelberg

Auf der Albhochfläche von Fels zu Fels

- leicht
- 2.10 Std.
- 90 Hm
- 8 km

Dieser Vorschlag ist geeignet für Leute, die eher an einem bequem zu erreichenden Aussichtspunkt als an einer großen Wanderung interessiert sind. Er besteht aus zwei Teilen, auf der einen Seite wandern wir zum Messelstein, auf der anderen über den Gleitschirmfliegerstartplatz und die Friedenskapelle zum Rötelstein.

Zum Messelstein Vom Parkplatz aus gehen wir etwas zurück in Richtung Donzdorf und biegen an dem Holzhaus (Akademie Natur und Umwelt-Hütte) rechts ab. Nun marschieren wir mit dem Zeichen rotes Dreieck auf dem schmalen Pfad nach Norden. Dabei sehen wir einige schön gestaltete Tafeln des sowohl für Kinder wie auch für Erwachsene interessanten Waldlehrpfades. Wir kommen am

Der Messelstein wirkt wie ein felsiger Aussichtsbalkon.

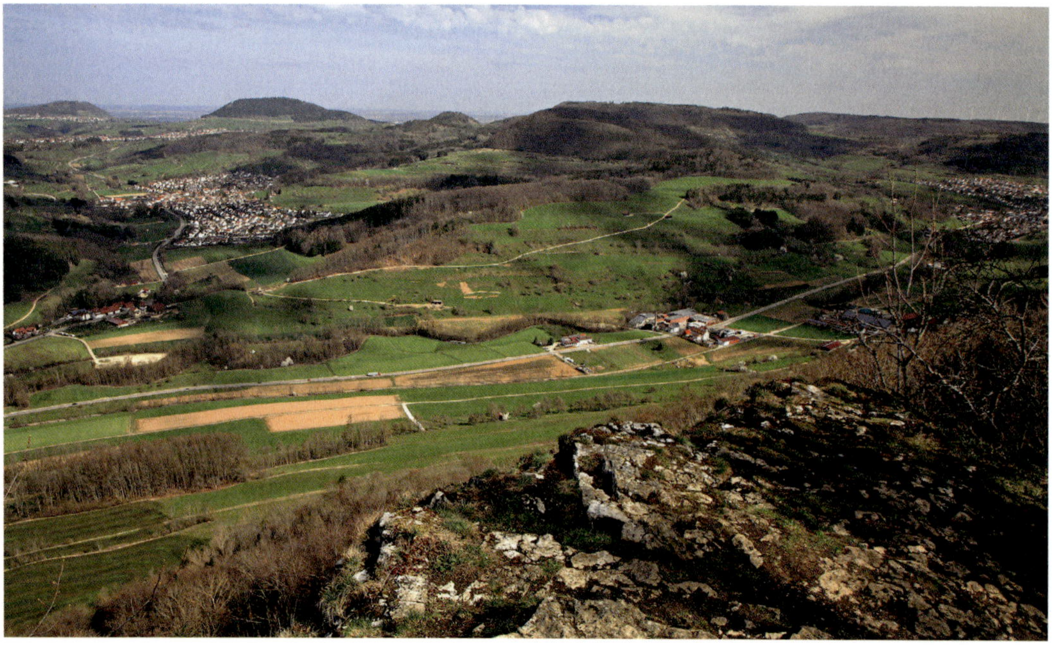

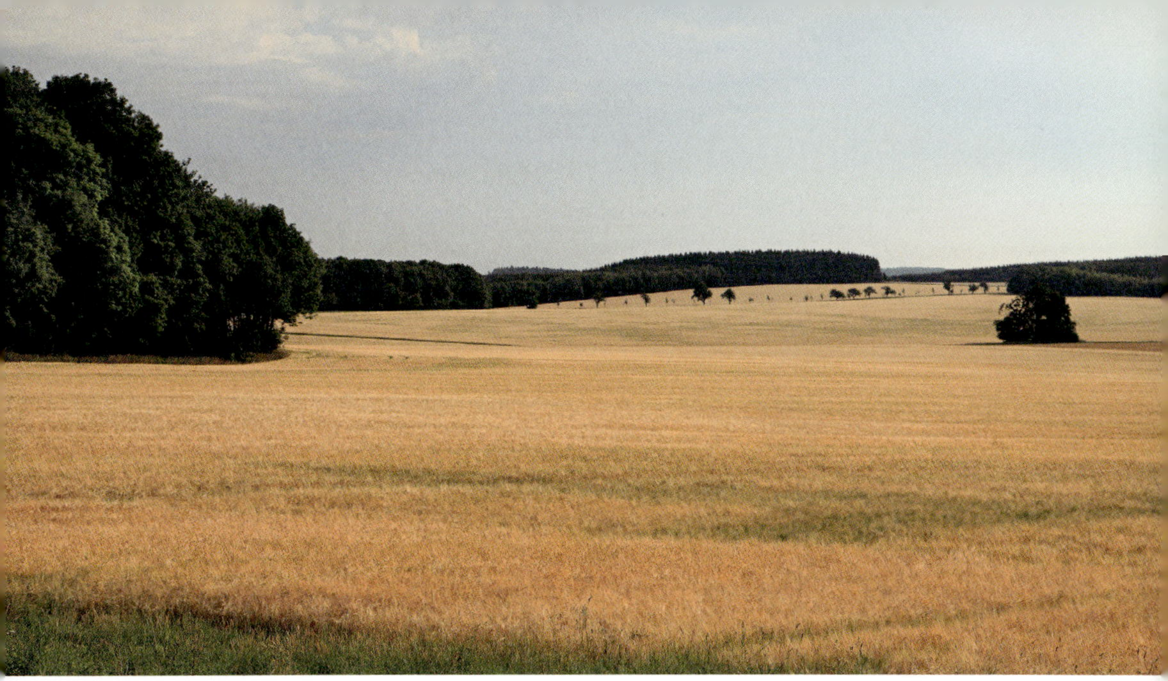

Schild Messelberg (723 m), dann an einer freien Stelle vorbei, die uns einen ersten herrlichen Blick ins Filstal bietet. Später erreichen wir ein von der Kolpingfamilie errichtetes Betonkreuz, 50 Meter weiter das Schild **Messelstein** (748 m) 1 – der Aussichtsfels liegt links davon.

Die Albhochfläche wird intensiv landwirtschaftlich genutzt.

Die kleine Friedenskapelle

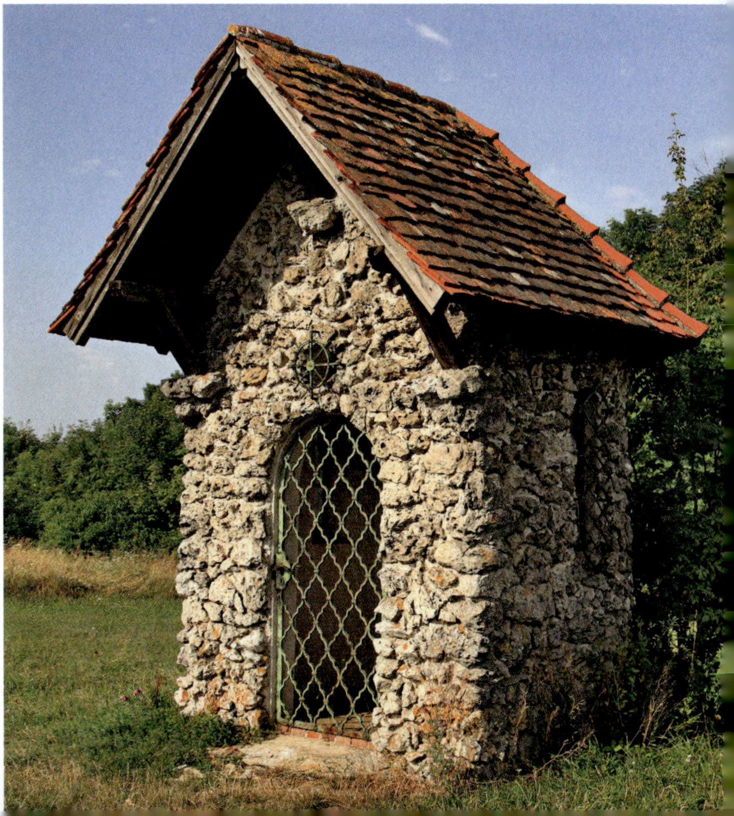

Zum Messelhof Anschließend wandern wir weiter auf dem Pfad, uns immer streng an den Wanderzeichen orientierend. Vor allem dort, wo der Weg nach rechts hinaus in Richtung freie Fläche verläuft, müssen wir aufpassen, denn unser Wanderweg geht nach links im Wald weiter. Schließlich teilt sich der Weg, wir nehmen den rechten, der mit dem Zeichen rote Raute in Richtung »Schnittlingen« weiterführt. Wir verlassen den Wald und biegen gleich darauf ohne Zeichen in den nach rechts führenden Weg ein 2. Leicht ansteigend geht es hinauf, vorbei an einem Feldkreuz und bis vor einen Wald. Hier wandern wir nach rechts zum bereits sichtbaren **Messelhof** 3 und an diesem nach links zurück zum Parkplatz.

Zum Abschluss weitere Aussichtspunkte Nun gehen wir noch etwas in Richtung Trauf und biegen am Schild Parkplatz Messelberg (680 m) links ab. Es geht kurz bergauf, dann kommen wir zum Gleitschirmfliegerstartplatz/Modellflugzeugplatz und zur Friedenskapelle, danach zum **Rötelstein** 4, dem letzten Punkt unserer Aussichtstour. Dort drehen wir um und wandern zurück zum Ausgangspunkt.

Der Messelstein

Der Messelstein (749 m) liegt 350 Meter über dem Lautertal und Donzdorf. Er blickt auf eine reiche Geschichte zurück, fand man doch 1951 Scherben aus der Hallstattzeit. Otto Häcker schrieb 1904 in den Blättern des Schwäbischen Albvereins voller Begeisterung über das aussichtsreiche Felsgebilde: »Der Messelberg (oder Messelstein, 749 m), der gewaltige südliche Nachbar des Kalten Feldes, an Höhe und günstig vorgeschobener Lage ihm wenig nachstehend, teilt mit dem Kalten Feld den Vorzug einer gleichzeitigen Übersicht über die Albhochfläche in weitem Umfang und über das Vorland mit der Kegelkette vom Granegg bis zum Hohenstaufen. [...] Dagegen bietet der vogelschauartige Überblick über das paradiesisch schöne Donzdorfer Lautertal, in das der Messelstein fast senkrecht hineinhängt, und über das reich gegliederte, mit zahlreichen Gehöften geschmückte Vorgebirge, das sich vom Rechberg zum Filstal erstreckt, neue landschaftliche Eindrücke. Alles in allem wird man sagen müssen: Der Messelstein verdient den Rang eines der schönsten und großartigsten Aussichtsberge der Alb, dem Kalten Feld muss er aber den Vorzug lassen. Wer vom Kalten Feld kommt, mag ihn als entbehrlich weglassen; wer vom Messelberg herkommt, findet auf dem Kalten Feld noch wesentlich Neues.«

Man sieht auf das darunter liegende Donzdorf, dahinter nach Süßen, rechts davon befinden sich die Burg Staufeneck und das Schloss Ramsberg, dahinter liegt Göppingen im Blickfeld. Rechts ist Lauterstein. Außerdem hat man einen prächtigen Blick zu den Kaiserbergen Rechberg, Hohenstaufen und Stuifen.

Wichtiges zur Tour

Tourencharakter
Wir wandern auf Pfaden und geschotterten Wegen.

Ausgangspunkt/Endpunkt
Donzdorf, Wanderparkplatz Messelberg, beim Segelflugplatz, K1401, 685 m

Höchster Punkt
Messelstein, 748 m

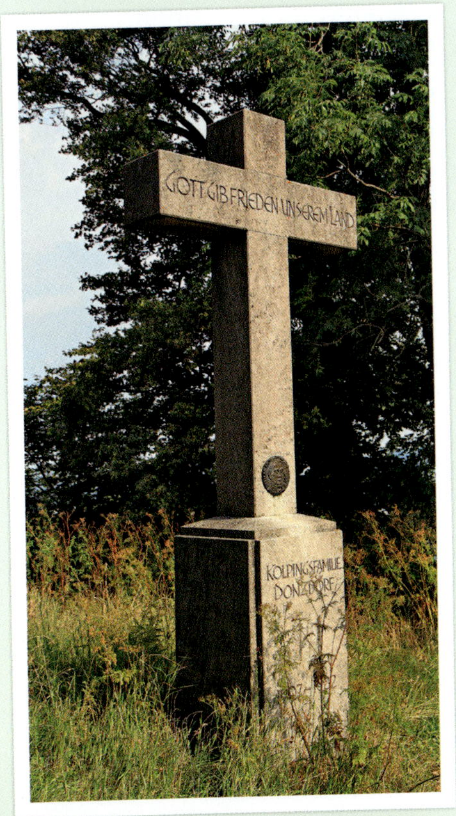

Kreuz der Kolpingfamilie am Messelstein

Anfahrt
Auto: B10 bis Süßen, dann B466 bis vor Donzdorf, von dort K1401 auf die Höhe. GPS 48.681189, 9.840667
Bus & Bahn: keine geeignete Verbindung

Einkehr
Flugplatz

Karten
Wanderkarte W230 Geislingen a. d. Steige, 1:25 000, Landesamt für Geoinformation und Landentwicklung Baden-Württemberg (LGL) in Zusammenarbeit mit dem Schwäbischen Albverein e. V.; Wanderkarte mit Radwegen Blatt 56-539 Geislingen an der Steige, 1:25 000, NaturNavi

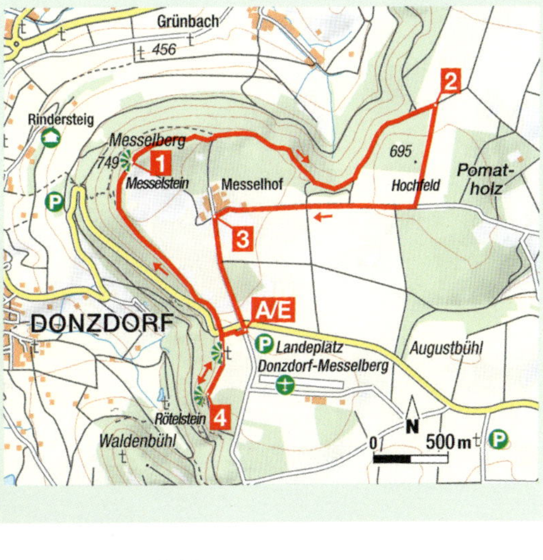

29 Um den Moldenberg bei Heidenheim

Blick auf Stadt und Schloss

- leicht
- 1.10 Std.
- 90 Hm
- 4,2 km

Während wir zu Beginn der Wanderung im Wald marschieren, haben wir danach viel Aussicht über die Heidenheimer Umgebung, die Stadt und sogar zum Schloss Hellenstein. Wir wandern durch eine Wacholderheide und können einen Blick in einen als Naturdenkmal geschützten ehemaligen Steinbruch werfen.

Durch den Wald Wir folgen bei den Parkplätzen bei den Sportplätzen kurz der Verlängerung der Zufahrtsstraße. Wo rechts die Bäume enden und vor uns eine Wiese liegt, biegen wir rechts ab in Richtung »Schützenhaus«. Gleich danach an der Rechtskurve biegen wir links ab in einen **Schotterweg** 1 und halten uns wenig später rechts in den Wald in einen abwärts führenden Weg. Wer will, kann vorher noch die Informationstafeln zur Natur ansehen.

Im Wald geht es nun immer bergab, bis wir im **Täschtal** 2 auf einen asphaltierten Weg treffen. Nach links hat man einen Blick auf eine weite Ackerfläche mit einer Anhöhe,

Am Ende der Tour bietet sich uns ein prächtiger Blick auf Schnaitheim.

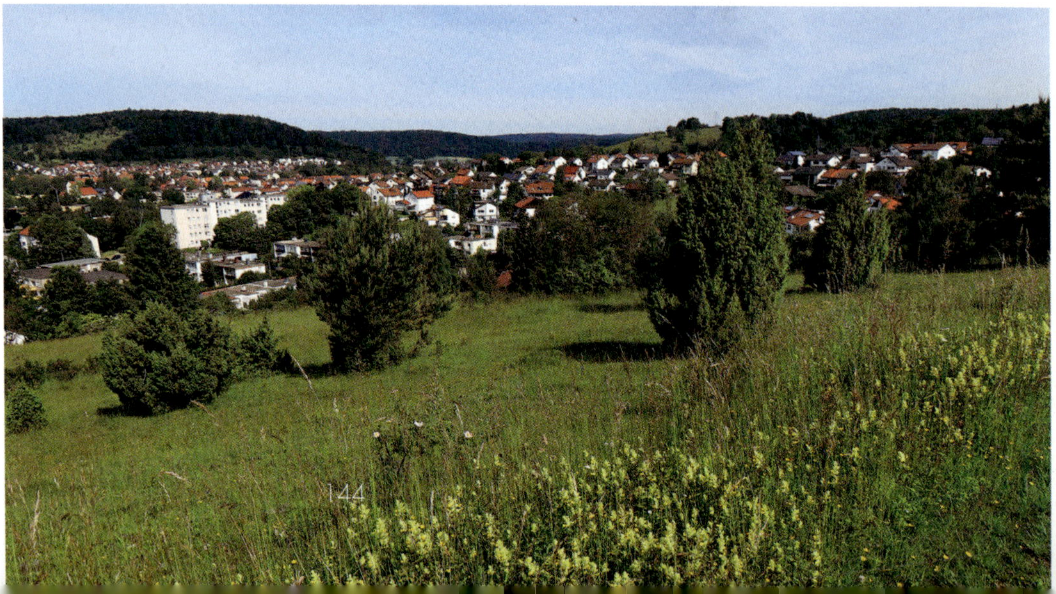

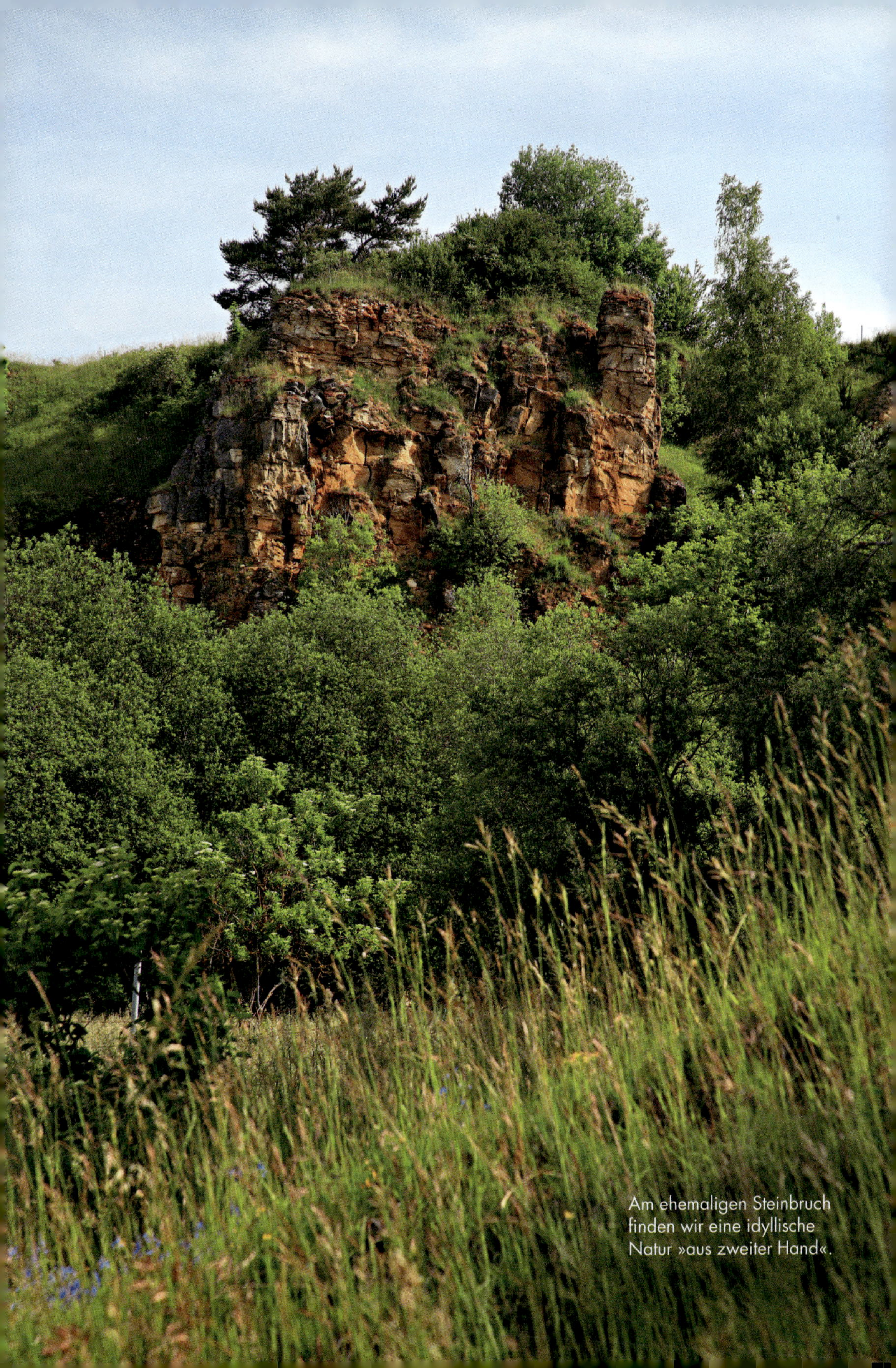

Am ehemaligen Steinbruch finden wir eine idyllische Natur »aus zweiter Hand«.

die von einer Wacholderheide bewachsen ist. Wir halten uns rechts, können aber gleich darauf nach links auf den Damm des Regenrückhaltebeckens gehen, wo sich uns derselbe Blick noch einmal bietet. Ansonsten folgen wir dem Weg durch das Täschtal, bis wir vor zwei **Straßen** 3 stehen.

Aussichtsreich durch die Heide Hier biegen wir rechts ab in Richtung »Verein der Hundefreunde«. Gleich darauf queren wir eine Schranke und gehen die erlaubten 50 Meter noch geradeaus weiter, bis links ein anfangs unscheinbarer und im Sommer etwas zugewachsener **Pfad** 4 abgeht. Ihm folgen wir mit den Wanderzeichen rote Gabel und Kreis für Rundwanderweg.

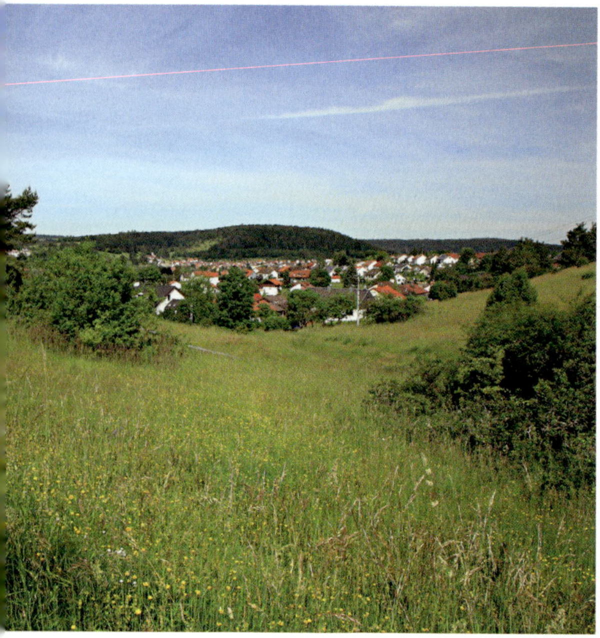

Blick auf das etwas entfernt liegende Heidenheim

Die Weg wird bald breiter und wir haben außer dem Blick nach links auf den Hang mit der Wacholderheide eine weite Aussicht nach links. Nicht so ganz idyllisch sind zwar das Gewerbegebiet und die Wohngebiete von Heidenheim, die sich anfangs aufdrängen, es gibt aber auch landschaftlich idyllische Stellen. Wir gehen immer geradeaus am Hang entlang, nur sanft oder gar nicht ansteigend.

Rechts liegt bald ein aufgelassener Steinbruch, der als »Natur aus zweiter Hand« als Naturdenkmal geschützt ist. Später zieht der Weg nach rechts und wir wandern oberhalb der Häuser von Schnaitheim. An einer scharfen Linkskurve steht das Schild **Moldenberg Stieglitzweg** (537 m) 5. Wir folgen dem sanft ansteigenden Wiesenweg und erreichen bald das Schild **Moldenberg Zeisigweg** (547 m) 6. Hier biegen wir rechts ab und wandern zurück zum Ausgangspunkt. Die Landschaft und der Ausblick erinnern jetzt etwas an manche Gegenden im Allgäu.

Wichtiges zur Tour

Tourencharakter
Wir wandern auf festen Wegen.

Ausgangspunkt/Endpunkt
Heidenheim-Schnaitheim, Sportplätze, Ende der Berchtenstraße, 585 m

Höchster Punkt
Ausgangspunkt, 585 m

Anfahrt
Auto: B10, dann B466 bis Heidenheim, dort nach Norden nach Schnaitheim.
GPS 48.702997, 10.183398
Bus & Bahn: Bahn bis Heidenheim, Bus bis Schnaitheim, Haltestelle Wehrenfeld; Info: www.efa-bw.de

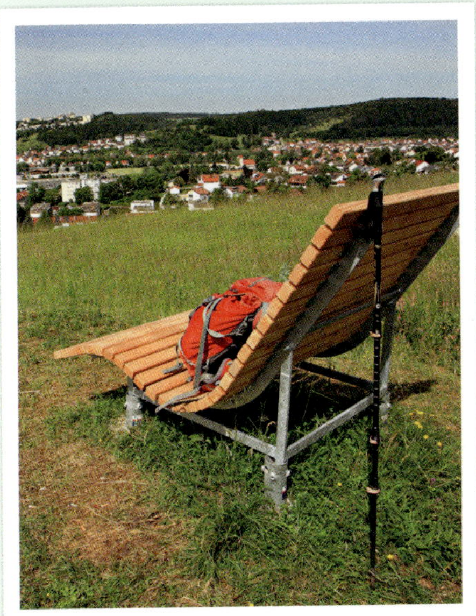

Ruhebank mit Blick auf die Stadt

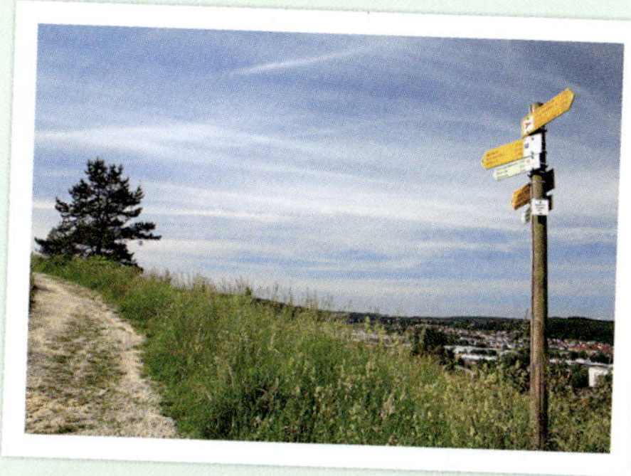

Die Wanderung verläuft hoch über Heidenheim.

Einkehr
Sportplätze

Karte
Wanderkarte W231 Heidenheim a. d. Brenz, 1:25 000, Hrsg.: Schwäbischer Albverein e. V., Kartografie: Landesamt für Geoinformation und Landentwicklung Baden-Württemberg (LGL)

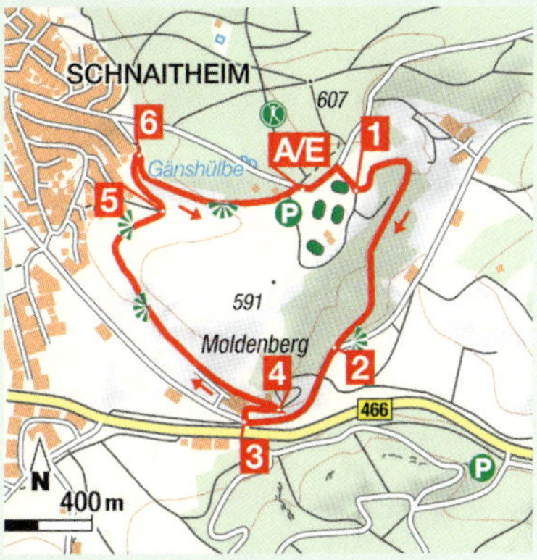

30 Von Oberdorf zum Karkstein und auf den Ipf

Seltsamer Berg und Keltensiedlung

- mittel
- 3.15 Std./1.20 Std.
- 280 Hm/80 Hm
- 11,4 km/4,7 Std.

Der geheimnisumwitterte und geschichtsträchtige Ipf, eine der seltsamsten Berggestalten der Schwäbischen Alb, prägt seine Umgebung bei Bopfingen und Oberdorf auf der Ostalb. Oberdorf hat aber mit dem Karkstein, dem Käsbühl und dem Fohbühl noch mehr seltsam geformte Berggestalten zu bieten.

Zum jüdischen Friedhof Wir gehen vom Parkplatz am Altbachweg aus in der Ellwanger Straße kurz nach Norden, dann zweigen wir mit dem Wanderzeichen rote Raute links ab in den Stufenweg. Er bringt uns wirklich über Stufen hinauf zur Karksteinstraße unterhalb der Kirche. Hier biegen wir links ab. Kurz darauf halten wir uns an der Verzweigung rechts und gehen weiter bergauf.

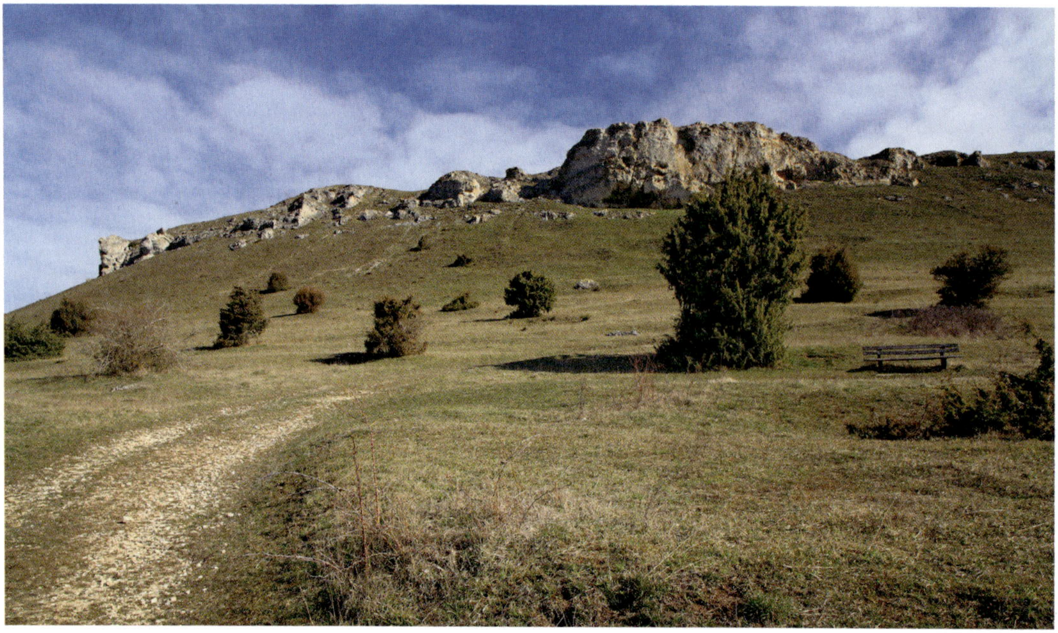

Wie auch der Ipf überrascht der Karkstein durch eine außergewöhnliche Form.

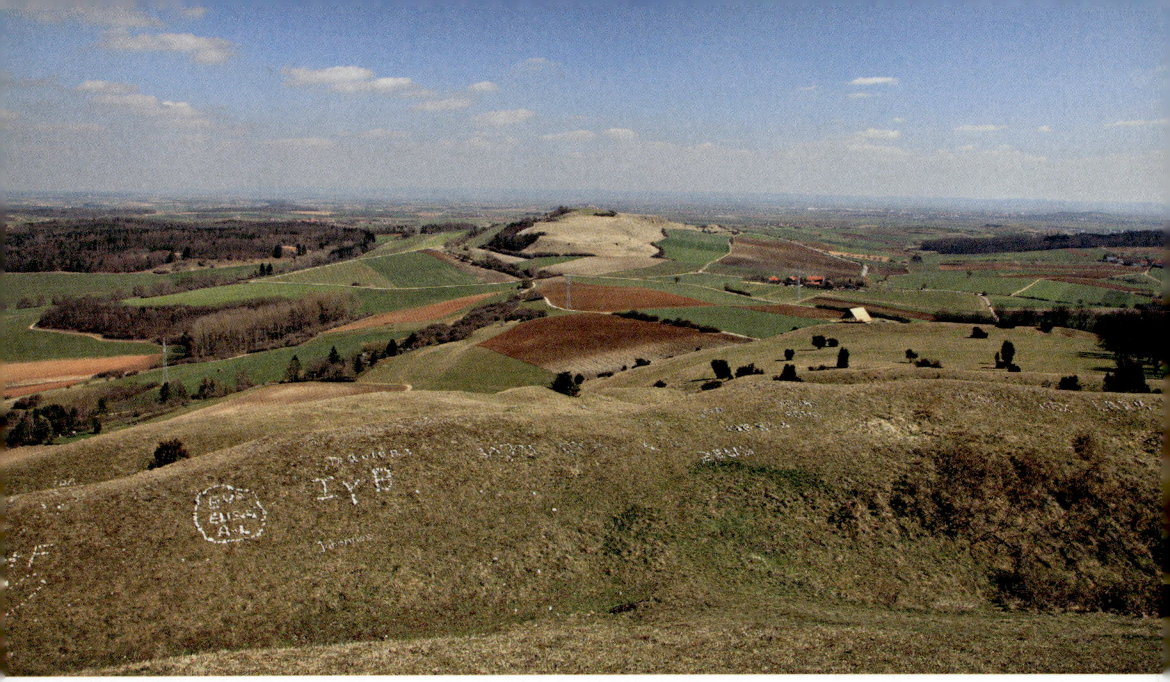

Vom Gipfel des Ipf haben wir einen weiten Blick ins Flachland.

Gleich darauf liegt links der jüdische **Friedhof** 1. Man kann durch das Gitter hineinsehen und bemerkt, dass jüdische Friedhöfe – und Grabsteine – ganz anders gestaltet sind als christliche.

Hinauf auf die Gipfel Danach verlassen wir das Wohngebiet. Rechts des Weges türmt sich der Karkstein empor. Er ist unten mit einer Wacholderheide bewachsen, an seinem oberen Rand sehen wir Felsen. Wir wandern auf den Käsbühl zu, der in der Ferne bereits zu sehen ist und links des Weges liegt. Wo vor ihm die Straße nach links zieht, können wir noch etwas geradeaus und bergauf zu diesem gehen. Unser eigentlicher Weg führt an der **Kreuzung** 2 aber nach rechts weiter.

Das Sträßchen bringt uns auf die Höhe zu einem **querenden Weg** 3. Hier halten wir uns rechts. Wer will, kann jedoch nach links einen Abstecher machen und dem Waldrand folgen; der Weg bietet immer wieder eine schöne Aussicht. Anschließend kehrt man wieder zurück.

Jetzt wandern wir eine Weile zwischen dem links liegenden Fohbühl und dem größeren Massiv des Karksteins auf der rechten Seite. Bald fällt der dann asphaltierte Weg ab.

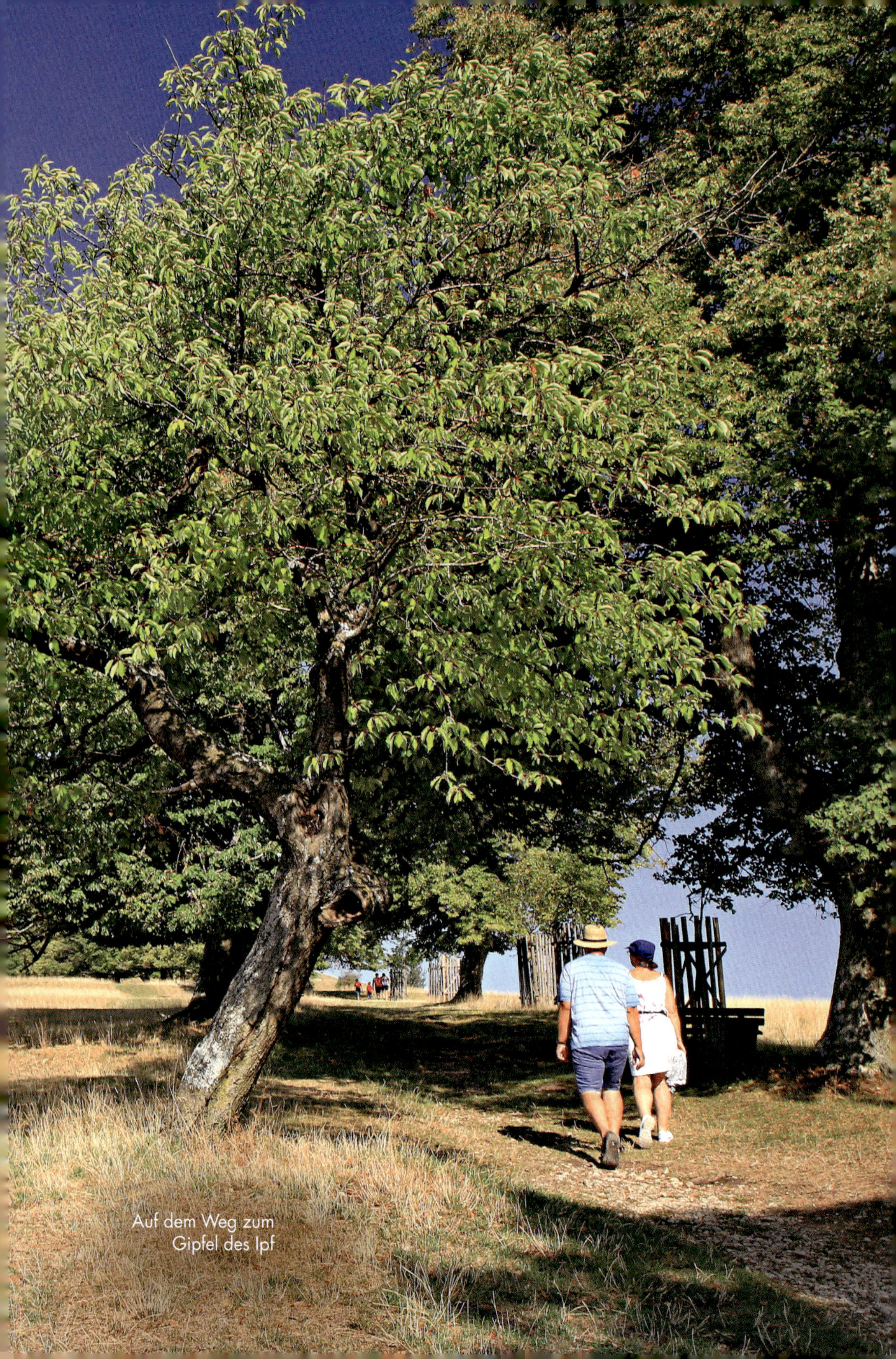

Auf dem Weg zum
Gipfel des Ipf

Nun können wir nach rechts dem unbefestigten Pfad hinauf zu der oberen Höhe des **Karksteins** 4 folgen. Ganz vorne bei den Felsen steht man direkt am Steilabfall – ist es glatt, sollte man gut aufpassen, dass man nicht ausrutscht. Kommt man zeitlich etwas später im Frühjahr, sieht man hier übrigens zahlreiche Küchenschellen blühen.

Zurück nach Oberdorf Wir genießen den weiten Blick, dann kehren wir wieder zurück zum Asphaltweg und gehen nach rechts weiter bergab. Nach einer Rechtskurve treffen wir auf die ersten Häuser. An der gleich darauf links abgehenden **Keltenstraße** 5 biegen wir ab und folgen ihr bis zum rechts abgehenden Vohbühlweg. Er bringt uns, am Schluss kurz als Kastellstraße, hinab zur **Ellwanger Straße** 6. Auf ihrer anderen Seite folgen wir der Lehstraße bis zur querenden **Ipfstraße** 7. Hinter ihr sehen wir die evangelische Kirche.

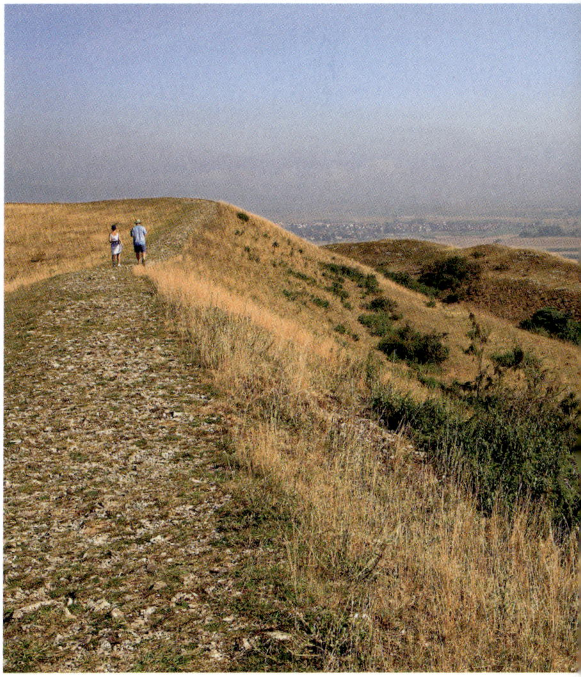

Das Gipfelplateau des Ipf kann auf einem Wall umrundet werden.

Steiler Abstecher zum Ipf Nun müssen wir uns entscheiden. Wer gleich zurückgehen will, hält sich rechts in die Ipfstraße. Bald quert der Altbach, vor dem wir abbiegen und auf dem Fußgängerweg zurück zum Ausgangspunkt wandern.

Wer noch etwas Wanderlust hat, geht hingegen nach links zum Parkplatz unter dem Ipf, an dem man die Tour auch beginnen kann. Wir überqueren den Bach (Schneidheimer Sechta) und spazieren nach diesem nach rechts hinauf zu dem **Gehöft** 8. Der Weg führt durch dieses hindurch. Wir wandern weiter geradeaus, bis wir auf die Häuser treffen. Dort folgen wir dem Oberen Kreuzheckenweg bis zur querenden **Alten Kirchheimer Straße** 9. Hier biegen wir links ab, dann gleich noch einmal. Nun geht es sanft bergauf bis zu einem **Parkplatz** 10.

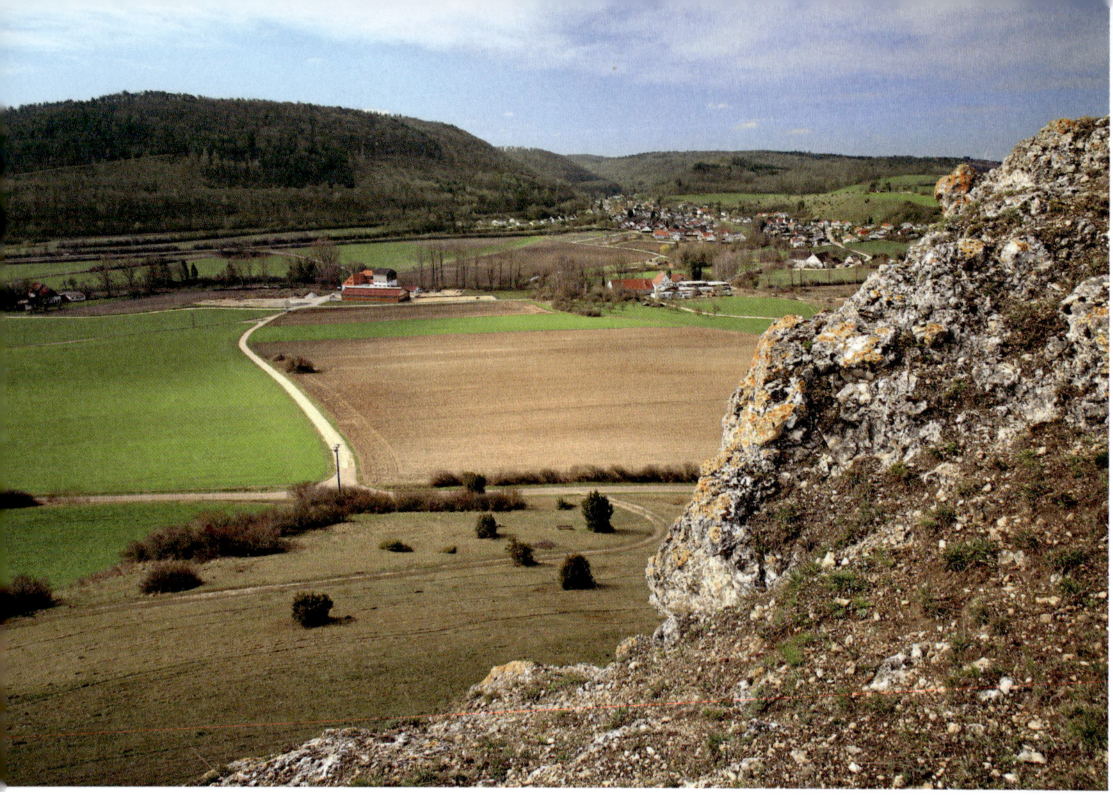

Blick über den felsigen Steilabfall des Karksteins ins Vorland

Nach ihm biegen wir links ab. Rechts sehen wir eine kleine Archäologische Freilichtanlage mit einem offenen Pavillon samt vieler Informationstafeln, einer rekonstruierten keltischen Pfostenschlitzmauer und einem keltischen Haus.

Wir folgen dem Weg kurz weiter bis zu der Infotafel mit der Erklärung zum Blick in das Ries. Hier halten wir uns links und folgen dem teils steil, teils mäßig ansteigenden Naturweg vorbei an den knorrigen alten Bäumen der Lindenallee hinauf zur Hochfläche auf dem **Gipfel des Ipf** 11. Wer will, umrundet jetzt eben diese Hochfläche, sodass man die gesamte Rundumsicht genießen kann. Die grandiose Aussicht reicht von Bopfingen über Oberdorf zu den außergewöhnlichen Berggestalten der Gegend wie dem Karkstein oder dem Goldberg, zum Schloss Baldern und bis ins Ries mit Nördlingen, das man an dem hohen Turm seiner Kirche, dem Daniel, erkennen kann.

Zurück zum Abzweig in der **Ipfstraße** 7 nehmen wir denselben Weg und gehen wie oben beschrieben zurück zum Ausgangspunkt.

Wichtiges zur Tour

Tourencharakter
Der erste Teil der Tour ist gemütlich zu gehen, meist auf festen Wegen, ein Abstecher ist unbefestigt. Der zweite Teil, den man aber nicht unternehmen muss, führt zuerst entlang des Ipf zu einem Freilichtmuseum. Anschließend kann man hinauf zum Gipfel des Ipf steigen und die prächtige Aussicht genießen. Bei Eis und Schnee sollte man auf den Abstecher zum Ipf verzichten.

Ausgangspunkt/Endpunkt
Bopfingen-Oberdorf am Ipf, Parkplatz an der Kreuzung Ellwanger Straße und Altbachweg, 466 m

Höchster Punkt
Ipf, 668 m bzw. Karkstein (ohne Abstecher zum Ipf), 566 m

Anfahrt
Auto: B29 bis Bopfingen, dort links ab nach Oberdorf zum Parkplatz an der Kreuzung Ellwanger Straße und Altbachweg, Altbachweg 1, GPS 48.866185, 10.343813. Einen großen Parkplatz gibt es auch am Fuß des Ipf, bei der Grundschule in der Ipfstraße.

Bus & Bahn: Bahn bis Aalen, dann Bus nach Oberdorf, Haltestelle Grüner Baum; Info: www.efa-bw.de

Einkehr
Oberdorf am Ipf

Karte
Freizeitkarte F522 Aalen, 1.50 000, Landesamt für Geoinformation und Landentwicklung Baden-Württemberg (LGL)

Information
www.bopfingen.de

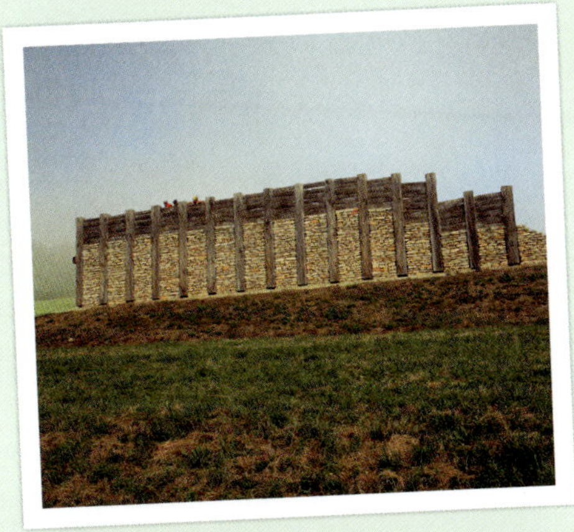

Hier wurde eine Pfostenschlitzmauer rekonstruiert.

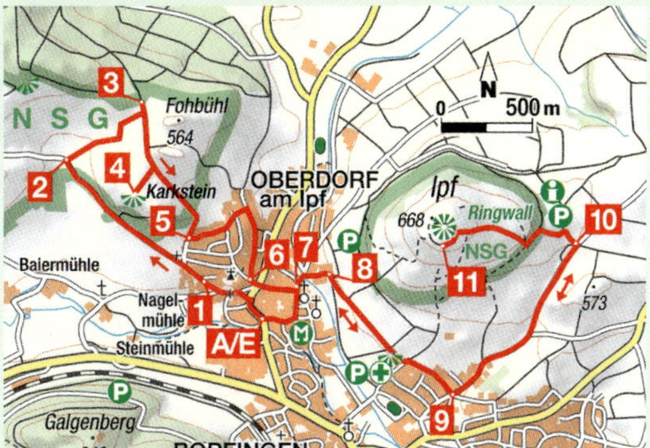

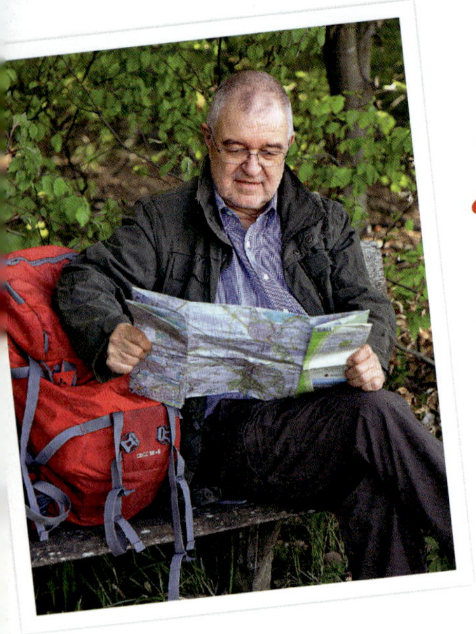

Zugabe

Panoramawanderungen auf der Schwäbischen Alb *Warum denn auch sonst auf der Schwäbischen Alb wandern, wenn nicht wegen des Panoramas? Das mag sich mancher fragen. Nun, es gibt natürlich noch mehr Verlockendes in diesem Mittelgebirge – zum Beispiel Burgen und Burgruinen, Wasserfälle, Felsen sowie sehenswerte Städte und Orte. Aber wie in jedem Gebirge ist die Aussicht doch eines der zentralen Themen dort. Einer der beeindruckendsten Aussichtspunkte liegt sogar in der dicht besiedelten Region Stuttgart: der Breitenstein bei Ochsenwang.*

Aussichtsreiche Touren für Senioren *Warum für Senioren, und durch was unterscheiden sich solche Wanderungen von anderen? Für gestandene und seit Jahrzehnten geübte Wanderinnen und Wanderer sind die Bedürfnisse und Wünsche an eine gelungene Tour vielleicht etwas anders als für jüngere Semester. Man muss sich nicht mehr durch sportliche Höchstleistungen »beweisen«, sondern kann die Sache gemütlicher angehen und sich die Touren aussuchen, die die schönsten Erlebnisse versprechen und ohne allzu große Anstrengung zu erreichen sind. Das ist auch bei Aussichtspunkten möglich, obwohl sie ja normalerweise auf der Höhe liegen. So sind in diesem Buch auch keine Touren enthalten, in denen man von »ganz unten« nach »ganz oben« steigen muss. Eine der einfachen Wanderungen fast ohne Höhenunterschied führt zum Dreifürstenstein, bei dieser Tour kann man sogar noch einen Abstecher zur legendären Salmendinger Kapelle einplanen.*

Ganz oben: Highlights im wahrsten Sinne des Wortes *Ganz oben ist man natürlich bei jeder der vorgestellten Touren. Wenn man mich nach meinen absoluten Favoriten fragt, so zählen der Blick vom bereits genannten Breitenstein, vom Böllat, vom Zeller Horn, vom Rossberg und von den Felsköpfen um das Filstal dazu.*

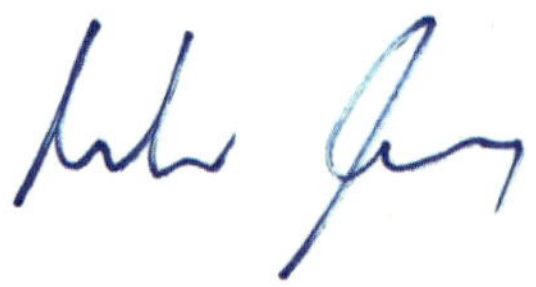

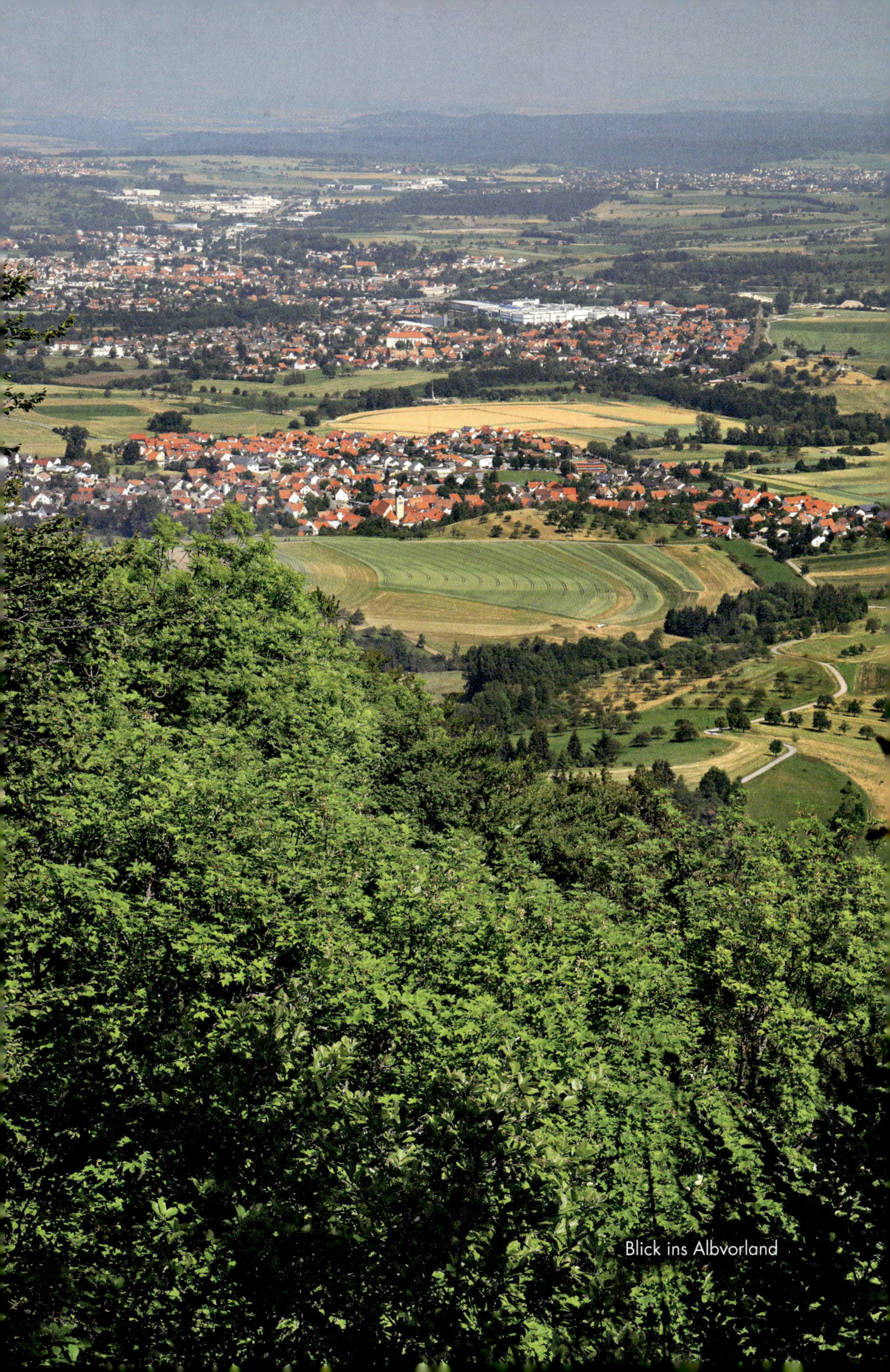

Blick ins Albvorland

Register

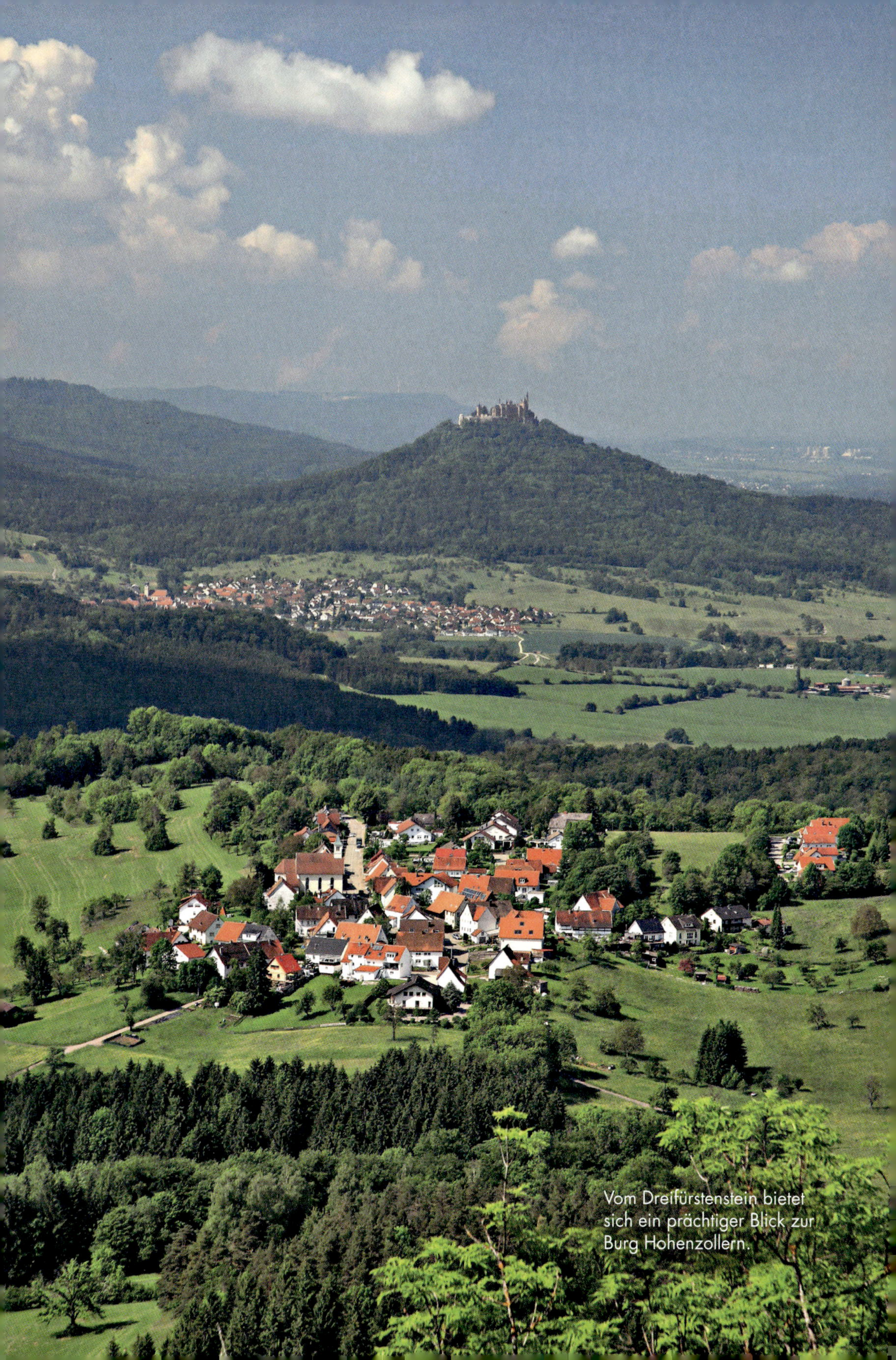

Vom Dreifürstenstein bietet sich ein prächtiger Blick zur Burg Hohenzollern.

Impressum

Verantwortlich: Sabine Klingan
Lektorat, Redaktion und Layout: Verlagsbüro Wais & Partner, Stuttgart
Kartografie: Bruckmann Kartografie, Heidi Schmalfuß
Repro: P.R.O. Medien
Herstellung: Bettina Schippel
Printed in Slovenia by Florjancic Tisk D.o.o.

★★★★★

Sind Sie mit diesem Titel zufrieden? Dann würden wir uns über Ihre Weiterempfehlung freuen. Erzählen Sie es im Freundeskreis, berichten Sie Ihrem Buchhändler, oder bewerten Sie bei Onlinekauf. Und wenn Sie Kritik, Korrekturen, Aktualisierungen haben, freuen wir uns über Ihre Nachricht an Bruckmann Verlag, Postfach 40 02 09, D-80702 München oder per E-Mail an lektorat@verlagshaus.de

Unser komplettes Programm finden Sie unter www.j-berg-verlag.de

In diesem Buch wird aus Gründen der besseren Lesbarkeit das generische Maskulinum verwendet. Weibliche und anderweitige Geschlechteridentitäten werden dabei ausdrücklich mitgemeint, soweit es für die Aussage erforderlich ist.

Empfehlung der Redaktion
Sie sind auf der Suche nach weiterführender Literatur? Dann empfehlen wir Ihnen den Titel »Leichte Wanderungen Schwäbische Alb« von Dieter Buck. Oder Sie werfen einen Blick in die Zeitschrift SCHÖNER SÜDWESTEN. Hier werden Sie bestimmt fündig.

Bildnachweis: Alle Bilder im Innenteil und auf den Umschlagseiten stammen vom Autor mit folgenden Ausnahmen: Autorenfotos S. 154 & Umschlagklappe (© Melanie Buck)
Umschlagvorderseite: Blick vom Zeller Horn auf die Burg Hohenzollern, Tour 6
Umschlagrückseite: Blick vom Rossberg ins Albvorland, Tour 10

Die Deutsche Nationalbibliothek verzeichnet diese Publikation in der Deutschen Nationalbibliografie; detaillierte bibliografische Daten sind im Internet über http://dnb.d-nb.de abrufbar.

ISBN 978-3-86246-823-2